한 번만 읽으면 여한이 없을

한비자

한 번만 읽으면 여한이 없을

한비자

난세의 기재(奇才), 한비자 리더십!

한국사마천학회 김영수 편저

창해

- '천 년에 한 번 나올 제왕', '천고일제(千古一帝)' 진시황은 젊은 날 한비자의 글을 읽고는 "이 사람을 한 번만 볼 수 있다면 죽어도 여한이 없겠다!"라고 탄식했다.

- 진시황은 전쟁까지 일으켜 소원대로 한비자를 만났지만 그를 기용하지 않았다. 그러는 사이 한비자의 재능을 시기하고 질투한 동문 이사의 모함으로 한비자는 옥에 갇혔다.

- 뒤늦게 진시황이 다시 한비자를 찾았지만 한비자는 동문 이사가 준 독약을 마시고 스스로 목숨을 끊은 뒤였다.

- 진시황과 진나라는 한비자를 죽음으로 몰았지만 한비자의 사상은 고스란히 받아들여 천하통일을 이루었고, 통일 후 통치 수단으로 한껏 활용했다.

- 진시황이 읽고 감탄한 한비자의 글은 그 뒤 책 《한비자》로 정리되고 편찬되었다.

- 진시황은 대체 한비자의 어떤 글, 어떤 대목, 어떤 내용에 마음이 꽂혔을까?

- '중국 사상사의 뜨거운 감자'라는 한비자와 그의 사상은 대체 어떤 내용을 담고 있을까?

- 진시황의 놀라운 탄식에도 불구하고 《한비자》는 읽기가 결코 만만치 않다. 책의 구성도 세월이 흐르면서 많이 달라졌다. 내용은 이해하기 만만치 않고, 우화와 비유가 넘친다.

- 이 때문에 전문가에게도 《한비자》는 벽이다. 일반 독자들에게는 '넘사벽'이다. 《한비자》는 사상서이자, 철학서이자 역사서이자 우화집이기도 하다. 내용은 수천 년 역사를 넘나들고 있기에 당연히 어렵다.

- 필자는 오랫동안 한비자라는 인물과 그의 사상에 주목해 왔고, 《한비자》도 몇 차례 통독하고 정독했다. 그럼에도 관련한 글을 쓸 엄두는 내지 못했다.

- 코로나 와중에 《한비자》를 다시 읽고, 관련한 대중 역사서를 함께 읽으면서 《한비자》 읽기에 도전할 독자들을 위한 안내서로 방향을 잡아 몇 달에 걸쳐 단숨(?)에 써냈다. 지금 독자들이 들고 있는 '한 번 읽으면 여한이 없을 한비자'이다. 이 안내서를 들고 《한비자》 읽기 도전에 나서길 권해본다.

'《한비자》 읽기' 도전에 나설
독자들을 위하여

오래전부터 한비자와 《한비자》에 관한 글을 써보고 싶었다. 한비자라는 인물에 대해서는 필자가 평생 사모하며 공부하고 있는 사마천이 깊은 관심을 가졌고, 당연히 그의 전기를 남겼다. 특히 그의 짧은 행적 중에 진시황이 한비자의 글을 읽고는 "이 사람을 한 번만 볼 수 있다면 죽어도 여한이 없겠다!"라고 탄식한 대목은 '대체 이 사람이 어떤 사람일까?'라는 의문과 관심을 갖게 만들기에 충분했기 때문이다. 책의 제목도 진시황의 이 탄식에서 빌렸다.

《한비자》에 대한 역대 평가는 매우 다양하다. '제왕학(帝王學)의 교과서(敎科書)'라는 가장 유명한 논평부터 '천하제일금서(天下第一禁書)'라는 평가까지 극과 극을 달린다. 그러나 어떤 논평이나 평가가 되었건 각계각층의 리더들이 유용한 리더십을 장착하는 데 상당한 도움을 준다는 것이 필자의 생각이다. 여기서 말하는 '도움'은 미묘한 뜻을 함축하고 있다. 일반적인 리더십은 물론 특수한 상황, 비상한 시기에 필요한 특수하고 비상한 리더십 발휘에 통찰력을 줄 수 있는 내용들이 적지 않다. 물론 이런 리더십 행사에는 상당한 위험이 따를 수 있다는 점도 미리 지적해 둔다.

이런 점을 염두에 두고 '《한비자》 어떻게 읽을 것인가?'라는 질문에 간략하게 답하는 것으로 《한비자》 읽기에 도전할 독자들을 위한 서문을 대신하고자 한다.

필자가 《한비자》를 읽고 분석해 보니 대체로 다음 여섯 가지의 입장 중 한둘을 골라 읽기에 나서면 유익할 것이라는 결론을 얻었다.

첫째, 법가 사상을 집대성했다는 기존의 일반적 평가와 명성에 맞추어 철학서나 사상서로 읽을 것인가?

둘째, 정치학, 특히 권력과 관련한 정치학의 교과서라는 평가에 맞추어 읽을 것인가?

셋째, 제왕학이라는 별칭에 주목하여 리더와 리더십이란 관점으로 볼 것인가?

넷째, 수많은 우화(寓話, fable)에 초점을 두어 우화가 비유하고 암시하는 함의(含意)를 찾아보는 지적 탐구를 진행할 것인가?

다섯째, 좀 더 심각하게, 권력자의 권력 행사 방식과 그 대상과의 관계, 즉 인간관계에 초점을 맞추고 이를 오늘날 인간관계의 속성과 본질을 이해하기 위한 유용한 이해의 틀로 분석해 볼 것인가?

여섯째, 편하게 우화와 고사에 담긴 인생의 철리와 지혜를 탐구할 것인가?

그렇다면 《한비자》 읽기에 나설 독자들을 위해 나는 어떤 식으로 도움을 드릴 것인가? 이런 생각의 결과물이 바로 이 책이다. 이 책은 대체로 인간관계에 초점을 맞추어 개인 관계의 속성과 그 이면에 담긴 본질, 나아가 살면서 미처 생각하지 못했던 점들을 찾아내고자 애를 썼다. 다음으로 개인과 조직 구성원과의 관계, 개인과 조직의 관계 설정 및 그 안에서 드러나고 반영될 수밖에 없는 리더와 리더십 문제 등을 짚어 보았다.

이 책은 3부로 구성되어 있다. 1부는 한비자란 인물과 그가 남긴 《한비자》에 대한 글이다. 도입부로 보면 되겠다. 2부는 《한비자》에 보이는 약 20대목을 골라 가볍게 그 의미를 짚어 보았다. 그래서 '가볍게 읽기'라는 제목을 달았다. 2부가 수박의 모양을 살피는 겉핥기 단계라면, 3부는 수박을 쪼개 붉은색을 확인하고 맛까지 보는 단계에 비유할 수 있다. 하나씩 읽으면서 자신의 생각을 끊임없이 대입시켜 보라고 제안한다. 내 생각과 같으면 무릎을 치며 '그렇지'를, 다르면 고개를 갸우뚱하면서 '왜 그렇게 생각하지'를 뇌이면서 다시 생각해 보길 권유한다.

2, 3부가 모두 같은 책에서 나온 사례, 고사, 우화이지만 던지는 메시지와 그것에 잠겨 있는 우의(寓意, meaning)에서 약간의 차이가 난다. 등장하는 우화와 사례의 상당수가 다른 책들에도 보인다는 사실을 알아두면 도움이 된다. 물론 내용에 약간의 차이가 있고, 그것들을 바라보는 관점은 분명 다르다.

《한비자》의 내용은 읽는 사람의 생각과 관점에 따라 다양하게 해석될 수 있는 여지가 많다. 독자들에게 읽으면서 생각의 끈을 놓지 마십사 권하면서 간략한 머리말을 마친다. 1부의 내용도 크게 보면 도입부이자 머리말에 가까우므로 이 정도로 그친다.

뱀의 다리 이 책을 펼친 독자들이 좀 더 편하게 읽을 수 있도록 등장인물들의 초상화를 비롯하여 관련 역사 현장의 사진들을 가능한 한 많이 수록했다. 몇 년 전 한비자의 고국인 전국시대 한나라의 도성이었던 신정시(新鄭市)를 비롯하여 고향으로 알려진 하남성 일대를 탐방했다. 한비자의 고향에 대해서는 몇 가지 설이 있고, 그가 죽은 곳은 진나라였기 때문에 무덤의 행방조차 불분명하다. 어쨌거나 가능한 시각 자료들을 많이 수록하려고 애썼다.

제2부

《한비자》가볍게 읽기

제3부

《한비자》 무겁게 읽기

비운의 천재 한비자의 일생과

그가 쓴 것으로 전해지는 책

《한비자(韓非子)》모두 극적이다.

한비자와 진시황을 중심으로

그의 일생을 재구성하고,

《한비자》의 주요 사상과 핵심 및

논쟁점을 상세히, 그러나 쉽게 알아보았다.

제1부

한비자(韓非子)와
《한비자(韓非子)》

한비자는 어떤 사람인가?

고독(孤獨)과 비운(悲運)의 사상가 한비자
고독과 비운 속에서 인간관계의 본질을 통찰하다

한비자의 생애

한비자(기원전 약 280~기원전 233)의 성과 이름은 한비(韓非)다. 전국
말기 약소국 한(韓)나라 왕실 서자 출신의 공자로 알려져 있다. 젊
어서는 유가(儒家) 사상을 집대성한 순자(荀子, 기원전 약 313~기원전
238)에게 학문을 배웠다. 한비자는 탁월한 안목과 남다른 학식을 바
탕으로 훗날 자신의 사상을 총정리한 저술을 남겼다. 이 책이 바로
법가사상을 집대성한 《한비자(韓非子)》다. 이로써 그는 중국 제자백
가의 학파들 중 법가(法家)를 대표하는 인물이 되었다(이 책에서는 그
의 이름과 저술 모두를 한비자, 《한비자》로 통일한다.).

기원전 235년 무렵, 당시 가장 강대한 나라였던 진나라의 젊은 왕
정(政, 훗날의 진시황으로 당시 24세의 한창나이였다)은 군대를 동원하여 한
나라를 공격했다. 진왕의 느닷없는 한나라 침공에는 천하통일을 위

한 첫 단계로 가장 약한 한나라
를 고른 까닭도 있었지만, 진왕
의 개인적인 이유도 있었다.

진왕은 6국을 소멸시키는 자
신의 숙원을 위해 인재를 적극
적으로 모으고 있었다. 한나라
를 공격하기 하기 전에 진왕은
한비자의 저술인 〈고분(孤憤)〉
과 〈오두(五蠹)〉 편을 읽었다.
그는 이 글을 읽으면서 연신
탄식을 내뱉었고, 급기야 "이

비운의 말더듬이 사상가 한비자는 중국 사
상사의 뜨거운 감자와 같은 존재이지만 그
영향력은 2천 년 넘게 아주 깊고 넓었다.

사람을 만나 이야기를 나눌 수 있다면 죽어도 여한이 없겠다!"라는
말까지 했다. 그러자 곁에 있던 이사(李斯)가 이 글은 한비자가 쓴
것이고, 그 사람은 자신과 동문수학한 사이라고 했다.

이렇게 해서 진왕은 한비자를 진나라로 데려오기 위해 극단적인
방법인 무력을 동원했다. 진왕은 한비자를 지목하며 진나라로 보
낼 것을 요구했고, 힘없는 한나라 왕은 한비자를 사신으로 보낼 수
밖에 없었다. 그해가 기원전 234년 한비자 나이 46세였다. 진왕은
마침내 꿈에도 그리던 한비자를 만났다. 그러나 어쩐 일인지 진왕
은 한비자를 기용하지 않고 방치했다. 기록에는 그 이유가 나와 있
지 않지만 '말을 더듬는 데다 말을 잘 꾸미지 못했던' 한비자의 약
점(?) 때문이 아니었을까 추측할 뿐이다.

한비자는 이국땅 진나라에 그대로 방치되었다. 그러나 동문인 이사의 마음은 편치 못했다. 모든 면에서 자신보다 뛰어난 한비자를 진왕이 다시 찾아 중용할 가능성은 얼마든지 있었기 때문이다. 게다가 한비자는 진왕 앞에서 자신과 대신 요고(姚賈)를 비판했다. 이사는 요고와 함께 진왕 앞에서 한비자를 모함했다. 한나라 출신의 한비자가 진나라를 위해 일하지 않을 것이 뻔한데, 그를 돌려보냈다가는 진나라에 결코 이롭지 못할 것이라는 이유를 내세웠다.

한비자의 고향에 대해서는 몇 가지 설이 있지만 하남성 서평현(西平縣) 한당촌(韓堂村)이라는 설이 우세하다. 사진은 한당촌의 한당소학교이다. 이 학교 교실 곳곳에 한비자 관련 자료들이 붙어 있다. 소학교 입구와 교실 복도 벽에 붙어 있는 한비자에 대한 소개이다.

결국 진왕은 한비자를 옥에 가두게 했다. 이사는 옥에 갇힌 한비자에게 독약을 주면서 어차피 죽을 목숨, 치욕을 당하느니 자결하라고 압박했다. 한비자는 이국땅 싸늘한 감옥 안에서 스스로 목숨을 끊었다. 이후 진왕이 자신의 처분을 후회하여 사람을 보내 한비자를 다시 부르게 했으나 때는 늦었다. 그해가 기원전 233년, 한비자의 나이 47세였다. 진나라로 건너온 이듬해였다. 참고로 한비자의 생애를 연보로 정리해 뒤에 덧붙여 두었다.

한비자와 관계된 인물들

한비자의 생애와 사상을 제대로 알기 위해서는 그와 관계된 인물들을 살펴볼 필요가 있다. 직간접으로 삶에 크고 작은 영향을 미친 인물들이기 때문이다. 먼저 한나라 최고 권력자인 한나라 왕들과의 관계다. 한비자 생전에 한나라의 왕이 된 사람은 이왕(釐王), 환혜왕(桓惠王), 한왕 안(安) 셋이었다. 이왕 때는 한비자가 공부하던 시기라 별 다른 관계가 없었다. 환혜왕 때 한비자는 혈기왕성한 청년이었고, 공부도 무르익어갔다. 이 시기 한나라는 진나라에 50개 성을 빼앗기는 등 나라꼴이 말이 아니었다. 한비자는 조국 한나라의 문제점을 냉철하게 분석하여 환혜왕에게 글을 올렸다. 그러나 왕을 비롯한 지배계급은 이를 받아들이기는커녕 명성만 왁자지껄하고 실력 없는 자들만 기용했다. 실망한 한비자는 정치의 꿈을

접고 저술에 몰두하기 시작했다. 그의 나이 대략 20대 중후반으로 추정된다. 세 번째 왕 안은 한때 한비자와 강국 진나라에 대처하는 방안을 상의하기도 했으나 한비자를 기용하지는 않았다.

한나라 지배층과 왕들은 한비자를 철저히 배제했다. 한비자는 이들의 행태에 울분을 터뜨렸고, 나아가 이들의 행태를 통해 권력, 권력자, 신하의 관계 및 그 본질을 분석하고 통찰하는 글을 써냈다. 한비자의 정치철학을 담은 이 글들 역시 조국 한나라에서는 철저히 무시당했지만, 역설적이게도 적국 진나라 왕의 인정을 받았다.

다음은 학문의 스승 순자와의 관계다. 순자는 한비자보다 33세

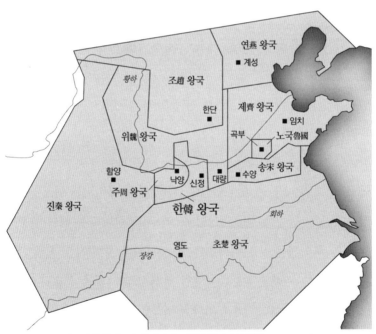

전국시대 형세도와 한비자의 조국인 한나라의 위치(기원전 4세기)

연상으로 아버지뻘이었다. 한
비자가 조국 한나라를 떠나 유
가 학파의 거두인 순자 문하
로 간 때는 대략 기원전 253년,
그의 나이 27세 이후로 추정
한다. 당시 순자의 위상은 제
자백가의 집합소라 할 수 있
는 제나라 직하학궁(稷下學宮)
의 좨주(祭酒, 아카데미 원장)를
두 차례나 지낸 사상계의 거목

한비자의 스승이었던 순자는 유가 사상을 집대성했을 뿐만 아니라 사상적으로 법가에 상당한 영향을 주었다.

이었다. 유가학파였지만 순자의 사상은 맹자보다 상당히 진보적인
편이었다. 이 때문에 맹자를 유가의 우파, 순자를 좌파로 나누기도
한다. 그의 문하에서 한비자와 이사 같은 법가의 대표적인 인물들
이 나온 것도 그의 사상이 갖는 진보성과 유연성 때문이었다.

　다음으로는 한비자의 죽음과 직접 관련이 있는 진시황과 동문 이
사와의 관계다(진시황이 한비자를 만난 것은 진왕 시기였지만 편의상 이하 진
시황으로 부른다). '한비자 살해 사건'으로도 불리는 이 비극에는 그렇
게도 한비자를 보고 싶어한 진시황의 방조와 한비자에 대한 시기
와 질투에 사로잡힌 동문 이사의 모함이 자리 잡고 있다. 이 사건
을 전말을 통해 한비자와 이 두 사람의 관계를 알아본다. 내용의
대부분이 사마천의 〈노자한비열전〉에 기록되어 있기 때문에 사마
천과의 관계도 자연스럽게 언급될 것이다.

어느 날 진시황은 누군가가 구해온 〈고분(孤憤)〉과 〈오두(五蠹)〉라는 두 편의 글을 보게 되었다. 정치의 성패와 득실을 신랄한 어조로 기술한 명문이었다. 진시황은 감탄을 거듭하며 "내가 이 사람을 만나 교류할 수 있다면 죽어도 여한이 없겠다!"라며 탄식했다. 그러자 곁에 있던 이사가 얼른 그 글은 한비자가 쓴 것이라 아뢰었다. 한비자는 다름 아닌 이사와 함께 유가의 대학자 순자 문하에서 함께 공부한 동문이었다.

진시황은 한비자를 보고 싶어 독수를 썼다. 한비자가 한나라의 공자였기 때문에 정상적인 방법으로는 그를 데려올 수 없다고 판단한 것이다. 한나라를 무력으로 공격하고는 강화의 조건으로 한비자를 요구했다. 한비자는 한왕의 사신 신분으로 진나라로 왔다. 이렇게 해서 진시황은 그리도 그리던 한비자를 만났다. 그해가 기원전 234년이었다. 진나라가 천하를 통일하기 13년 전이었다. 당시 한비자의 나이 45세, 진시황의 나이 24세였다.

천하 통일을 목전에 둔 상황에서 그렇게까지 해가며 한비자를 데려올 만큼 진시황이 절박했을까? 아니면 정말 그 자신의 말대로 그 문장을 쓴 주인공을 보고 싶었을까? 사마천은 이 대목을 다음과 같이 기록하고 있다.

"한비자를 만난 진시황은 그를 좋아하긴 했지만 신용(信用)하지는 않았다."

그러자 한비자의 출현을 탐탁지 않게 여기던 이사와 요고(姚賈)가 그 틈을 비집고 들어와 한비자는 누가 뭐라 해도 한나라의 공자이기 때문에 결국은 한나라를 위해 일을 할 것이니 지금 기용하지 않으려면 후환을 남기지 않는 차원에서 차라리 그를 없애라고 진시황을 부추겼다.

이들의 말에 넘어간 진시황은 한비자를 옥에 가두게 했고, 그사이 이사가 한비자에게 독약을 보내 자살을 강요했다. 한비자는 진시황을 만나고 싶었지만 길이 없었다. 진시황은 자신의 처분을 후회하며 사람을 보내 한비자를 풀어주려 했으나 한비자는 이미 목숨을 끊은 뒤였다. 한 번만 볼 수 있다면 죽어도 여한이 없겠다며 한비자를 갈망했던 진시황의 탄식은 자신이 아닌 한비자의 죽음으로 어처구니없게 결말이 났다.

한비자는 자신의 글 유세(遊說)의 어려움이란 뜻을 가진 〈세난(說難)〉편에서 이렇게 말한 바 있다.

순자 밑에서 동문수학한 이사는 전형적인 출세지상주의자였다. 출세를 위해 이사는 동문인 한비자를 해치는 일도 서슴지 않았다.

"무릇 유세의 어려움이란 내가 아는 것으로 상대를 설득시키는데 있지 않다. 또 내 말솜씨로 설득하는 어려움이 아니다. 또 내 말재주로 내 뜻을 분명하게 밝히지 못하는 어려움도 아니다. 내가 해야 할 말을 자유롭게 다하기 어렵다는 것도 아니다. 유세의 어려움은 상대의 마음을 알아내 말을 거기에 맞추는 데 있다."

이에 대해 사마천은 유세의 어려움을 누구보다 그렇게 잘 알고 있는 한비자가 그 유세의 화를 벗어나지 못한 것에 대해 안쓰러움과 안타까움을 나타냈다. 한비자는 또 이런 말도 했다.

"용이란 동물은 잘 길들이면 그 등에 탈 수도 있다. 그러나 그 목줄기 아래에 한 자 길이의 거꾸로 난 비늘, 역린(逆鱗)이란 것이 있는데 사람이 이것을 건드리면 반드시 그 사람을 죽인다. 군주에게도 이런 역린이 있으니, 유세하는 자가 이 역린을 건드리지 않으면 유세에 거의 성공할 수 있다."

한비자의 유세가 진시황의 역린을 건드린 것인가? 그런 것 같지는 않다. 진시황은 그를 좋아했다. 그러면 이사와 요고의 모함 때문인가? 잠시 이자들의 말에 넘어가긴 했지만 이내 후회하고 한비를 풀어주려 했던 것으로 보아 이것도 결정적인 이유는 못 된다. 그렇다면 대체 왜? 사마천은 한비자가 글을 쓰게 된 동기에 대해 이렇게 말하고 있다.

"한비자는 청렴하고 강직한 사람들이 사악한 권신(權臣)들에 의해서 배척당하는 것을 슬퍼하며, 예전 정치의 성패와 득실의 변천을 관찰해 〈고분(孤憤)〉, 〈오두(五蠹)〉, 〈내외저(內外儲)〉, 〈세림(說林)〉, 〈세난(說難)〉 편 등 10여만 자의 글을 저술했다."

그렇다! 한비자는 그 말 때문이 아니라 그 글들이 문제가 되었다. 그의 글이 진시황의 역린을 건드린 것이다. 글이 위험했기 때문이다. 그 글이 권력자의 속성과 문제점을 너무나 정확하게 너무나 무섭게 꿰뚫고 있었기 때문이다. 게다가 한비자는 말을 잘 못했다.

"한비자는 말을 더듬었다. 그래서 말로 변론하는 것은 잘 못했지만, 글을 잘 썼다."

한비자의 열전을 남긴 사마천이 첫 부분에 기록한 대목이다. 진시황은 한비자라는 인간도 아니고, 한비자의 말도 아닌 한비자의 글에 두려움을 느꼈다. 당초 글만 보고 한비자를 한 번만이라도 보고 싶다고 했지만, 막상 그를 만나고 보니 그 글들이 더욱 무겁고 무섭게 그를 짓눌렀다. 더욱이 말을 잘 못하는 한비자에게서 또 다른 두려움을 느꼈던 것은 아닐까? 그리고 그 사이를 간사하고 눈치 빠른 자들이 비집고 들었다.

진시황이 그토록 흠모해 마지않았던 한비자가 이렇게 무고하게 피살된 것은 작은 사건이 아니었다. 불과 3년 전 이사는 〈간축객서

〈諫逐客書〉라는 글을 써서 타국 출신의 인재를 내치지 말아 줄 것을 호소하면서 여러 나라 인재를 두루 받아들여야만 나라가 부강해질 수 있다고 주장하지 않았던가? 그 간절한 애원이 아직 귓가에 맴돌고 있는데 자신의 손으로 인재를 내치고 살해하기까지 했다. 게다가 살해된 그 사람이 다름 아닌 진시황이 그토록 흠모했던 특별한 인재였으니, 이사는 얼마나 속이 좁고 못난 자였던가?

이사가 한비자를 죽여야만 했던 데는 이사만의 말 못할 사정이 있었다. 이사는 초나라를 버리고 부귀공명을 찾아 진으로 왔는데, 이는 이사의 인생 방침이었다. 이를 위해 그는 10년 넘게 고군분투했고 예정된 목표에 거의 접근한 상태였다. 이런 상황에서 한비자의 등장으로 자칫 밀려날 판이었으니 어찌 불안하고 초조하지 않

진시황은 한비자를 한 번만이라도 만나고 싶다고 했고, 기록상으로 두 사람은 딱 한 번 만났다. 그리고 그걸로 그만이었다. 문서를 검토하고 있는 진시황의 모습을 나타낸 조형물이다(진시황릉 앞에 조성되어 있었으나 최근 철거되었다).

앉겠는가? 다시 말해 이사는 동문 한비자에 비하면 여러 면에서 훨씬 모자라는 얼치기에 지나지 않았다. 한비자를 죽이면 그의 학설까지도 마음 놓고 훔쳐 자기 것으로 만들 수 있었다. 다행히 한비자의 책이 일찌감치 세상에 선보여 널리 알려졌기에 망정이지 하마터면 지금 우리가 보고 있는 《한비자》가 《이사자(李斯子)》로 둔갑할 뻔했다.

통용되고 있는 《한비자》 판본의 첫 편은 〈초견진〉으로 한비자가 진왕(진시황)을 만나는 상황을 상정하고 쓴 글이다. 도판은 명대 판본 〈초견진〉 편의 첫 페이지이다.

진시황과의 만남은 한비자의 처절한 비극으로 끝났다. 한비자가 자살하고 불과 3년 뒤인 기원전 230년 한비자의 조국인 한나라가 망했고, 13년 뒤인 기원전 221년 천하는 통일되었다. 진시황은 한비자를 외경(畏敬)했지만, 그의 사상은 고스란히 받아들였다. 한비자의 사상이 천하를 통일하는데 얼마나 영향을 주었는지는 알 수 없지만 적어도 진시황의 통치와 후대 제왕들에게는 그 어떤 것보다 큰 영향을 미쳤다. 그리고 이 모든 과정 뒤로 한비자를 진시황에게 소개하고도 그를 해친 한비자의 동문이자 출세지상주의자 이사의 모습이 겹쳐진다.

다른 법가 사상가들과의 관계

다음으로 한비자 이전의 법가 사상가들과의 관계에 대해 간략하게 언급하겠다. 중국 역사에서 법가의 출현은 춘추전국이라는 시대의 필연적 산물이다. 생존을 위한 극렬한 투쟁에서 실제로 필요한 것은 유가도, 도가도, 묵가도 아니었다. 주도면밀한 법 조항과 강력한 리더십, 걸출한 리더는 생존을 위한 필수 조건이었다. 이 조건을 충족시킬 수 있는 사상은 법가뿐이었다.

한비자 이전의 법가 사상가로는 원조 격이라 할 수 있는 춘추 초기의 경륜가 관중(管仲, ?~기원전 645)이 있었다. 한비자가 관중으로부터 영향을 받기는 했겠지만《한비자》에서 그 흔적을 찾기란 쉽지 않다. 시대적 간격이 크긴 하지만 관중 다음으로 출현한 법가 사상가들로는 상앙(商鞅), 신불해(申不害), 신도(愼到)가 있다. 법가 사상의 3대 핵심인 법(法)·술(術)·세(勢)를 가지고 한비자와 이 세 사람의 관계를 살펴보겠다.

먼저 세 사람 모두 전국시대 인물들이고, 비슷한 시기에 태어났다. 법가 사상의 기틀을 닦은 인물들이고, 한비자보다 1세기 정도 앞선다. 또한, 모두가 한비자 사상에 크고 작은 영향을 끼쳤는데 그중에서도 상앙과 신불해의 영향이 더 컸다. 사마천은 〈노자한비열전〉에서 한비자를 중심으로 신불해를 함께 소개했다. 신도는 〈맹자순경열전〉에 딸려 있고, 상앙은 〈상군열전〉을 따로 마련하여 소개했다.

상앙(기원전 약 390~기원전 338)은 기원전 361년 진나라로 건너가 진나라를 전면적으로 개혁하는 큰일을 성사시킨 장본인으로 중국 역사상 최고의 개혁가로 꼽힌다. 그는 법가 사상가로서 특히 법을 중시했고, 한비자도 이에 큰 영향을 받았다. 저서로《상군서(商君書)》가 전해진다.

한비자의 사상에 가장 큰 영향을 준 법가 사상가는 역시 상앙일 것이다. 상앙은 법가의 이론가였을 뿐만 아니라 누가 뭐라 해도 진나라를 전면 개혁시킨 장본인이었기 때문이다. 상앙의 이런 실천 사례가 한비자에 큰 자극이 되었을 것이다.

신불해(?~기원전 338)는 '술'을 강조한다. 신불해는 정나라 말단 관리로 한나라 소후에 유세하여 높은 벼슬을 받았다. 그는 한나라에서 15년 정치를 하는 동안 "나라는 잘 다스려지고 군대는 강해져 침략하는 자가 없었다"라고 할 정도로 성과를 냈다. 신불해의 학술사상의 뿌리는 도가에 있고, '형명(刑名)'을 강조했다. 저서로《신자(申子)》라고 불리는 두 편이 있다.

신도(기원전 약 390~기원전 315)는 '법'과 '세'를 함께 중시했다고 하는데, 한비자와의 관계에 대해서는 알려진 바가 없다.《한서》〈예문지〉에는 저서로《신자》 42편이 있었다고 하고, 〈맹자순경열전〉에는《십이론(十二論)》을 저술했다고 한다.

《한비자》에는 상앙과 신불해를 직접 언급하고 있어, 한비자와 이 둘의 관계를 짐작하게 한다. 그 대목을 인용하는 것으로 이들의 관계를 정리해둔다.

"어떤 사람이 '신불해와 공손앙(상앙) 두 사람의 견해 중 어느 쪽이 나라에 더 필요합니까?'라고 물었다. 이에 대한 대답은 이렇다. '그것은 우열을 가릴 수 없는 문제다. 사람은 열흘 이상 먹지 않으면 죽고, 아주 추운 날씨에 옷을 입지 않으면 얼어 죽는다. 그런데 옷과 음식 중 어느 것이 사람에게 더 긴요하냐고 묻는다면, 둘 중 어느 하나라도 없어서는 안 된다고 대답할 것이다. 두 가지 모두 사람이 사는 데 꼭 있어야 할 것들이기 때문이다.'"(〈정법〉)

한비자의 사상과 법가사상의 3대 핵심에 대해서는 따로 살펴보았으니 《한비자》는 어떤 책인가?' 부분을 참고하면 되겠다.

한비자와 《한비자》에 대한 역대 논평

한비자에게 가장 많이 따르는 수식어이자 논평이라면 역시 '동양의 마키아벨리'일 것이다. 이 표현은 우리 학계에도 잘 알려진 미국의 역사학자인 존 킹 페어뱅크(John King Fairbank, 1907~1991)가 1964년 출간한 《China : A History》에서 처음 나온 것으로 알려져 있다. 한비자는 기원전 약 280년에 태어났고, 마키아벨리는 1469년에 태

어났다. 두 사람의 시차가 무려
1750년이다. 비교 안 하면 몰
라도 비교한다면 마키아벨리를
'서양의 한비자'라 불러야 마땅
하다.

다음으로 가장 널리 알려져
있고, 동서양 연구자들이 이구
동성으로 내리는 평가는 '법가
(사상)의 집대성자'와 '제왕학의
창시자' 등이 있다. 이하 역대
유명인과 학자들의 한비자와

존 킹 페어뱅크의 대표적인 저서들 중 하
나인 《China : A History》의 개정판 한국
어 번역서(《신중국사》)이다.

《한비자》에 대한 논평들을 참고로 인용해둔다.

"과인이 이 사람을 만나 이야기를 나눌 수 있다면 죽어도 여한이
없겠다!"

　- 진시황

"나는 다만 한비자가 〈세난〉 편을 짓고도 스스로는 재난을 피하
지 못한 것이 슬펐다."

"한자(한비)는 먹줄로 일을 재단하고 시비를 밝혔지만, 너무 각박
하고 베푸는 것이 부족했다."

　- 사마천

"한비자는 〈세난〉 편 때문에 죽었다!"

– 양웅(揚雄, 한나라의 학자, 《법언(法言)》)

"저렇게 주도면밀하게 방비하고도 이사에게 죽임을 당하고 말았으니, 슬프다!"

– 사마정(司馬貞, 당나라의 학자)

"한비자는 진나라를 위해 계책을 꾀했으나 당초 그 종주국을 뒤엎고자 자신의 말을 팔았으니 그 죄는 죽음으로도 용서할 수 없다. 어찌 불쌍히 여길 수 있으리오!"

– 사마광(司馬光, 《자치통감資治通鑑》)

제2 노신(魯迅)이란 별칭이 있을 정도로 중국 정치와 중국인을 신랄하게 비판했던 백양(柏楊, 1920~2008) 선생은 진나라가 한비자의 사상을 고스란히 흡수했다고 평했다.

"한비자는 순자에게 배운 전국 시기 법가의 대표적 인물이다. 그가 제기한 '법치, 술치, 세치' 3자가 결합된 봉건 군왕통치술은 후세에 아주 큰 영향을 미쳤다."

– 모택동(毛澤東)

"한비자, 영광과 비극을 한 몸에 지닌 이 학자는 법가학파의 종합판이었다."

"영정(진시황)과 이사는 한비자를 죽였지만, 그의 사상은 고스란히 흡수하여 날로 커가는 자신들의 제국을 통치하는 데 반영했다."

－ 백양(柏楊, 《중국인사강中國人史綱》, 원류출판사遠流出版社, 2002)

"한비자는 중국 고대 사상 발전의 황금시대에 독특한 견해를 가졌던 마지막 사상가다."

"전체적으로 나는 한비자의 사상을 어쩔 수 없이 부정할 수밖에 없다. 왜냐하면 그는 봉건 지주계급의 통치와 윤리 관계를 뚜렷하게 수호했을 뿐만 아니라 극단적 독재와 폭정에 계통적인 이론을 제공하여 중국 역사 발전의 지체에 나름 작용을 했기 때문이다."

"한비자 사상에는 긍정적이고 독특한 관점이 적지 않다. 이를테면 역사 진화에 대한 인식, 공허한 담론에 대한 부정, 치국에 대한 일련의 원칙 등이 그것들이다."

－ 시각회(施覺懷, 《한비평전韓非評傳》, 남경대학출판사南京大學出版社, 2002)

"《한비자》를 읽으면서 우리는 전통 시대의 절대 군주조차 리더십을 기르지 못하면 자기 권력을 제대로 휘두를 수 없었다는 냉엄한 현실을 깨닫는다."

－ 이상수(《한비자, 권력의 기술》, 웅진 지식하우스, 2007.)

"그가 내던진 질문들이 21세기의 이 시대에 오히려 섬뜩할 정도로 들어맞기 때문이다. 그의 통찰처럼 혼돈의 시대에는 자신의 속내를 숨기고, 어둠 속에서 철저히 위장하면서 자기관리를 해야 한다는 생존의 법칙은 이 시점에도 여전히 유효하다."

— 김원중(《한비자의 관계술》, 위즈덤하우스, 2012.)

"한비자는 고독과 울분에 찬 인생을 살다 간 난세의 기재(奇才)다."

"《한비자》는 무림계로 비유하자면 정파가 아닌 사파의 절정 무공 비급과 같다."

"제왕학은 한비자가 아니었으면 커질 수 없었고, 법가의 사상은 한비자가 아니었으면 넓어질 수 없었다."

— 필자

한비자와 '구흘(口吃)'

《사기》에 나오는 인물들에 대한 사마천의 관찰과 묘사는 대단히 특별하다. 그 사람의 가장 두드러진 특징이나 특성을 잘 잡아냈기 때문이다. 그중에서도 문장은 남달랐지만 말을 잘하지 못했던 법가 사상가 한비자와 한나라 초기의 걸출한 문장가 사마상여(司馬相如)에 대해서는 아예 말을 더듬었다고 했다. 이 두 사람의 이런 특징을 사마천은 '구흘'이란 단어로 묘사했는데 '말을 더듬다', '말더듬이'란 뜻이다.

먼저 한비자는 이렇게 소개했다.

"한비자는 한(韓)나라 공자로서 형명(刑名)과 법술(法術)의 학설을 좋아했으나, 그의 학설의 근본은 황로(黃老) 사상에 있었다. 한비자는 '말더듬이'로 태어나 변론에는 서툴렀으나 저술에는 뛰어났다. 이사(李斯)와 더불어 순경(荀卿, 순자)에게서 공부했는데, 이사는 자기 스스로 한비자보다 못하다고 인정했다."

다음은 사마상여에 대한 소개 부분이다.

"상여는 '말은 어눌했으나' 글은 잘 지었다. 평소 그는 소갈병(消渴病)을 앓고 있었다. 상여는 탁문군(卓文君)과 혼인해 재물이 풍족했다. 나아가 벼슬을 하기는 했으나 일찍이 공경(公卿)이나 국가의 일에 참여하지 않았다. 질병을 핑계 삼아 한가하게 살면서 관직과 작위를 바라지 않았다."

이 밖에도 사마천은 자신이 직접 만난 적이 있는 한나라 초기의 명장 이광(李廣)에 대해 "말은 잘하지 못했다(구불능도사口不能道辭)"고 묘사한 바 있다(권109 〈이장군열전〉). 그런가 하면 고조 유방이 태자를 바꾸려고 하자 이를 막기 위해 나선 주창(周昌)이 막상 유방 앞에서 말을 제대로 하지 못하고 더듬는 장면을 '기기(期期)'라는 특이한 단어로 묘사하기도 했다(권96 〈장승상열전〉).

이상의 기록들을 볼 때 사마천은 말만 잘하는 사람에 대해 반감을 갖고 있었던 것 같다. 반면 말을 더듬거나 말을 잘 못하지만 그 때문에 남다른 재능이나 인품이 가려진 사람들을 제대로 드러내려 했던 것 같기도 하다.

한비자의 경우, 그렇게도 보고 싶어 했던 진시황이 정작 그를 만나서는 외면하다시피 했던 까닭을 '말을 더듬는' 그의 '구흘' 때문이라고 보는 사람들도 있다. 이것이 사실이라면 한비자를 한 번 볼 수 있다면 죽어도 여한이 없겠다고 한 진시황의 마음과 탄식은 위선이자 가식이 아닐 수 없다. 이래저래 한비자의 삶은 안타까움 그 자체다.

뱀의 다리 《한비자》의 사상에 대해서는 바로 이어지는 '《한비자》는 어떤 책인가?'를 보라.

기원전 280년(한 이왕 15년) – 출생

한비자 출생하다. 《사기》〈노자한비열전〉에 "한비자는 한나라 여러 공자들 중 한 사람이었다"고 했듯이 한나라 귀족 집안 출신이다. 한나라 왕실의 공자였을 가능성이 있다는 설도 있다.

기원전 278년(한 이왕 17년) – 2세

진나라가 전국 7웅 중에서 명실상부 가장 영향력을 발휘하는 강국이 되었다. 심지어 주 천자가 진나라에 조회를 갈 정도였다. 진나라와 이웃한 한나라는 직접 위협을 받는 처지가 되었다.

기원전 275년(한 이왕 20년) – 5세

진나라의 침공을 받은 한나라는 4만 명이 전사하는 큰 패배를 당하고 나라가 심각한 위기에 빠졌다. 한비자는 이 무렵부터 집에 있는 법가 계통의 관자(管子), 상앙(商鞅)의 저서와 손자(孫子), 오기(吳起)의 병법서를 비롯하여 여러 책을 읽기 시작했다.

기원전 270년(한 환혜왕 2년) – 10세

진나라가 범수를 객경으로 임명하여 '먼 곳에 있는 나라와 가깝게 지내고, 가까이 있는 나라를 공격한다'는 '원교근공(遠交近攻)'의 대외정책을 확정했다. 이로써 진나라와 국경을 접하고 있는 약소국 한나라가 집중 공략의 대상이 되었다. 풍전등화의 위기에 놓인 한나라의 정세에 소년 한비자의 마음은 타오르는 불처럼 조급했다.

기원전 262년(한 환혜왕 10년) – 18세

이전 3년 사이 진나라가 계속 한나라를 공격했고, 이해에 진나라 장수 백기(白起)가 한나라를 공격하여 무려 50개 성을 탈취했다. 한나라 상당군(上黨郡)의 군수가 조나라에 항복하는 등 한나라 지배층은 지리멸렬 분열했다. 대체로 이 시기를 전후하여 청년 한비자는 "한나라가 땅을 빼앗기고 약해지는 것을 목격하고는 여러 차례 한왕에게 글을 올리기" 시작했을 것으로 본다.

한비자가 여러 차례 한왕에게 글을 올렸으나 한왕은 그의 건의를 받아들이지 않았다. 전문가들은 한비자의 이런 노력은 대체로 5년 정도 계속되었을 것으로 추정한다. 한비자는 한왕을 비롯한 한나라 지배층이 유능한 인재를 기용하여 나라를 다스리는 데 힘쓰지 않고 반대로 명성과 실제가 다른 어리석고 못난 해충 같은 자들만 기용하는 현실에 분노하여 저술에 몰두하기 시작했다.

순자가 제나라 직하학궁을 떠나 초나라로 갔다. 초나라의 실력자 춘신군(春申君)은 그를 난릉령(蘭陵令)에 임명하여 계속 제자를 받아들여 학문을 가르치게 배려했다. 이때를 전후로 한비자는 순자 문하에 들어가 '제왕의 학술을 배웠다.' 동문으로는 이사 등이 있었다.

이사가 학업을 중단하고 순자를 떠나 서쪽 진나라로 갔다. 이 무렵 한비자도 조국 한나라로 돌아와 저술에 몰두하여 55편 10여만 자의 저서를 완성했다(완성한 시기는 알 수 없으나 몇 년은 걸렸을 것으로 보인다). 이해에 진나라가 상당군을 점령했고, 진왕 정(훗날 진시황)이 13세의 나이로 왕위에 올랐다.

한왕이 진나라의 국력을 소모시켜 한나라를 공격하지 못하게 하려고 수리 전문가 정국(鄭國)을 진나라로 보내 대규모 수로 시설 정국거(鄭國渠)를 축조하게 했다.

한나라가 보낸 수리 전문가 정국이 간첩으로 지목되었다. 화가 난 진왕은 외국 출신의 인재들을 추방하라는 '축객령(逐客令)'을 내렸다. 진왕은 한나라를 멸망시키겠다는 결심을 내렸다. 이사가 〈축객령에 관해 드리는 글〉, 〈간축객서(諫逐客書)〉라는 글을 올려 축객령을 취소시켰다. 이때 이사는 진왕에게 먼저 한나라를 취해 다른 나라를 겁주라고 유세했다. 진왕은 정국의 기술을 역이용했다.

기원전 236년(한왕 안 2년) - 44세

이사는 진왕의 명을 받고 한나라로 가서 항복을 재촉했다. 이때 이사는 15, 6년 동안 못 보았던 한비자를 만났을 것이다. 한비자는 자신이 쓴 〈고분〉, 〈오두〉 등의 문장을 이사에게 보여주는 한편 이 글을 진왕에게 전하게 했던 것 같다. 다급해진 한왕은 한비자를 불러 진나라를 약하게 만들 수 있는 계책을 논의했다.

기원전 235년(한왕 안 3년) - 45세

진왕이 한비자의 문장을 읽고는 "오호, 과인이 이 사람을 만나 이야기를 나눌 수 있다면 죽어도 여한이 없겠다"며 탄식했다. 이사가 한비자가 쓴 글이라 했다. 진왕은 (한비자를 오게 만들려고) 서둘러 한나라를 공격했다. 한왕은 어쩔 수 없는 상황에 몰려 한비자를 진나라로 보냈다.

기원전 234년(한왕 안 4년) - 46세

한비자가 진나라에 와서 한나라를 보존해야 할 당위성을 논한 글로 추정되는 〈존한(存韓)〉에서 이사를 비판하고 대신 요고의 단점을 폭로했다. 이 때문에 한비자는 이사와 요고의 미움을 샀고, 두 사람은 진왕 앞에서 한비자를 모함하며 한나라로 돌려보내서는 안 되니 죽여야 한다고 했다.

기원전 233년(한왕 안 5년) - 47세

진왕이 한비자에게 죄를 물어 감옥에 가두게 했다. 이사는 사람을 시켜 한비자에게 독약을 주며 자결하게 압박했다. 한비자는 진왕에게 자신의 생각을 밝히고자 했으나 만나지 못했다. 진왕이 뒤늦게 후회하며 한비자를 사면코자 했으나 한비자는 이미 죽은 뒤였다. 한나라는 한비자가 세상을 떠난 3년 뒤인 기원전 230년 6국 중 가장 먼저 멸망했다.

*나이는 만 나이로 표시함.

《한비자》는 어떤 책인가?

사상사의 뜨거운 감자, 무림 사파의 무공 비급

《한비자》에 대한 일반 상식은 중국 제자백가의 주요한 학파의 하나인 법가의 사상을 집대성했다는 정도다. 그리고 좀 더 들어가면 법가의 주요 사상의 핵심인 법(法)·술(術)·세(勢)를 통합하되 법을 가장 중시했다는 기초 정보를 얻을 수 있다. 이에 대한 상세한 내용은 위키백과를 비롯한 여러 지식정보에 엄청난 양으로 실려 있으니 참고하면 되겠다.

이 책을 읽는 독자들을 위해 필자는 《한비자》의 주요 사상과 그 핵심을 다음과 같이 간결하게 정리한 다음 몇 가지 정보를 더 드릴까 한다. 《한비자》는 통치술, 특히 제왕의 통치술에 관한 책이다. 그래서 '제왕학(帝王學)'이란 별칭이 따른다. 제왕의 통치술이기 때문에 제왕, 즉 최고 권력자와 그 권력에 기생하는 신하들과의 관계가 가장 주요한 내용이 될 수밖에 없다. 권력자는 신하들을 어떤 방법과 방식으로 통제할 것이며, 신하들은 권력자의 심기를 어떻게 헤아려 자기 한 몸 지키는 것은 물론 출세할 것인가? 대체로 이런 문제에 대한 해답으로 이해하면 될 것이다.

　이 문제에 대한 《한비자》의 주장과 분석이 대단히 날카롭고 깊이가 있기 때문에 2천 년 넘게 많은 사람들이 연구하고 활용했던 것이다. 우리는 《한비자》에 소개된 여러 우화와 한비자의 분석을 지금 어떻게 이해하고 활용할 것인가를 생각하면 된다. 그런데 《한비자》에 실린 사례와 우화의 대부분은 말 그대로 일반 상식과 보통사람의 생각을 벗어나 묘하고 깊고 심지어 살벌하기까지 한 의미가 함축되어 있다. 이 때문에 일반인이 《한비자》를 읽고 이해하기란 결코 쉽지 않다.

　이 책은 이런 점들을 감안하여 일반 독자들에게 사례와 우화에 함축된, 다시 말해 이야기 밑에 꽤 깊게 가라앉아 있는 의미를 들추어내서 풀어내려 했다. 특히 등장인물들의 말과 행동의 이면에 가라앉아 있거나 뒷면에 감추어진 그 인물의 내면(內面)을 들여다보려고 애를 썼다. 그 내면에는 그 사람의 내심(內心), 의중(意中),

저술에 몰두하고 있는 한비자의 모습을 그린 그림이다.

의도(意圖), 비밀(秘密) 등이 포함되어 있다. 자, 이제 이런 정보들을 담아두고 《한비자》가 어떤 책인지 좀 더 들어가보자.

중국 사상사의 뜨거운 감자

한비자의 생애에서 보았듯이 진나라와 진시황은 한비자를 받아들이지 못했다. 하지만 그의 사상과 통치술은 고스란히 받아들여 천하를 통일하는 데 활용했다. 기원전 221년 천하를 통일한 진나라가 기원전 206년 15년 만에 단명하고 한나라가 들어섰다. 그때가 기원전 202년이었다. 그 뒤 유가가 국가 지배 이데올로기로서 유교화되면서 법가 사상은 철저히 배척되었다. 그러나 그 사상은 유가 지배계급의 통치술에 스며들어 이른바 '겉으로는 유가, 안으로는 법가'라는 '외유내법(外儒內法)'으로 자리 잡았다.

외유내법에는 중국과 우리나라 왕조 체제의 위선적인 이중성이 담겨 있다. 겉으로는 인의도덕을 앞세우지만, 안으로는 법을 빙자하여 무자비하게 정적을 제거하는 잔인한 모습을 유감없이 보여주었다. 명의 개국군주 주원장(朱元璋, 1328~1398)은 정권 수호를 위하여 공신을 포함한 수만 명을 죽였다. 조선은 당쟁과 사화를 통해 숱한 정적을 제거했다. 모두 인의도덕을 목숨처럼 여기는 유교 사상에 집착한 자들의 소행이었다. 요컨대 한비자의 사상과 통치술 및 제왕학을 솔직하고 당당하게 수용하지 않고 뒷구멍으로 받아들인

탓에 무협소설에서 말하는 '주화
입마(走火入魔)'에 빠진 것이다.

유가는 정치적으로, 또 공개적
으로 법가와 한비자를 철저히 짓
밟았지만 《한비자》의 사상은 슬
그머니 받아들여 통치에 한껏 활
용했다. 무협소설에 비유하자
면, 무림 정파에게 《한비자》는
사파의 무공 비급과 같았다. 정
파는 사파의 이 무공 비급을 없
애지 않고 몰래 감추어 두고 자

한비자의 사상은 표면적으로는 배척되었
지만, 인의(仁義)를 앞세운 유교의 사상을
국가 이데올로기로 표방한 역대 왕조의
통치 기구, 제도와 법, 그리고 통치자와
통치술 곳곳에 스며들어 '외유내법'의 태
세를 확정했다. 도판은 명 태조 주원장의
진짜 모습으로 알려진 초상화이다.

신들의 무공 수련에 이용했고, 그 결과 '주화입마'에 빠졌다.

《한비자》는 중국 '사상사와 정치사의 뜨거운 감자'와 같았다. 먹
고는 싶지만, 너무 뜨거워 두 손바닥으로 던졌다 받기를 반복했다.
온전히 제대로 먹지 못하고 너무 뜨겁다 싶으면 손바닥 위로 던져
버리고, 또 상황에 따라 필요하다 싶으면 다시 받아 써먹곤 했다.
그러다 보니 《한비자》 사상의 진수를 제대로 분석하지도, 연구하지
도 못한 채 천덕꾸러기 신세가 되었다.

《한비자》가 새삼 주목을 받은 것은 근대 이후였다. 중국이 서구
열강의 군함과 대포 앞에서 맥을 못 추고 쓰러지자 지식인들은 그
원인을 찾기 위해 무던 애를 썼고, 그 결과의 하나로 《한비자》에 눈
을 돌렸다. 특히 '후흑학(厚黑學)'이라는 독특한 학문을 개척한 이종

오(李宗吾, 1879~1943)는 체면을 중시한 유가 사상을 신랄하게 비난하는 한편, 중국의 낙후와 약체화의 근본적인 원인을 체면만 중시하는 문화라고 지목하면서 '후면(厚面, Thick Face)', '두꺼운 얼굴'과 '흑심(黑心, Black Heart)', '시커먼 마음'으로 무장해야 한다고 주장했다. 관련한 이종오의 전문적인 저술이 없어 《한비자》와 치밀하게 비교할 수는 없지만 주요한 주장과 핵심으로 볼 때 이종오는 한비자의 재림과 같았다. 이후 중국의 정치가와 지도자들은 정도의 차이는 있을지 몰라도 《한비자》의 사상, 특히 통치술로부터 일정한 영향을 받았으며 지금도 받고 있다.

법(法)·술(術)·세(勢)를 어떻게 이해할 것인가?

《한비자》 사상의 핵심은 법·술·세라는 세 범주의 통합이다. 그렇다면 현대인으로서 이 세 개의 범주를 어떻게 이해하면 좋을까? 앞에서 《한비자》는 통치술에 관한 전문서이고, 통치는 권력자와 그에 기생하는 신하의 관계 설정이 그 핵심이라 했다. 이 점을 새기고 이 세 범주를 다음과 같이 이해하면 된다.

먼저 법(法)은 통치의, 통치를 위한 가장 기본적인 도구다. 한 개인으로 보자면, 죽을 때까지 지키고자 하는, 또 지키고 싶은 삶의 원칙들 같은 것이다.

술(術)은 법을 시행하는 방법이다. 무작정 법조문을 있는 그대로 적용해서는 신하와 백성을 설득하고 따르게 할 수 없다. 강제적인 법 적용은 일시적으로는 효과가 있을지 몰라도 결국 반발과 저항을 부른다. 개인의 원칙도 마찬가지다. 원칙의 본질을 손상시키지 않는 범위 내에서 융통성을 발휘해야만 인간관계가 유지될 수 있기 때문이다. 원칙을 지키고 잘 적용하는 방법이 필요하고, 그것이 다름 아닌 '술'이다.

　세(勢)는 권세(權勢)를 말한다. 즉 권력자의 세력이다. 그냥 '힘'으로 이해하면 쉽다. 통치자로서 이 힘을 놓치거나 잃으면 법과 술은 아무짝에 쓸모가 없다. 쉽게 비유하자면, 사람을 들이고 내치는 인사권(人事權)이 없는 통치자는 무기력할 수밖에 없다. 개인으로 보자면, 자신이 정한 원칙을 다른 사람이 인정하고 받아들이게 만들기 위해서는 돈, 명예, 자리, 성취 등과 같은 사회적으로 인정받는 권위를 가져야 한다. 마음으로 존경을 받을 수 있는 권위까지 있으면 금상첨화이다.

　한비자는 통치자라면 이 셋을 모두 가지되 특히 '세'를 놓쳐서는 안 된다고 강조한다. 신하들을 굴복시키고 부릴 수 있는 칼자루가 곧 '세'이기 때문이다. '법'으로 다스리고, '술'로 구슬리고, '세'로 복종시켜야 한다는 것이다. 그러려면 상벌이 분명해야 한다. 한비자는 '상은 믿음이 있어야 하고, 벌은 반드시 내려야 한다'는 '신상필벌(信賞必罰)'이란 네 글자로 요약했다(《외저설우상》). 이상이 《한비자》 사상의 핵심인 법·술·세의 관계다.

　법·술·세 중에서 한비자가 법을 가장 중시했다는 주장들이 많

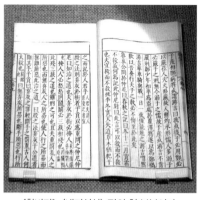
《한비자》, 〈내저설상〉 편의 첫 부분이다.

다. 그러나 필자가 《한비
자》를 읽으면서 시종 받은
인상은 '세'에 대한 한비자
의 집착이었다. 법·술·세
의 관계를 쉽게 비유하자
면 바퀴 셋 달린 삼륜차의
세 바퀴와 같다. 앞바퀴가
'세'에 해당하고, 뒷바퀴

둘이 '법'과 '술'에 해당한다고 보면 된다. 이를 리더에 대입시켜 보
면, 앞바퀴 '세'는 리더십에 해당하고, 뒷바퀴 '법'과 '술'은 리더십을
뒷받침하는 수단과 방법이다. 물론 이 삼륜차의 운전석에 앉아 있
는 사람이 리더이다. 구동장치는 당연히 앞바퀴에 연결되어 있다.
그리고 뒷바퀴 중 하나가 불량하거나 빠지면 차체가 흔들리고 달
리기에 불편하지만, 앞바퀴가 빠지면 아예 움직일 수 없다. 따라서
앞바퀴 '세'가 핵심이다. 삼륜차는 조직이고, 나라이며, 백성이다.

우화와 고사성어의 보물창고

《한비자》에는 의미심장한 사례와 우화가 많다. 그 때문에 읽기
가 만만치 않다고 했다. 우화와 사례 분석은 이 책의 내용이자 핵
심 그 자체이니 설명은 생략한다. 《한비자》의 또 다른 가치와 장점

은 그 많은 우화와 사례를 통해 간결하고 흥미롭고 깊은 속뜻을 가진 성어들이 많이 만들어졌다는 사실이다. 대표적인 성어들 몇몇을 소개해둔다. 익히 알고 있던 성어들인데 그 출처가 《한비자》라는 사실은 잘 모르고 있었을 것이다. 간단하게 뜻풀이와 출처 및 함축된 비유나 의미만 설명해둔다. 이 책에 실려 있는 사례나 우화에서 나온 성어와 짧게나마 언급한 성어들은 굵게 다른 색으로 표시했다.

• 모순(矛盾) 사자성어로는 '자상모순(自相矛盾)'이다. 유명한 '창과 방패' 우화에서 나온 비유로, 사실이나 논리가 그 자체로 서로 어긋난다는 뜻이다(〈난일〉).

• 역린(逆鱗) '거꾸로 난 비늘.' 용의 목덜미에는 거꾸로 난 비늘이 있는데 이를 건드리면 용이 성질을 낸다고 한다. 용은 권력자의 상징으로 권력자의 단점이나 예민한 부분을 건드리면 화를 입을 수 있다는 비유이다(〈세난〉).

• 식여도(食餘桃) 잘 알려진 '먹다 남은 복숭아'다. 누군가를 좋아할 때는 먹다 남은 복숭아를 주어도 고맙게 여기지만, 애정이 식으면 반대로 먹다 남은 복숭아를 준다고 미워한다는 줄거리로 인간의 변덕을 날카롭게 간파한 사례다(〈세난〉).

• **색쇠애이**(色衰愛弛) 〈식여도〉 이야기의 결론으로, 한비자는 '미모가 시들면 사랑도 시든다'라는 '색쇠애이'라는 명언을 남겼다(〈세난〉).

• **장수선무**(長袖善舞) '옷소매가 길어야 춤이 예뻐 보인다.' 밑천이 두둑해야 장사를 잘할 수 있다는 '다전선고(多錢善賈)'와 대구를 이루고 있다. 진짜 실력을 갖추어야 무슨 일이든 잘할 수 있다는 비유다(〈오두〉).

• **취모구자**(吹毛求疵) '터럭을 불어 흠을 찾는다.' 억지로 상대의 단점을 찾으려는 지나친 행동을 비유한다(〈대체〉).

• **정인매리**(鄭人買履) '정나라 사람이 신을 사다.' 정나라 사람이 신을 사려고 자기 발 길이를 줄로 쟀다. 그런데 장에 갔을 때 발의 치수를 잰 줄을 집에 놔두고 온 것을 알고 집으로 되돌아갔다. 그냥 신고 있는 신과 같은 치수의 신을 사면 될 것을 고지식하게 기어이 그 줄을 찾으러 간 것이다. 틀에 얽매여 융통성을 모르는 자들을 비꼬는 우화이다(〈외저설좌상〉).

• **남우충수**(濫竽充數) '악대에 불필요한(실력 없는) 피리 연주자가 수를 채우다.' 별다른 능력 없이 여러 사람들 틈에 끼어 밥만 축내는 자에 대한 비유이다(〈내저설상〉).

• **매독환주(買櫝還珠)** '상자를 사고 진주는 돌려주다.' 상품보다 포장이 마음에 들어 상품을 포기하고 포장을 산다는 뜻으로, 진짜 상품의 가치를 몰라본 자의 어리석음을 비꼬는 우화다(《외저설좌상》).

• **노마식도(老馬識道)** '늙은 말이 길을 안다.' 원정에 나갔다가 돌아오는 길을 잃었으나 이전 원정에 왔던 말을 앞세워 길을 찾았다는 사례다. 경험의 중요성과 이를 이용할 줄 아는 지혜에 관한 비유이다.

• **양약고구(良藥苦口)** '좋은 약은 입에 쓰다.' '충언은 귀에 거슬린다'는 '충언역이(忠言逆耳)'와 함께 인용되는 성어로, 권력자에게 직언할 때 유의하라는 비유이다.

• **수주대토(守株待兎)** '나무 그루터기를 지키며 토끼를 기다린다.' 한 번의 성공에 얽매여 발전을 모르는 어리석은 사람, 경험 부족으로 변통을 모르는 속 좁은 사람 또는 요행을 바라는 심리를 비유하는 성어다(《오두》).

• **일명경인(一鳴驚人)** '한 번 울면 (세상) 사람을 놀라게 하다.' 대개 바로 앞의 '일비충천(一飛沖天)'과 함께 인용된다. 좀처럼 움직이지 않지만 한 번 움직였다 하면 크게 떨쳐 일어나는 경우는 비유하는 명언이다(《유로》).

• **위여누란(危如累卵)** '위태롭기가 달걀을 쌓아 놓은 것 같다.' 흔히 '누 란지위(累卵之危)'로 많이 쓴다. 아주 위태로운 상황을 비유하는 유명한 성어이다(《십과》).

• **호질기의(護疾忌醫)** '병을 숨겨 의원에게 보이기를 꺼린다.' 잘못이 있는데도 다른 사람의 충고를 듣지 않는 것을 비유하는 사자성어 이다. 또 이로부터 문제를 드러내서 해결하려 하지 않고 숨김으 로써 더 키우는 것을 비유하는 성어이기도 하다(《유로》).

• **우유과단(優柔寡斷)** '우유부단(優柔不斷)'으로 더 많이 알려진 성어이다. '너무 부드러워 맺고 끊질 못한다'란 뜻으로, 어떤 일을 할 때 망설 이기만 하고 과감하게 실행하지 못함을 비유하는 성어다(《망징》).

• **경거망동(輕舉妄動)** '가볍게 멋대로 행동하다.' 도리나 사정을 생각 하지 않고 함부로 가볍게 말하고 행동한다는 뜻이다(《해로》).

• **신상필벌(信賞必罰)** '상은 믿음이 있어야 하고, 벌은 반드시 내려야 한다.' 한비자는 '신상필벌'은 권력행사의 정당성을 위해 반드시 지켜야 할 원칙이라고 강조했다(《외저설우상》).

• **사이밀성(事以密成)** '일은 비밀을 유지해야 성공한다.' 이어지는 '말 은 새어나가면 실패한다'는 '어이설패(語以泄敗)'와 짝을 이룬다.

한비자는 유세의 대상인 권력자의 성향을 모르는 상황에서는 특히 말조심해야 한다는 점을 이렇게 강조하고 있다(〈세난〉).

• **부국강병**(富國强兵) '나라를 부유하게, 군대를 강하게 만든다.' 한비자가 조국 한나라에 대해 가졌던 가장 큰 바람이었다(〈정법〉).

• **도불습유**(道不拾遺) '길에 떨어져 있는 물건도 줍지 않는다.' 한비자는 제대로 된 개혁의 결과는 백성들이 내 것이 아니면 길에 떨어진 물건도 가져가지 않는다고 했다. 개혁의 중요성과 철저함을 강조하기 위한 성어이기도 하다(〈외저설좌상〉).

• **견미지저**(見微知著) '미미한 것을 보고 드러날 일을 안다.' 아주 작고 미세한 것을 그냥 보아 넘기지 않고 그 안에 감추어진 낌새를 통찰하라는 뜻이다(〈세림상〉).

• **부신구화**(負薪救火) '장작을 지고 불을 끄려 한다.' 문제를 제거하려다 오히려 그 기세를 살리거나 문제를 키우는 경우를 비유하는 성어이다(〈유도〉).

• **고장난명**(孤掌難鳴) '한 손바닥으로는 소리가 나기 어렵다.' 혼자 힘으로 일을 해내기 어려운 경우를 비유한다(〈공명〉).

- **과부적중(寡不敵衆)** '적은 수로는 많은 수를 대적할 수 없다.' '중과부적(衆寡不敵)'으로 많이 쓰는 성어다(〈난삼〉).

- **병불염사(兵不厭詐)** '전쟁에서는 속임수를 마다치 않는다.' 전쟁이나 경쟁에서 승리하려면 속임수도 마다하지 않아야 한다는 주장이다(〈난일〉).

- **논공행상(論功行賞)** '공을 따져 상을 주다.' '신상필벌'과 함께 권력 행사의 중요한 원칙의 하나이다(〈팔설〉).

- **빙탄불투(氷炭不投)** '얼음과 탄은 서로 받아들이지 못한다.' 물과 불이 상극이듯이 서로를 받아들이지 못하는 관계나 그런 상황에 대한 비유이다(〈현학〉).

- **잠식경탄(蠶食鯨吞)** '누에처럼 야금야금 먹다가 고래처럼 삼킨다.' 강대국이 약소국을 침범하는 방식에 대한 비유이다(〈존한〉).

- **원수불구근화(遠水不救近火)** '멀리 있는 물로는 가까이서 난 불을 끌 수 없다.' 실질적이고 근본적인 문제 해결 방안을 비유한 명언이다(〈세림상〉).

- **천장지제(千丈之堤), 궤자의혈(潰自蟻穴)** '천 길 높이의 둑도 개미구멍

때문에 무너진다.' 한비자는 노자의 말을 빌려 "세상에서 어려운 일이라 부르는 것은 모두 쉬운 일이 모여 만들어지고, 세상 사람들이 큰일이라 말하는 일들은 모두 작은 일로부터 만들어진다"고 하면서 어떤 일이나 사물을 만들어내자면 반드시 가볍고 쉬운 일부터 시작해야 한다고 했다(〈유로〉).

• **국무상강무상약**(國無常强無常弱) '늘 강한 나라 없고 늘 약한 나라도 없다.' 그러면서 한비자는 "법을 받드는 자가 강하면 나라는 강해지고, 법을 받드는 자가 약하면 나라는 약해진다"고 말한다(〈유도〉).

• **부간**(夫奸), **필지즉비**(必知則備), **필주즉지**(必誅則止), **부지즉사**(不知則肆), **불주즉행**(不誅則行) '간신은 반드시 알아야만 대비할 수 있고, 반드시 없애야만 끝낼 수 있다. 모르면 방자해지고, 없애지 않으면 멋대로 설친다.' 간신 방비에 대한 한비자의 강력한 경고다(〈육반〉).

여러 제자백가서와 《한비자》 판본이다(왼쪽부터 금루자, 잠부론, 한비자, 시자와 등석자).

《한비자》의 체제와 구성

《한비자》는 모두 55편의 독립된 짧은 논문 같은 형식이다. 55편 모두 나름 독립된 주제와 그 주제를 예시하는 사례나 우화들로 구성되어 있다. 대체로 한비자가 세상을 떠난 뒤 그의 글들을 모아 편찬한 것으로 본다. 한비자의 전기를 남긴 사마천은 "〈고분(孤憤)〉, 〈오두(五蠹)〉, 〈내외저(內外儲)〉, 〈세림(說林)〉, 〈세난(說難)〉 등 10여만 자의 글"을 남겼으며, 진시황은 〈고분〉과 〈오두〉 두 편을 읽었다고 기록했다.

현재 통용되고 있는 《한비자》 판본의 글자 수는 약 10만 6천 자이다. 사마천의 기록에서 크게 벗어나지 않는다. 55편의 제목과 그 내용의 핵심을 보기 쉽게 하나의 표로 정리하여 참고로 제시해둔다(판본과 교석본에 따라 권과 편의 수가 다르다). 필자는 대만상무인서관(臺灣商務印書館)의 《한비자금주금역(韓非子今註今譯)》을 저본으로 삼은 진계천(陳啓天)의 치밀한 교석본에 따라 총 10권 55편으로 나누어 정리했다. 일반 판본은 대개 20권에 55편이다. 따라서 55편의 순서는 일반 판본이나 시중의 《한비자》 번역본들과는 순서에서 차이가 난다는 점을 미리 알려둔다. 일반 판본은 구성과 체계가 엉성한 편이어서 진계천의 10권 55편의 구성을 따랐다.

참고로 편명 옆에다 일반 판본의 권과 편의 순서를 표시해두었다(예컨대 이 표의 맨 처음인 '현학' 편에 표기된 19-50이란 숫자는 일반 판본의 제19권 제50편을 가리킨다). 이런 차이에 대한 논의는 전문가들의 영역이

라 긴 설명은 생략한다. 독자들의 양해를 구한다. 굵은 글씨는 사
마천이 언급한 다섯 편이다(현재 판본으로는 총 11편).

권 (편수)	편명	핵심 내용	참고
권1 (9편)	1. 현학(顯學) 19–50	'현학'이란 이름이 나가나 주요한 학파를 말한다. 유가와 묵가에 대해 강하게 공격함으로써 법가 학설의 발전을 꾀하고 있다.	전국시대는 유가와 묵가가 주요 학파
	2. 오두(五蠹) 19–49	'오두'란 다섯 종류의 해충이다. 유가, 담론자, 유세가와 종횡가, 유협과 묵가, 권력자 측근, 상공인 부류를 다섯 종류의 해충에 비유하여 나라를 해친다고 공격한다.	진화론적 역사관이 잘 드러난 편.
	3. 난세(難勢) 17–40	'난세'는 오늘날 말하는 주권 또는 통치권이란 뜻으로, 그 핵심은 권세의 중요성을 논변하고 있다.	권세와 그에 맞는 자리
	4. 정법(定法) 17–43	'정법'은 바꿀 수 없는 법이란 뜻으로, 법에 대해 정확한 설명을 하고 있다.	법에 대한 한비자의 인식
	5. 문변(問辯) 17–41	'문변'은 묻고 답한다는 뜻으로, 논쟁의 형식을 빌려 문제를 제기하고 한비자가 답하는 내용이다.	논쟁을 멈추는 방법론
	6. 육반(六反) 18–46	'육반'은 정도에 반하는 여섯 종류의 사람이란 뜻으로, 이들의 헛된 명성에 휘둘려서는 안 된다고 경고한다.	이런 자들이 국난의 원흉
	7.궤사(詭使) 17–45	'궤사'는 통치의 방법이 상반된다는 뜻으로, 법가의 이론을 가지고 군주의 통치 방법과 신민의 요구를 일치시켜야 한다고 주장한다.	당시 정치 상황을 비판
	8.망징(亡徵) 5–15	'망징'은 망할 징조라는 뜻으로, 무려 47가지에 이르는 멸망의 징조를 열거하고 이런 나라는 합병할 수 있다고 말한다.	전국의 형세에 맞춘 주장

권1 (9편)	9.남면(南面) 5-18	'남면'은 군주가 자리하는 위치다. 군주가 힘써야 할 일들에 관해 서술하고 있다.	군주로서 해야 할 주요 방법
권2 (9편)	10.팔설(八說) 18-47	사사로운 관계와 그에 따른 행위로 명예를 얻는 여덟 가지 종류와 사람들을 거론하며 이를 비판한다.	이들을 쓰면 안 된다.
	11.팔경(八經) 18-48	'경'은 바꿀 수 없는 이치와 법이다. 군주의 이런 '경'과 같은 여덟 가지 통치술을 제기한다.	'치국'의 여덟 가지 법술
	12.이병(二柄) 2-7	'병'은 손잡이다. 권력의 칼자루다. 군주에게는 상과 벌이라는 두 자루의 칼이 있음을 상기시킨다.	상벌의 활용에 관한 방법
	13.팔간(八姦) 2-9	'간'은 간사한 행위다. 관리가 간사한 짓을 하는 여덟 가지 방법이 있다고 지적한다.	간신을 예방하는 방법
	14.비내(備內) 5-17	'내'는 왕이 거처하는 궁중을 말한다. 군주는 궁중의 후궁, 부인, 태자, 귀한 자들 중 간사한 자들을 방비해야 한다.	궁중의 사람들을 과신하지 말라.
	15.식사(飾邪) 5-19	'식'은 경계의 뜻이다. 미신을 찾고, 사사롭고, 사악한 신하들의 짓을 경계하고 막아라.	법을 명확하게 집행하라.
	16.간겁시신 (姦劫弑臣) 4-14	'간사한 계책으로 군주를 겁박하고 시해하는 관리'들을 가리킨다. 이를 막으려면 법을 명확하게 하고 엄격하게 형벌을 집행해야 한다.	이런 자들을 막지 못하면 멸망이다.
	17.설의(說疑) 17-44	'설의'는 의심 가는 일들을 논설한다는 뜻이다. 신하를 기용함에 신중에 신중을 기하라고 경고한다.	유능한 인재를 기용하라.
	18.유도(有度) 2-6	'유도'는 치국에 필요한 법도를 말한다. 법을 받드는 자의 의지의 강약에 따라 나라의 강약도 결정된다.	법치하라는 요지

권3 (5편)	19.세난(說難) 4–12	'세난'은 유세의 어려움을 말한다. 유세 대상의 심리까지 파악하여 그에 맞추어 유세해야 한다.	유세 성공의 방법
	20.고분(孤憤) 4–11	'고분'은 고독과 울분이란 뜻이다. 마음 속에 응어리진 것이 많은 고립무원 법가 사상가의 울분을 토한다.	한비자 개인의 처지를 반영
	21.화씨(和氏) 4–13	전세의 보물 '화씨벽' 고사를 차용하여 법가 인물의 처지와 어려움을 토로하고 있다.	사상과 문장이 '고분'과 비슷
	22.난언(難言) 1–3	'난언'은 말하기 어렵다는 뜻으로, 권력자에게 말이나 글을 올릴 때의 어려움을 의미심장하게 분석한다.	오해와 화를 입을 수 있다.
	23.문전(問田) 17–42	'문전'은 '전구에게 묻다'는 뜻이다. 후반부에 한비자가 등장하나 본인이 아닌 것으로 추정한다.	한비자 후학의 기록?
권4 (4편)	24.난일(難一) 15–36	'난'은 어렵다는 뜻이다. 문책, 반박의 뜻도 있고 여기서는 반박에 가깝다. 옛사람의 언행에 대한 세간의 오해를 반박한다.	법가의 이론을 활용
	25.난이(難二) 15–37	느슨한 형벌, 상의 남발이 국가 문란의 근원이라는 점 등을 지적한다.	신상필벌의 중요성
	26.난삼(難三) 16–38	옛일과 말들을 비평하여 법가의 이론을 밝힌다. 군주는 관리의 꾸민 말을 가볍게 믿어서는 안 된다는 점 등을 지적한다.	신하에 대한 철저한 파악이 중요
	27.난사(難四) 16–39	'난삼' 편과 같은 형식으로 법가의 이론을 밝힌다. 군신이 각자 본분을 지키는 것이 중요하다는 점과 사람을 기용함에 개인감정을 버려라.	미미한 것이라도 잘 살펴라.
권5 (6편)	28.내저설상 (內儲說上) 10–30	'저설'은 쌓인 각종 사례를 가지고 통치술을 설명한다는 뜻이다. 이것으로 군주가 활용할 수 있게 대비한다. '칠술(七術)'로 그 내용을 정리하고 있다.	군주의 통치술 일곱 가지

권5 (6편)	29.내저설하 (内儲說下) 10–31	군주가 반드시 살펴야 할 여섯 가지의 일 '육미(六微)'가 그 핵심으로, 신하들에게 넘겨주거나 빌려주어서는 안 되는 일들을 말한다.	권세를 빌려주어서는 절대 안 된다.
	30.외저설좌상 (外儲說左上) 11–32	여러 사례를 들어 여섯 종류의 군주가 활용할 수 있는 '술(術)'을 설명한다. 신하의 말과 행동을 잘 살피고, 국사를 몸소 챙겨야 함을 강조한다.	믿음을 얻은 다음 법을 시행하라.
	31.외저설좌하 (外儲說左下) 12–33	사례들을 통해 군주가 활용해야 할 여섯 개의 '술'을 설명한다. 상벌, 용인, 책략, 공과, 공정, 공사 등에 관한 내용들이다.	'육술'이 모두 단단히 연계되어 있다.
	32.외저설우상 (外儲說右上) 13–34	사례들을 들어 세 가지 군주의 '술'을 설명한다. 멀고 가깝고를 따지지 말고 확고하고 엄격하게 법을 집행해야 한다. '세'를 놓치지 않아야 한다.	신하는 사나운 개나 사직의 쥐와 같다.
	33.외저설우하 (外儲說右下) 14–35	사례들을 들어 다섯 가지 군주의 '술'을 설명한다. 신하들과 상벌을 공유해서는 안 된다는 점 등 상벌에 대한 내용이 주를 이룬다.	상벌권을 확실하게 장악해야 한다.
권6 (3편)	34.세림상 (說林上) 7–22	'세림'은 여러 이야기란 뜻이다. 대체로 권력자를 대상으로 유세하는 내용이 주를 이루고 있다. 모두 34개의 우화와 고사들이다.	고사들의 뜻이 깊고 지혜를 계발한다.
	35.세림하 (說林下) 8–23	위 세림상편과 같은 구성이다. 모두 37개의 고사로 이루어진 편이다. 고사마다 의미가 깊고 지혜를 계발시키는 작용을 한다.	《한비자》 우화와 고사의 백미
	36.십과(十過) 3–10	'십과'는 열 가지 과실을 말한다. 국사를 처리함에 있어서 열 가지 중요한 과실은 몸과 나라를 망치기에 충분하다는 경고다.	옛 사례들로 이를 논증하고 있다.

권7 (4편)	37.주도(主道) 1-5	'주도'는 군주의 통치술이다. 도가의 '무위(無爲)'의 논리로 법가에서 말하는 군주의 통치술을 세우고 있다.	통치술의 3대 요점을 정리
	38.양각(揚搉) 2-8	'양각'은 요약, 강령, 요점이란 뜻이다. 나라를 다스리고 신하들을 통제하는 요령을 다룬다. 요지는 대체로 '주도' 편과 같다.	한비자의 사상을 압축
	39.대체(大體) 8-29	'대체'는 몸통 전체 또는 요령이란 뜻이다. 천하를 다스리는 큰 요령을 말하고 있다. 도가에 가까운 법가의 논리들로 이루어져 있다.	정치는 대체를 파악해야 한다.
	40.관행(觀行) 8-24	'관행'은 행동을 관찰한다는 뜻이다. 군주라면 신하의 언행을 관찰해야 한다. 도가에 가까운 문장으로 본다.	통치술로서의 '관행' 강조
권8 (2편)	41.해로(解老) 6-20	'해로'란 《노자》에 관한 해석이란 뜻이다. 《노자》를 해석한 가장 오랜 문장이다.	노자와 한비자의 관계
	42.유로(喩老)	'유로'란 《노자》를 깨우친다는 뜻이다. 《노자》에 담긴 미묘한 뜻을 해석하여 깨우쳐 주는 내용이다.	역사적 고사를 이용함.
권9 (11편)	43.인주(人主) 20-52	'인주'는 군주다. 군주로서 해야 할 중요한 이치를 제시하고 있다. 권세를 잃는 문제, 사람을 제대로 기용하지 못하는 폐단을 지적하고 있다.	권세를 잃으면 망국을 초래함.
	44.용인(用人) 8-27	'용인'은 사람을 쓴다는 말이다. 군주가 사람을 쓰는 방법과 쓸 때 필요한 상벌 등을 비교적 상세히 설명하고 있다.	용인의 구체적인 방법론을 제시
	45.수도(守道) 8-26	'수도'는 나라를 보전하는 방법이다. 법도를 세워 그에 따라 철저히 시행해야 한다.	상벌의 중요성을 강조

권9 (11편)	46.삼수(三守) 5-16	'삼수'는 지켜야 할 세 가지 일이다. 군주가 반드시 지켜야 할 세 가지 요점을 간략하게 논하고 있다.	'삼수'해야 빼앗기지 않음.
	47.공명(功名) 8-28	'공명'은 공을 세우고 이름을 낸다는 뜻이다. 군주가 공명을 이루는 방법에 관한 담론이다.	권세와 자리의 중요성 강조
	48.안위(安危) 8-25	'안위'는 안정과 위기다. 나라를 안정시키는 일곱 가지 방법, 위기에 빠뜨리는 여섯 가지 현상을 설명한다.	법도와 인심의 관계와 중요성
	49.심도(心度) 20-54	'심도'는 마음의 준칙을 말한다. 민심을 잘 헤아려 장려할 것과 금할 것을 정확하게 실행하라고 권한다.	금도(禁度)의 중요성 강조
	50.충효(忠孝) 20-51	'충효'는 유가의 덕목이다. 법가의 견지에서 충효에 관해 논하고 있다.	유가 충효관에 대한 비판
	51.칙령(飭令) 20-53	'칙령'은 엄중한 명령이다. 대부분 법가의 선배인 상앙(商鞅)의 《상군서(商君書)》의 내용과 같다.	공정한 법 집행과 상벌
	52.제분(制分) 20-55	'제분'은 분명한 상벌 제정을 뜻한다. 신상필벌, 간신 방지, 치국의 요점 등을 논한다.	간신 방지와 연좌의 필요성
	53.애신(愛臣) 1-4	'애신'은 총애하는 신하라는 뜻으로, 군주 좌우의 총애를 받는 관리들을 가리킨다. 내용과는 관련이 없다.	관리에 대한 군주의 통제권
권10 (2편)	54.초견진 (初見秦) 1-1	'초견진'은 진나라 왕을 처음 만났다는 뜻으로, 진나라 소왕(昭王)에게 올린 글이다. 합종책을 깨고 패권을 잡는 책략이 주요 내용이다.	천하통일을 위한 기본 책략 제시
	55.존한(存韓) 1-2	'존한'은 한나라를 보존한다는 뜻이다. 진나라로 와서 진시황을 만난 한비자는 한나라를 침공해서는 안 되는 이유를 설명했다.	

읽을 만한가? 어떻게 읽어야 하나?

그 책이 아무리 유명하더라도 반드시 읽어야 하는 것은 아니다. 필독서라 권하는 목록에는 읽지 않아도 되고, 심지어 어떤 책은 안 읽는 것이 나은 것도 있다. 독서는 개인의 취향에 따르면 그만이다. 물론 읽으면 도움이 되는 책은 얼마든지 있다. 읽고 안 읽고는 각자의 판단에 따르면 된다.

그렇다면《한비자》는 어떤가?《한비자》는 앞서도 말했듯이 예민한 책이다. 긍정적인 평가와 부정적인 평가가 크게 엇갈린다. 필자 개인적인 생각으로는 일반인들도 '읽을 만하다'라는 쪽이다. 다만 친절한 안내가 없으면 읽기 어렵다는 점을 먼저 밝힌다. 그래서 이 부분 '《한비자》는 어떤 책인가'를 마련했다. 그리고 이 책도《한비자》에 도전하기 위한 안내서의 역할을 해보고자 집필되었다.

읽을 만하다면 어떻게 읽으면 될까? 앞서도 말했듯이《한비자》는 권력자 – 지금부터는 리더로 바꾸어 부르겠다 – 와 그에 기생하는 신하들 – 지금부터는 인재로 바꾸어 부르겠다 – 의 관계를 전문적으로 다룬 책이다. 어떤 부분들은 상당히 살벌하기까지 하다. 저렇게까지 해야 하나? 이런 의문이 들기에 충분하다. 그럼, 이런 점들을 어떻게 이해해야 하나?

먼저 한비자의 사상은 스승 순자보다 더 극단적이다. 인간의 본성을 악하다고 보는 것은 물론 거기에 더해 대단히 이기적인 존재로 여긴다. 이 점을 감안하고 읽기를 권한다. 인간의 본성은 과연 선한가, 아니면 악한가, 아니면 이기적인가? 이도 저도 아닌 이 모든 것의 합체인가? 이런 의문들은 우리가 일상에서 한번쯤은 던져보거나 품었던 것 아닌가? 따라서 인간의 본성에 대한 나 개인의 생각을 대입시키고 비교해가면서 읽으면 한결 실감 나지 않을까 한다.

《한비자》는 심리학 교재로도 손색이 없다. 그 사람이 리더이건 인재이건 상관없이 한 인간의 언행에 내재된 속내, 즉 내심과 내면의 정신세계를 한비자만큼 적나라하게 폭로하고 통찰한 사상가도 없을 것이다. 한비자의 이런 통찰력은 많은 사람과 관계하는 직업에 종사하는 사람에게는 큰 영감 내지 도움을 줄 수 있다. 나아가 인간의 본질에 대한 깊은 인식을 얻을 수 있다. 단, 《한비자》를 절대 진리로 오판하는 일은 없어야 한다. 《한비자》는 읽고 받아들이기에 따라서는 얼마든지 위험한 책이 될 수 있기 때문이다.

《한비자》에 수없이 등장하는 우화와 사례들이 던지는 메시지에 대해 자기 나름의 상상력을 발휘해보면 좋다. 필자나 다른 전문가의 안내에 무조건 고개를 끄덕이지 말라는 권유다. 《한비자》가 제시한 우화와 사례들은 해석과 분석에 따라 얼마든지 달리 볼 수 있는 여지가 많기 때문이다.

보다 적극적으로 접근해보자면, 이렇게 비유할 수 있을 것 같다. '비상(非常)한 시기에는 비상한 인재가 필요'하듯이, 전국이라는 무한경쟁의 시대는 비상한 시기였고 따라서 그 시대에 대처하는 방법 또한 평범할 수도, 평범해서도 안 되는 상황이었다. 이런 점에서 《한비자》에는 대단히 '비상'한 논리와 주장이 담길 수밖에 없었고, 한비자는 이를 훌륭히 해냈다. 그는 '비상한 시기의 비상한 인재'였다.

같은 맥락에서 《한비자》의 논리와 주장은 철저히 약소국 한나라를 위한 것이었다. 강자의 논리가 아닌, 대부분 약자가 생존하고 강자에 맞설 수 있는 방법을 찾는 것이다. 물론 강자의 속성에 대한 투철한 분석도 대단히 귀중한 내용이다. 따라서 오늘날 조직 운영과 조직 생활 및 그로부터 파생되는 관계설정에도 충분히 참고할 만한 대목들이 적지 않다.

끝으로 《한비자》의 한계점이다. 《한비자》는 한비자가 약해빠진 조국 한나라의 현실을 개탄하고, 조국을 어떻게 하면 살아남게 할 수 있을까 고민한 결과물이다. 이런 점에서 《한비자》는 마키아벨리의 《군주론》과 일맥상통한다. 두 책을 일쑤 함께 거론하는 까닭이다. 이렇다 보니 《한비자》는 권력자(리더)의 독재를 전제하고 주장을 펼친다. 당시 시대상과 한비자의 출신을 고려할 때 이해 못할

한비자는 마키아벨리와 자주 비교된다. 두 사람의 처지와 저술 모두가 비교 대상이 된다. 그러나 비교의 핵심인 사상이란 면에서 마키아벨리는 한비자와 비교 상대가 되지 못한다.

바는 아니지만, 지금의 시점으로 볼 때 이는 《한비자》의 가장 큰 단점이자 한계이다. 이 점도 염두에 두고 읽기를 권한다. 다만 《한비자》의 우화와 사례들은 여러 해석을 가능케 하는 '다의성(多義性)'을 갖고 있기 때문에 이 한계와 단점을 지나치게 의식하지 않으면 큰 문제는 없을 것이다.

한 걸음 더 들어가고 싶은 독자들에게는 중국사, 특히 춘추전국시대에 대한 공부를 함께 권한다. 한비자가 전국시대 인물이고, 춘추전국의 시대상황과 춘추전국을 대변하는 제자백가(諸子百家)의 영향을 크고 깊게 받았기 때문이다. 제자백가의 다른 사상가와 그들이 남긴 책들을 함께 읽으면 한결 도움이 될 것이다.

일반 독자라면 이 정도면 충분할 것이다. 자, 이제 이상의 안내도를 들고 한 걸음 더 들어가보자. 우화와 사례 속에 감추어진 보물찾기에 나서보자. 이 책이 보물찾기를 위한 친절하고 괜찮은 안내도가 되길 바란다. 이 책의 주요 내용은 《한비자》의 우화와 사례들에 대한 중국 전문가들의 견해와 필자 개인의 견해를 곁들인 분석이다. 1부는 한비자의 삶과 《한비자》라는 책에 관한 안내이고, 2부는 초·중급 단계, 3부는 고급 단계로 보면 된다. 참고한 책들을 밝혀둔다.

뱀의 다리 《한비자》는 20권 55편(또는 10권 55편)으로 구성되어 있지만 체제가 치밀하지 않다. 따라서 순서대로 읽지 않아도 무방하다. 손에 잡히는 대로 아무 편이나 골라 읽거나 인상 깊은 곳이 있으면 그편을 찾아서 읽으면 된다.

주요 참고도서 목록

· 馮立鰲, 《歷史的心智》, 上海三聯書店, 2007.

· 施覺懷, 《韓非子評傳》, 南京大學出版社, 2002.

· 陳偉, 《韓非子答客問》, 上海人民出版社, 2002.

· 霍存福, 《權力場,》法律出版社, 2008.

· 嚴超, 《完全圖解諸子百家》, 南海出版公社, 2008.

· 老夫子, 《老夫子品評韓非子》, 中國電影出版社, 2007.

· 공원국, 《생각 대 생각, 역사의 아침》(춘추전국이야기 6), 2006.

· 이상수, 《한비자, 권력의 기술》, 웅진지식하우스, 2007.

· 김원중, 《한비자의 관계술》, 위즈덤하우스, 2012.

· 김원중 옮김, 《한비자》, 휴머니스트, 2016.

· 김영수, 《리더의 망치》, 창해, 2021.

· 김영수, 《리더와 인재》, 창해, 2021.

· 김영수, 《성공하는 리더의 역사공부》, 창해, 2024.

· 김영수, 《제왕의 사람들》, 유노북스, 2023.

· 김영수, 《오십에 읽는 사기》, 유노북스, 2023.

· 김영수, 《간신론》, 창해, 2024.

· 김영수, 《간신전》, 창해, 2024.

· 김영수, 《간신학》, 창해, 2024.

천입심출(淺入深出) : 얕게 들어가서 깊게 나오기

제2부는 《한비자》의 우화, 사례, 고사들 중에서

비교적 많이 알려진 대목들을 골라 글쓴이의 생각을 덧붙인 구성이다.

원전에 수록된 사례들이 워낙 짧기 때문에

필자의 생각뿐만 아니라 다른 역사 사례들도 함께 넣었다.

여기에 《한비자》는 제대로 읽기 결코 만만치 않은 책이라는 점도

고려했다. 《한비자》를 진지하게 읽고 싶은 일부 독자들의 마음을

만족시킬 수는 없겠지만, 모두를 만족시킬 수 없다면

필자가 책임을 지는 쪽이 옳겠다는 판단에서였다.

리더와 리더십 이야기로 시작해본다.

리더와 리더십에 관한 이야기가 상당수임을 미리 말씀드린다.

《한비자》 사상의 핵심이 제왕, 즉 리더와 리더십에

있기 때문이기도 하다(별색은 《한비자》의 본문과 강조하고 싶은 대목이다).

제2부

《한비자》
가볍게 읽기

리더의 수준은 누구와 함께하느냐로 결정된다

〈주도(主道)〉 편은 이름대로 '군주의 길', 즉 리더의 길을 말한다. 구체적으로는 리더십을 행사할 때의 방법에 관한 내용이다. 그중 한 대목이다.

현명한 군주는 지혜로운 인재들이 자신의 지략을 모두 사용하게 만들고 자신은 그에 따라 일을 결정하기 때문에 지혜를 씀에 마를 날이 없다.

수준 높은 리더의 리더십은 타인의 재능을 충분히 발휘하게 하여 자신의 사업을 완성하는 데 있다. 한비자는 리더의 지혜는 몸소 모든 일을 챙기는 데 있지 않고 인재들의 재능과 지혜를 활용하여 자신의 목적을 달성하는 것이라 했다. 이런 인식은 오늘날 리더십 이론과도 정확하게 일치한다. 그럼에도 맡겨도 될, 맡겨야 할 일까지 구석구석 챙기면서, 리더는 '무오류의 존재'라는 미신에 빠져 있는 리더가 의외로 많은 현실이다. (한비자는 이와 함께 리더가 일의 모든 부분을 챙겨야 한다고도 했다. 이는 얼핏 모순처럼 들리지만, 요지는 일의 모든 맥락과 핵심을 잘 파악하고 있어야 한다는 것이다. 시시콜콜 모든 일에 간섭하는 것과는 엄연히 다르다는 점을 짚어둔다.)

총명한 리더는 눈과 귀를 열어두고 인재들의 재능과 제안을 살

핀다. 그런 다음 일과 상황에 맞추어 인재의 능력을 충분히 발휘할 수 있게 기회와 권한을 준다. 이것이 이른바 '장장(將將)', 즉 '장수를 거느리는 장수'의 리더십이다. 역사에서 '장장'의 리더십을 가장 잘 발휘한 인물은 단연코 유방(劉邦, 기원전 256~기원전 195)을 꼽는다. 그는 절대 열세였던 초한쟁패의 저울추를 자기 쪽으로 돌리는 것은 물론 기원전 202년 끝내 항우(項羽)를 꺾고 서한 왕조의 개국 군주가 되었다. 그는 공신들과의 축하연에서 자신의 승리 요인으로 세 사람을 꼽았다. '서한삼걸'로 불리는 소하(蕭何), 장량(張良), 한신(韓信)이 그들이었다. 그는 그 자리에서 이렇게 말했다.

"군막 안에서 계책을 짜서 천 리 밖 승부를 결정하는 일이라면 나는 자방(子房, 장량張良)만 못하다. 나라를 안정시키고 백성을 달래고 전방에 식량을 공급하고 양식 운반로가 끊어지지 않게 하는 일이라면 내가 소하(蕭何)만 못하다. 백만 대군을 통솔하여 싸웠다 하면 반드시 승리하고, 공격했다 하면 틀림없이 손에 넣는 것이라면 내가 한신(韓信)만 못하다. 이 세 사람은 모두 인걸(삼걸三杰)이고, 내가 이들을 쓸 수 있었다. 이것이 내가 천하를 얻은 까닭이다. 항우는 범증(范增) 한 사람인데도 믿고 쓰지 못했으니, 이것이 내게 덜미를 잡힌 까닭이다."

이상이 유방의 '삼불여(三不如)'의 리더십이다. '삼불여'란 '세 사람만 못하다'는 뜻이다. 유방은 자신의 성공 요인을 여러 방면에서 뛰어난 재능을 가진 인재들에게로 돌렸다. 그가 중국 역사상 인재의 활용이라는 면에서 가장 뛰어난 리더로 꼽히는 까닭이다. 관련하여 같은 〈주도〉 편에서 한비자는 이렇게 말한다.

바로 이렇기 때문에 총명하지 않고도 총명한 자의 스승이 되고, 지혜가 없는데도 지혜로운 자의 우두머리가 될 수 있다. 인재는 힘써 일하고 군주는 그 성취를 취하는 것, 이것이 현명한 군주가 지켜야 할 큰길이다.

위 대목을 바꾸어 말하자면 이렇다. 리더의 재능과 지혜가 부족하고 한계가 있더라도 기죽을 필요 없다. 인재의 중요성을 알고 그들의 능력과 지혜를 활용하여 충분히 그 능력과 재능을 발휘하게 하면 얼마든지 일을 해낼 수 있다.

옛말에 '유능한 줄 알면서 쓰지 않는 것은 인재를 잃는 것이다'라고 했다. 조직과 기업이 발전하길 원한다면, 나와 내 주변을 보다 발전시키길 원한다면 반드시 인재를

《한비자》는 리더십 함양을 위한 좋은 참고서다. 유방은 역사상 '장장'의 리더십을 가장 잘 발휘한 리더였다. 사진은 유방과 유방이 꼽은 '서한삼걸'이다.

근본으로 삼아야 한다. 인재로 판단되면 기어이 모셔 함께하라. 인재임을 알고도 추천하지 않고 기용하지 않는 것은 간신을 알고도 내쫓지 않는 것과 같고, 여름날 매미가 울지 않는 것과 마찬가지다. 그러므로 인재를 기용할 권한이 있는 자리에 있는 리더라면 인재를 구하는 데 힘을 써야 하고, 기용된 인재는 늦었다는 듯이 자신의 재능을 서둘러 한껏 발휘해야 한다.

성공하는 리더의 조건

성공한, 성공하는, 성공할 리더의 여러 조건들 중 누구와 함께하는가가 중요하다는 이야기를 나누었다. 여기서는 또 하나의 조건 '쓴소리에 대한 반응'이란 문제를 주제로 올려본다. 〈외저설좌상〉 편에 나오는 유명한 대목이다.

좋은 약은 입에 쓰지만, 현명한 사람이 그것을 먹도록 권하는 것은 약이 들어가면 병에 좋다는 것을 알기 때문이다. 충성스러운 말은 귀에 거슬리지만, 현명한 리더가 그것을 받아들이는 것은 그 말에 따르면 공을 이룰 수 있다는 것을 알기 때문이다.

위 대목은 훗날 '양약고구이어병(良藥苦口利於病), 충언역이이어행

(忠言逆耳利於行)'이란 명언으로 가공되었다. '좋은 약은 입에 쓰지만 병에 좋고, 충성스러운 말은 귀에 거슬리지만 행동에는 이롭다'라는 뜻이다. 마음에서 우러나는 충직한 충고는 나의 부족함을 확인하고 발견하는 데 도움이 된다. 그러니 마음을 비우고 그 말에 귀를 기울이지 않을 까닭이 있을까? 다른 사람의 충고를 기꺼이 받아들일 수 있느냐는 그 사람의 마음이 얼마나 넓은가를 가늠하는 하나의 기준이 된다. 나아가 성공하는 리더의 필수조건이기도 하다.

한비자의 이 명언은 훗날 많은 사람들이 인용했는데,《사기》〈유후세가〉를 보면 장량(張良, ?~기원전 186)이 유방(劉邦)에게 충고하면서《한비자》의 이 대목을 약간 바꾸어 인용하고 있다.

"무릇 진(秦)나라가 무도했기 때문에 패공(沛公, 유방)께서 여기까지 온 것입니다. 대저 천하를 위해 남은 도적들을 없애려면 검소한 것이 밑천입니다. 지금 진나라(함양)에 들어오자마자 쾌락에 몸을 맡긴다면 이런 것을 '걸을 도와 포악한 짓을 일삼는다(조걸위학助桀爲虐)'고 합니다. 또 '충성스러운 말은 귀에 거슬리지만 행동에는 유익하고(충언역이이우행忠言逆耳利于行), 독한 약은 입에 쓰지만 병에는 좋다(독약고구이우병毒藥苦口利于病)'고 합니다. 원컨대 패공께서는 번쾌(樊噲)의 말을 들으십시오."

당시(기원전 206년) 유방은 항우보다 먼저 진나라를 싸움 없이 멸망시키고 함양성(咸陽城)에 들어갔다. 진나라 황궁에 들어간 유방은 호화로운 궁실, 산더미같이 쌓인 금은보화, 꽃과 같은 후궁들에 입이 벌어져 그냥 이곳에 눌러앉으려 했다. 용장 번쾌(樊噲, 기원전 242~기원전 189)가 천하가 아직 통일되지 못하였으니, 속히 이곳을 떠나 적당한 곳에 진을 치고 항우의 공격에 대비해야 한다고 했다. 유방은 듣지 않았다. 그러자 장량이 나서 위와 같은 말로 충고했다. 유방은 싹싹하게 이들의 충고를 받아들여 약탈과 방화를 금지시키고 바로 함양성에서 물러 나왔다.

유방의 이런 행동은 당시 관중(關中) 지역 백성들의 마음을 확실하게 사로잡았다. 사마천은 유방의 이런 리더십이 진나라의 폭정에 시달리던 관중의 백성들에 얼마나 큰 인상과 영향을 남겼는가를 다음과 같은 말로 생생하게 전달했다.

"관중의 백성들은 유방이 행여나 관중의 왕이 되지 못하면 어쩌나 걱정했다."

번쾌와 장량의 충언을 제때 받아들인 유방의 리더십은 충분히 평가할 만하다. 그가 항우를 물리치고 초한쟁패 최후의 승자가 될 수 있었던 데는 충고를 기꺼이 받아들이는 이런 그의 허심탄회한 리더십이 있었기 때문이다. 더 놀라운 사실은 유방은 평소 욕도 잘하는 상당히 감정적인 리더였다는 사실이다. 그럼에도 그는 중요한 순간이나 결정적인 판단을 내려야 할 때는 주위 인재들의 직언과 충언을 거리낌 없이 받아들였다.

유방에게 장량은 '입에 쓴 약'과도 같은 존재였다. 그러나 장량이 처방한 약은 증상에 딱 맞았고, 유방은 망설이지 않고 그 약을 받아들였다. 리더에게 좋은 참모는 뛰어난 의사에 비유할 수 있다. 신비의 노인 황석공(黃石公)에게 병법서를 받고 있는 젊은 날 장량의 모습이다.(섬서성 유패현留壩縣의 장량 사당)

그럼에도 불구하고 많은 사람들이 이 이치를 알면서도 충언과 직언을 듣기 싫어한다. 그런 말들은 귀에 거슬리기 때문이다. 그 원인을 따져보면 감정의 지배를 받기 쉬운 인성의 약점 때문이다. 대뇌에서는 이미 이성적 판단을 내렸고, 마음으로도 그 말이 옳다는 것을 인정함에도 그에 맞서는 '반감(反感)'이라는 정서가 강하게 작동하는 것이다. '이성에 굴복'할 줄 아는 리더만이 큰 성취와 성공을 이루었다는 사실을 새겨야 할 것이다.

아울러 이 점도 지적해두고 싶다. 칭찬과 비판은 대립하고 반대되는 서로 다른 두 가지다. 그러나 언제든 뒤바뀔 수 있는 두 가지이기도 하다. 날카롭고 사나운 비평을 칭찬이란 방식으로도 표현할 수 있고, 충직한 말을 귀에 거슬리지 않게 할 수도 있다. '좋은 약이 꼭 '입에 쓴' 것만은 아니다. 충언의 방식과 표현의 세련 여부에 따라 얼마든지 가능하다. 리더와 인재의 인문학적 공부 정도에 따라 충언과 양약이 귀에 쏙 들어오고 입에 달콤할 수도 있기 때문이다.

리더의 언행은 소리 없는 명령이다

〈외저설좌상〉 편에 이런 고사가 나온다.

제나라 환공(桓公)이 자주색 옷을 좋아하자 나라 사람들이 모두 그를 흉내 냈다. 환공이 이를 막으려 하자, 관중은 내일 아침 조회 때 여러 군신들 중 자주색 옷을 입은 사람에게 그 옷이 보기 싫다고 말하라고 일러주었다. 나라 사람들이 '환공이 자주색 옷을 싫어한다'라는 얘기를 듣고는 더 이상 자주색 옷을 입는 사람이 없었다.

이 고사에서 '환공오자(桓公惡紫)', 즉 '환공이 자주색 옷을 싫어하다'라는 사자성어가 나왔다. 환공(?~기원전 643)은 춘추시대 최초의 패주로 제나라를 당시 가장 강한 나라로 끌어올렸다. 환공의 이런 패업을 실질적으로 뒷받침한 두 인재가 '관포지교(管鮑之交)'의 관중(管仲)과 포숙(鮑叔)이었다. 한편 〈이병〉 편에는 이런 이야기도 있다.

초나라 영왕이 가는 허리를 좋아하자 나라에 굶는 사람이 많이 생겼고, 심지어는 굶어 죽는 일까지 일어났다.

이 고사는 '탐연세요(貪戀細腰)'라는 사자성어로 전해졌다. '가는 허리를 유별나게 탐한다'라는 뜻이다. 이름난 사람, 요즈음으로 말하자면 연예계 스타, 인플루언서, 셀럽을 숭배하여 그들의 행동거지나 의상 등을 흉내 내는 일은 보편적 현상의 하나이다. 이런 현상은 리더에게도 마찬가지다. 리더는 그 존재 자체만으로도 일정한 영향력을 가질 수밖에 없기 때문이다. 부하들을 이끌기 위해 리더는 그들에게 미치는 자신의 영향력을 무시해서는 안 된다. 리더가 무엇을 좋아하고 무엇을 싫어하느냐는 결코 개인의 일에만 국한되지 않는다. 그것이 왕왕 자신이 이끌고 다스리는 사람들의 행위를 결정하는 데 영향을 주기 때문이다. 그래서 한비자는 지나칠 정도로 리더 자신의 구석구석을 챙기라고 권한다(《외저설좌상》).

리더가 몸소 행하지 않고 직접 챙기지 않으면 아랫사람들은 믿지 않는다.

이런 예들은 윗사람이 좋아하는 대상은 아랫사람이 더욱 좋아하게 된다는 것을 잘 말해 주고 있다. 남을 다스리는 지위에 있는 리더의 취향이나 좋고 싫음은 그가 다스리는 사람들에 대해 매우 큰 작용을 한다. 그래서 '위에서 행동하면 아래에서 따라 한다'라는 말이 나온 것이다. 이를 좀 더 적극적으로 해석하자면, 리더 위치에 있는 사람은 반드시 아랫사람이 본받을 만한 모범이 되어야 한다는 것이다.

리더란 무엇이고, 리더십이란 무엇인가? 리더는 같이 일하는 사람들의 마음을 어루만지고 자기 직책에 확실하게 책임을 지는 사람이다. 따라서 리더가 하는 일은 공정해야 하고, 일을 대하는 태도는 단정해야 한다. 법과 조직이 정한 규칙의 범위 안에서 지시하고 명령해야 하며, 그에 따른 책임을 져야 한다.

리더는 또 아랫사람들을 평가하는 사람이기도 하다. 그 평가에 따라 칭찬과 상으로 격려하여 구성원들의 사기를 올린다. 간섭은 최소화하고 가능한 많은 권한을 주어 자발적으로 일에 임하도록 하는 위임의 리더십을 발휘하되, 일이 진행되는 과정의 중요한 맥락을 정확하게 붙들고 있어야 한다. 이것이 한비자가 말하는 몸소 행하고 직접 챙기라는 것이다.

물론 상과 함께 문책이나 벌도 주어야 한다. 자리 이동, 감봉, 권한 회수, 해직 등이 벌에 해당한다. 처벌은 특히 조심해야 한다. 조

제갈량은 역사상 최고의 명재상이란 평가를 듣지만, 동시에 모든 분야의 리더들이 본받아야 할 모범으로서의 가치가 더욱 크다고 하겠다. 오장원(五丈原) 제갈량 사당의 제갈량 상이다.

금이라도 어긋나면 벌을 받는 당사자의 불만은 물론 조직원 전체의 사기에 악영향을 미치기 때문이다. 이를 피하려면 일 처리의 모든 과정이 공정하고 공평하고 공개적이어야 한다. 이를 '삼공(三公)'이라 할 수 있고, 역사상 이를 가장 잘 실천에 옮긴 사람은 제갈량(諸葛亮, 181~234)이었다. 제갈량이 상을 내리면 아무도 시기하거나 질투하지 않았고, 벌을 내리면 누구도 원망하지 않았다고 했다.

리더의 모든 리더십 행위가 아랫사람들로부터 인정을 받으려면 리더 자신의 도덕성이 담보되어야 한다. 도덕적으로 설득시키고 복종시키지 못하면 리더의 모든 행위는 부정당할 수밖에 없고, 결국 사람들이 리더의 곁을 떠난다. 안타깝게도 과거에 비해 지금이 리더의 도덕성과 솔선수범을 더 요구하고 있는 현실이다. 리더가 자신의 리더십 수준과 자신의 재능을 증명하는 가장 좋은 길은 행동으로 모범을 보이는 것이다. 그래서 '리더의 언행은 소리 없는 명령'이라고 하는 것이다.

재능, 자리, 권한, 책임

'명실상부(名實相符)'란 말이 있다. 이 성어는 삼국시대 위나라 실권자 조조(曹操, 155~220)가 왕수(王修, 생몰 미상)에게 보낸 편지 중에 나온다. 이 편지에서 조조는 왕수의 지조와 능력 등을 칭찬하며 '명실상부'한 것이 남들을 저 멀리 앞선다고 했다. 왕수는 실제로 조조를 도와 많은 일을 해냈다.

'명실상부'에서 '명'은 이름을, '실'은 실제를 가리킨다. 이름과 실제가 서로 맞아떨어진다는 뜻이다. 이를 리더와 인재에 적용시키면, '명'은 자리를 '실'은 실력이나 재능으로 볼 수 있다. 실력이 그 자리에 어울린다는 뜻이다. 그리고 인재가 그 자리에서 자신의 실력을 한껏 발휘하려면 권한이 주어져야 하고, 권한을 위임받은 인재는 자신이 거둔 성과에 대해 책임져야 한다. 이런 문제와 관련하여 한비자는 "벼슬할 능력이 있는지를 보아 자리를 주어야 한다"라는 전제를 깔고 〈용인〉 편에서 이렇게 말한다.

인재들은 모두 자기 능력에 맞는 자리에 있으면서 그 자리를 잘 지키며 그 일을 가볍게 해내어 힘이 남아도 부담을 느끼지 않고 자리를 겸직하기 때문에 그 책임을 리더가 지는 일도 없다. 따라서 안으로는 쌓인 원한 때문에 반란이 일어나지 않고, 밖으로는 진나라에 참패한 조나라와 같은 걱정도 없다.

한비자의 인식은 간결하고 명료하다. 인재와 그 자리가 어울려야 합리적으로 일을 나누어 각자 자신의 능력을 최대한 발휘할 수 있다는 것이다. 그래야만 인재는 물론 조직의 이익이 극대화될 수 있다.

현실 생활에서 리더가 인재를 기용하는 일은 몸에 맞는 옷을 입는 것과 같다. 대군을 거느릴 수 없는 졸장을 장수로 기용해서는 안 되고, 고을 정도면 충분한 사람을 한 나라의 재상으로 삼아서는 안 된다. 문장으로 세상일을 논하는 문관을 전쟁터에 내보내서도 안 되고, 창칼이 부딪치는 전장에서 잔뼈가 굵은 무장을 조정에 묶어 놓고 정사를 논하게 할 수 없지 않은가? 각자의 능력과 장점을 잘 살펴 적절한 곳, 알맞은 자리에 보내야 한다.

한비자는 말한다. 자리에 맞지 않고, 큰 재목을 자잘한 데 쓰고, 작은 재목을 큰 곳에 쓰는 그런 용인은 모두 실패할 수밖에 없다고. 자리에 맞지 않으면 당연히 인재는 장점을 발휘할 수 없고, 가슴에 가득 찬 경륜을 펼칠 길이 없다. 큰 재목을 자잘한 데 쓰는 일은 인재를 낭비하는 어리석은 짓이다. 좌절한 인재는 자신의 둥지를 찾아 멀리 날아 가버릴 것이다. 작은 재목을 큰 곳에 쓰면 조직의 발전이라는 발을 묶는 방해물이 될 가능성이 크다. 명나라 때의 큰 정치가 장거정(張居正, 1525~1582)은 "사람을 쓸 때는 반드시 그 끝(결과, 성과, 실적)을 고려해야 하고, 자리를 줄 때는 반드시 그 자리가 적당한 지 살펴야 한다"라고 했다.

그런데 리더가 인재에게 자리와 권한을 줄 때 그 능력의 정도만 살펴서는 안 된다. 반드시 인재의 성격과 품행을 고려해야 한다. 아무리 능력이 뛰어나도 인간성이 나쁘거나 덜 갖추어져 있으면 조직의 화합을 깰 뿐만 아니라 심하면 조직 전체를 망가뜨릴 수도 있기 때문이다. 그 사람에게 주어진 자리가 크면 클수록 그 피해는 더 커진다. 역사 사례 하나를 보자.

중국 역사상 유일무이한 여황제 무측천(武則天, 624~705)의 오른팔로 알려진 적인걸(狄仁傑, 630~700)은 좋은 인재를 많이 추천하여 적재적소에 배치한 재상이었다. 하루는 무측천이 "짐이 좋은 인재를 얻고 싶은데 그대가 보기에 누가 좋겠소?"라고 물었다. 적인걸은 "폐하께서 어떤 인재를 원하십니까?"라고 되물었다. 무측천은 장상급의 인재를 원한다고 했다. 적인걸은 학자풍의 인재로 온자(溫藉)와 이미(李嶠)를, 특별한 기재로는 형주장사로 있던 장간지(張柬之)를 추천했다.

무측천은 적인걸의 추천을 받아 장간지를 낙주사마로 임용했다. 며칠 뒤 무측천은 다시 인재 이야기를 꺼냈고, 적인걸은 "신이 이미 장간지를 추천하지 않았습니까? 그런데 아직 임용하지 않으셨습니까?"라고 물었다. 무측천이 이미 낙주사마로 임용했다고 하자 적인걸은 다음과 같이 말했다.

"신은 그를 재상감으로 폐하께 추천했지 사마 정도의 인재가 아니었습니다!"

무측천은 장간지를 시랑으로 승진시킨 다음 다시

무측천에 대한 평가는 극과 극을 오간다. 그녀의 통치가 긍정적인 평가를 받은 데는 적인걸이라는 인재가 있었기 때문이고, 이는 인재를 보는 무측천의 안목을 입증한다. 적인걸의 초상화이다.

재상으로 임용했다. 장간지는 중책을 잘 해냈다. 적인걸은 인재의 기용에는 인재와 자리가 서로 맞아야 함을 너무 잘 알고 있었다.

인재를 기용할 때는 권한과 책임이 포함된 맞는 자리에 모셔야 한다. 그래야 인재를 얻었다 할 수 있다. 그렇지 못하면 작게는 인재의 능력 발휘에 영향을 주고, 크게는 인재를 잃는다. 이 때문에 조직의 원기가 크게 상하기도 한다. 역사가 사마천(司馬遷)은 인재의 중요성을 다음과 같은 명언으로 그 핵심을 찔렀다.

"(나라의) 안정과 위기는 어떤 정책을 내느냐에 달렸고, (나라의) 존속과 멸망은 어떤 사람을 쓰느냐에 달렸다."
"그 리더가 어떤 사람인지 모르겠거든 그가 쓰는 사람을 보라!"

인재 기용의 오차 구역

한비자는 인간의 인식과 판단을 대체로 믿지 않는 편이었다. 곳곳에서 인식과 판단의 오차에 대해 언급한다. 편견과 사사로운 감정을 특별히 경계했다. 사람을 쓸 때는 그 사람이 어떤 사람인지를 꼼꼼하게 살펴야 한다면서 구체적인 방법까지 제시한다. 여기서는 리더가 사람을 쓸 때 범하기 쉬운 오차 구역에 관해 생각해 볼까 한다. 먼저 〈유도〉 편의 한 구절이다.

현명한 리더는 법에 따라 사람을 선택하지 자기 멋대로 등용하지 않으며, 법으로 공적을 헤아리지 자기가 헤아리지 않는다.

한비자는 리더가 법에 따라 일을 결정하지 않고 자기가 믿는 아랫사람들이 하는 대로 믿으면 나라가 망한다고 경고하면서 "망하려는 나라에는 사람이 없다"라고 단언했다. 요컨대 리더가 법과 법이 정한 시스템에 따라 인재를 기용하지 않고 사사로이 자기 멋대로 자기와 가깝고 자기가 좋아하고 자기에게 아부만 일삼는 자들을 기용하는 그런 조직과 나라는 망할 수밖에 없다는 지적이다.

한비자의 지적은 우리에게 이런 점을 일깨운다. 개인의 좋고 싫음으로 인재를 뽑겠다는 생각을 철저하게 버려라. 진짜 재능 있는 인재를 발탁하는 일은 리더로서 피할 수 없는 책임이자 사업의 성공을 보증하는 근본이다. 그러려면 인재를 선발함에 있어서 다음 몇 가지 오차 구역을 피할 수 있어야 한다.

첫째, 가깝다고 기용해서는 안 된다.

그 사람의 재능과 인품 여하를 따지지 않고 가깝다고 기용하는 것은 용인에서 가장 피해야 할 오차 구역이다. 가까운 사람만 기용한다는 잘못된 의식이 리더에게 자리 잡으면 심리적으로 '남의 밭에 물을 댈 수 없다'는 식으로 외부의 인재를 배척하고 뛰어난 인재를 모시지 못하게 된다. 인재를 기용하는 일도 중요하지만, 인재가 빠져나가지 않게 하는 일도 그 못지않게 중요하다. 가까운 사람만 기용하는 리더에게 인재는 철저히 기피 대상일 뿐만 아니라 있던 인재도 달아나기 때문이다. 리더와 가깝다고 기용하는 조직은 새로운 피의 수혈을 받지 못해 기력은 떨어지고 내부는 부패하여 결국은 쇠망할 수밖에 없다.

둘째, 출신으로 사람을 쓰지 말라.

'매화는 평생을 추위에 살지만 함부로 향기를 팔지 않는다'라고 했다. 다시 말해 매화의 향기는 추위에서 온다. 온실이 따뜻하고 좋긴 하지만 푸른 소나무와 쭉 뻗는 잣나무를 길러내지 못한다. 출신이 보잘것없는 사람이 모두 큰 재능을 갖추는 것은 아니지만, 출신으로 그 사람 전체를 판단하는 일은 절대 금기다. '말랐다고 명마를 잘못 보았고, 가난하다고 인재를 잘못 보았다'라는 옛말이 있다. 환경이 한 사람의 삶과 인격 형성에 큰 영향을 미치기는 하지만 결코 절대적일 수 없다. 특히 부와 신분만으로 인재를 판단하고 기용하는 일은 절대 금물이다. 출신으로 사람을 보게 되면 재능이 있어도 그 재능이 안 보이거나 안 보게 된다. 전국시대 위나라의 혜왕은 상앙(商鞅)이란 특출난 인재를 출신만 보고 무시했다. 상앙은 조국 위나라에서 탈출하여 진나라로 건너가 진나라를 개혁했고, 그 힘으로 위나라를 공격했다. 위나라는 그 뒤 쇠퇴 일로를 걸었다.

셋째, 나이로 인재를 선발하지 말라.

나이로 일을 맡겨서는 안 된다. 나이가 많다고 큰일을 감당하지 못할 것이라는 선입견을 버려라. 실제 능력은 나이도 신분도 집안도 초월한다. 반대로 젊다고 무시해서도 안 된다. 실제로 상당히 많은 리더들이 젊은 사람을 꺼린다. 경험 있는 경력자가 일을 잘할 것이라는 편견 때문이다. 격렬한 시장경쟁에서 인재가 다 같을 수는 없다. 시장경쟁은 곧 인재 전쟁이다. 나이라는 기존의 선입견을 버리고 잘 살피면 인재가 보일 것이다.

넷째, 경력으로 인재를 택하지 말라.
동서양을 막론하고 오랫동안 '경력'이라는 잘 들지도 않는 칼에 얼마나 많은 인재가 죽어 나갔는지 모른다. 이런 현상은 지금도 여전하다. 오로지 경력, 즉 스펙 쌓기에만 열을 올리고 있지 않은가? 대단히 바람직하지 못한 현상으로 사회를 병들게 한다. 경력보다 실력이 중요하다.

지금으로부터 약 2,600년 전인 춘추시대 진나라 목공은 뒤떨어 진나라를 강하게 만들기 위해 지금 보아도 획기적인 인재 정책을 실천했다. 국적, 민족, 신분, 나이를 따지지 않는 소위 '사불문(四不問)' 정책을 실천한 것이다. 이런 열린 인재정책 덕분에 진나라는 갈수록 강해졌고, 끝내는 천하를 통일할 수 있었다. 한비자는 〈유도〉 편 첫머리에서 이런 말을 남겼다.

영원히 강한 나라 없고, 영원히 약한 나라 없다!

이상의 논의를 참고하여 필자는 인재를 모시는 다음과 같은 다섯 가지 원칙을 제시하고 싶다.

하나, 학력(學歷)보다는 실력(實力)을
둘, 자격(資格)보다는 인격(人格)을
셋, 권위(權威)보다는 품위(品位)를
넷, 금전(金錢)보다는 명예(名譽)를
다섯, 특권(特權)보다는 책임(責任)을

현대적 의미의 카리스마와 '권위(權威)'

리더와 리더십 논의에서 자주 등장하는 용어인 카리스마(Charisma)를 〈나무위키〉는 이렇게 설명하고 있다.

"다른 사람을 매료시키고 영향을 끼치는 능력을 가리킨다. 카리스마를 뜻하는 영어인 Charisma는 '재능', '신의 축복'을 뜻하는 그리스어의 Kharisma로부터 유래하였다. 카리스마란 말은 사람들의 관심 및 존경, 혹은 반대로 작용할 경우는 혐오감을 쉽게 끌어내는 특성을 가리키며, 이는 인격이나 외모 혹은 둘 다의 작용으로 인한 것이다."

이 카리스마란 개념을 리더와 리더십에 끌어들인 사람은 세계적으로 이름난 독일의 사회학자 막스 베버(Max Weber, 1864~1920)였다. 또한 카리스마는 신학적 용어이기도 해서 오늘날 리더십에서는 거의 통용되지 않는 개념이다. 그런데 한비자가 제시하는 리더십에는 웨버의 카리스마와 상당히 닮은 점이 있다. 한비자가 말하는 '리더의 권위'라는 개념을 중심으로 현대적 의미의 카리스마에 대해 생각해 볼까 한다. 먼저 〈내저설상〉 편의 한 구절이다.

자애로움이 지나치면 법령이 서지 않고, 위엄이 적으면 아랫사람이 윗사람을 침범하게 된다.

한비자는 리더가 아랫사람을 거느리기 위한 방법으로 '칠술(七術)'과, 경계해야 할 여섯 가지 낌새인 '육미(六微)'를 제시한다. 먼저 '칠술'이다.

1. 여러 사람의 말을 두루 참조하고 관찰하라.
2. 잘못하면 반드시 벌을 내려 위엄을 밝혀라.
3. 잘하면 반드시 상을 주어 재능을 다하게 하라.
4. 신하의 말 하나하나를 듣고 그 실적을 따져라.
5. 의심 많은 신하들은 계책으로 부려라.
6. 알고 있어도 모른 척하라.
7. 말을 거꾸로 하고 반대되는 일을 하라.

'육미'는 이렇다(〈내저설하〉 편에 수록되어 있다).

1. (리더의) 권력이 아랫사람의 손안에 있다.

2. (리더와 아랫사람의) 이해가 달라 아랫사람이 외부에서 힘을 빌린다.

3. (아랫사람이) 비슷한 부류에 의지하여 속인다.

4. 이해가 서로 엇갈린다.

5. 리더와 세력이 엇비슷한 자가 있어 내부에 다툼이 일어난다.

6. 외부에서 내 사람의 퇴출과 기용에 관여한다.

이런 점들을 때문에 한비자는 리더가 권위를 잃어서는 절대 안 된다고 강조한다. 한비자가 보기에 리더는 권력을 장악하는 것으로는 부족하고 스스로 위신(威信, 카리스마)을 수립해야 한다. 위신과 권력은 리더의 두 날개로 어느 하나라도 없어서는 안 된다. 그렇다면 리더는 어떻게 위신을 세워야 하는가? 오늘날 리더십에 맞추어 풀어본다.

첫째, 위신이 단번에 수립될 수 없음을 알아야 한다.

모든 일은 억지로 할 수 없다. 무작정 밀어붙인다고 되지 않는다. 일의 성공은 순서와 점진적 과정을 따라야 한다. 리더의 권위 수립도 마찬가지다. 물방울이 바위를 뚫듯 긴 시간이 필요하다. 권위는 리더가 일을 어떻게 처리하고 아랫사람을 어떻게 대하느냐의 기초 위에 수립되는 것이다.

둘째, 사심이 없어야 한다.

사심이 없어야 두려워할 것이 없고, 사심이 없어야 권위가 생긴다. 공적인 마인드를 가진 리더라야 아랫사람의 존중을 얻고, 문제를 처리함에 있어서 두려움이 없다. 이것이 아랫사람들의 눈에 보이는 진정한 권위이고 위신이다. 한비자는 유능한 인재를 기용하되 원수라 해서 기피하지 말고, 사사로운 정에 매이지 말고 상벌을 분명히 하라고 주장한다. 사심이 없어야 한다는 것과 일맥상통하는 주장이다.

셋째, 셈이 정확해야 한다.

한비자는 신용을 대단히 중시했다. 인간관계에서 신용과 명예가 중요하듯이 리더와 아랫사람의 관계에서도 성실과 신뢰를 강구해야 한다. 말을 하면 행동으로 옮겨야 하고, 행동으로 옮겼으면 결과를 내야 한다. 그러려면 셈이 정확해야 한다. 셈이 흐리면 위신은 설 수 없다.

넷째, 리더는 정확한 결단을 내릴 줄 알아야 한다.

정확한 결단을 내리려면 목표가 명확해야 하고 방향과 상황이 보여야 한다. 이를 갖춘 리더라면 아랫사람의 눈에는 박력 있고, 능력 있는 리더로 보인다. 이 또한 리더의 위신을 수립하는 데 꼭 필요한 요건이다. 여기에 다양한 의견을 경청하면 금상첨화다.

한비자의 리더십 논리에는 베버의 카리스마와 비슷한 점이 있고 보다 구체적이다. 사진은 베버의 모습이다.

다섯째, 불굴의 용기와 의지가 있어야 한다.

어려움에 부딪치더라도 포기하거나 주저앉지 말고 맞서야 한다. 나아가 실패의 책임은 자신이 짊어지고, 성공의 과실은 아랫사람과 나눌 줄 안다면 리더의 위신은 단단히 뿌리를 내린다.

여섯째, 위신은 단순히 명령 위에 수립되는 것이 아님을 알아야 한다.

단순한 명령으로는 위신의 수립에 도움이 되지 않는다. 리더는 문제 제기로 단순한 명령을 대신할 줄 알아야 한다. 제기한 문제는 단순한 명령에 비해 받아들이기 훨씬 쉽고 문제해결을 위한 적극성을 자극하기 때문이다.

이상 몇 가지를 갖춘다면 현대적 의미의 권위와 카리스마를 장착한 리더와 리더십으로 손색이 없을 것이다.

월권(越權)의 방지가 곧 리더십이다

무려 2,500여 년 전에 세계 최초의 전문 병법서 《손자병법》을 남긴 손무(孫武, 기원전 약 545~기원전 약 470)는 "장수가 전장에 나가면 왕의 명령이라도 듣지 않을 수 있다(將在軍君命有所不受)"는 유명한 말을 남겼다. 얼핏 생각하면 이 말은 아랫사람의 월권을 인정하는 것처럼 들린다. 그러나 손무의 이 말은 윗사람의 전폭적인 위임을 전제로 한 것으로, 시시각각 상황이 달라지는 전장에서 일일이 윗사람의 명령을 기다릴 수 없기 때문에 장수가 책임지고 상황에 맞는 판단과 결정을 내릴 수 있어야 한다는 주장이었다. 2,500년 전이라는 시차를 감안한다면 대단한 주장이 아닐 수 없다.

아무튼 손무의 이 주장은 월권과 위임의 경계라는 문제를 묘하게 건드리고 있는 것만은 사실이다. 이 문제와 관련하여 〈이병〉 편에는 다음과 같은 꽤 흥미로운 사례가 실려 있다.

한나라 소후(昭侯)가 술에 취해 잠이 들자 (모자를 담당하는) 전관(典冠)이 소후가 추울까 봐 소후에게 옷을 덮어주었다. 기분 좋게 잠에서 깬 소후는 주위 신하들에게 "누가 옷을 덮어주었는가?"라고 물었다. 신하들이 전관이라고 답하자, 소후는 전관은 물론 옷을 담당하는 전의(典衣)까지 죄를 물어 처벌했다.

소후가 군주의 모자와 옷을 담당하는 두 관리 모두를 처벌한 까닭은 이렇다. 먼저 전관은 월권을 했다. 옷을 담당하는 전의가 있음에도 자신의 손으로 군주의 옷을 가져와 덮었기 때문이다. 다음으로 전의는 직무 유기에 해당했다. 자신이 해야 할 일을 전관이 했기 때문이다.

직무 유기는 월권에 비해 상대적으로 금세 눈에 띄어 확인하기가 쉽다. 그러나 월권의 경계는 상당히 모호하다. 직무 유기에도 월권에도 모두 동기가 있지만 해야 할 일을 하지 않거나 못한 것은 딱히 변명의 여지가 없다. 반면 월권의 경우, 그 동기와 그것이 초래한 결과에 따라 좋게 말해 정상참작(?)의 여지가 있다. 다시 말해, 전관처럼 임금이 추위에 감기라도 걸리면 어쩌나 하는 좋은 마음(동기)에서 나온 월권이나, 월권을 했어도 그 결과가 좋은 경우의 월권을 두고는 그 처분이 쉽지 않기 때문이다.

그럼에도 한비자는 그 직분과 직위를 벗어나는 월권은 아무리 동기가 좋고 결과가 좋아도 처벌해야 한다는 입장이다. 그것을 용인하게 되면 조직에 악영향을 미치게 되고, 리더의 권위에 큰 상처를 내기 때문이다. 사실 한비자의 이런 관점은 현대 경영에서도 대단히 중요한 문제이자 뜻 깊은 계시를 준다.

아랫사람이 월권하는 상황은 대체로 다음 세 가지다. 첫째, 직책의 범위가 명확하지 않거나 서류로는 명확하지만 실제로는 모호하여 무의식적으로, 또는 깨닫지 못하는 상태에서 월권하는 경우다. 둘째, 상급자에 대해 할 말이 있거나 자신의 재능을 과시하기 위해

의식적으로 정당하지 않게 월권하는 경우다. 셋째, 비상 상황에서의 월권이다. 손무가 말한 전장에 나간 장수의 경우가 이에 해당할 수 있겠다. 따라서 리더는 상황에 근거하여 아랫사람의 월권을 막는 방법을 강구해야 한다. 그 방법으로 다음 몇 가지를 제시한다.

첫째, 직책의 범위를 분명히 하라.

권력(권한)은 직무와 책임에 적응함으로써 얻어지는 것이다. 직무는 리더의 일정한 직위와 그것에서 나오는 직능이고, 책임은 권력의 행사에 따르는(져야 하는) 결과다. 따라서 직무의 크기에 따라 권력의 크기도 달라지고 져야 할 책임의 크기도 달라진다. 직무, 권력, 책임의 일치는 리더가 지켜야 할 중요한 원칙이다. 그래서 직무만 있고 권력이 없으면 월권 당한다. 권력만 있고 직무가 없으면 다른 사람의 권력을 침범하게 된다. 월권은 권력만 있고 책임지지 않으며, 월권을 당하면 책임만 지고 권력은 없는 것이 된다. 따라서 직무, 권력, 책임이 서로 통일되어야만 이런 문제를 극복할 수 있고, 월권 현상은 자연스럽게 방지된다. 이것이 바로 직책의 범위를 명확하게 하는 것이다.

직책의 범위를 명확하게 한다는 것은 문서의 규정에만 머물러서는 안 된다. 세부적인 부분까지 연구하여 실시의 세칙을 제정해야 한다. 여기에 검증된 경험에 근거하여 자리, 사람, 책임, 목표, 권한을 꼼꼼하게 정해야 한다. 이로써 업무를 나누어 일하되 출현 가능한 비상 상황의 문제에 대한 책임과 처리도 명확하게 규정해두어야 한다. 이래야만 뜻하지 않게 발생하는 일을 누가 관리해도 상관없고, 누가 관리해도 된다는 모호한 현상을 방지할 수 있다.

둘째, 아랫사람의 등급을 나누어 리더 교육을 실시하라.

각급의 리더로서 지켜야 할 원칙에 대한 교육도 필요하다. 평소 각 직급의 리더들에 대한 교육이 단계적으로 진행되어야만 한 등급 높은 리더로 올라가서도 자연스럽게 리더십을 발휘할 수 있다. 특히 문제가 발생했을 때 어느 단계에서 누가 어떻게 처리해야 하는지를 체계적인 교육을 통해 익히게 됨으로써 당황하지 않고 차분히 문제를 해결해 나갈 수 있다.

셋째, 아랫사람의 걱정과 어려운 문제를 해소시켜라.

리더는 판단과 결정을 내려 그것을 아래로 전달하여 보다 구체적인 실행 방안을 올리게 하는 사람이다. 그런 다음 구성원들에게 임무(직무)를 분담시키고 권한을 주어 일을 실행시킨다. 이때 리더는 임무 완성을 위해 필요하고 충분한 조건을 마련해주는 데 최선을 다해야 한다. 그래야만 아랫사람의 복종과 지지를 얻어낼 수 있기 때문이다. 일을 수행하는 과정에서도 끊임없이 관심을 보이고, 도움을 주고, 지지를 보내고, 어려운 문제를 해결해 주어야 한다. 그래야만 월권이란 현상을 막을 수 있다. 이런 리더십을 발휘하지 못하고 그저 높은 자리에 앉아서 지시나 명령만 내리는 것은 아랫사람에게 '먼저 처리한 다음 보고하고' '해놓고 다시 이야기하자'는 월권행위를 조장하는 것이나 마찬가지다.

위아래가 있는 리더의 일, 정식 담당과 보조 담당이 있는 일, 특히 기층의 리더와 그 아래에 있는 사람들의 일은 흑백이나 두 길의 철로처럼 딱 나누어지지 않는 부분들이 존재한다. 이 부분들의 가르마를 타는 일이 리더의 몫이다. 따라서 무엇보다 직권의 범위를 명확하게 하여 각자 그 자리와 권한을 지키고 나아가 책임도 지게 해야 한다. 월권의 문제도 결국은 리더십의 문제와 직결되어 있다.

한비자가 말하는 네 가지 금기사항

한비자는 조직이나 나라가 '망하는, 또는 망할 징조'를 무려 47가지나 모아서 정리했다. 〈망징〉 편이 그것이다. 우리는 그중에서 열두 번째 징조를 통해 인간관계나 일 처리에서 하지 말아야 할 네 가지를 추려 생각을 얹어보기로 한다.

리더가 고집만 세서 화합할 줄 모르고, 바른말을 듣지 않고 승부에 집착하며, 사직을 돌보지 않고, 경솔하게 자신감만 앞세우면 그 나라는 망할 것이다.

이상을 오늘날에 맞게 고쳐 리더의 '네 가지 금기 사항'이란 이름을 붙여서 그 의미를 함께 생각해보자.

첫째, 강직하기만 하고 부드러움을 모른다.

일반적으로 성격이 강하면 처세에서 다른 사람에게 쉽게 당하지 않는다. 그러나 너무 강하면 이야기는 달라진다. 이런 사람은 대개 자기 고집이 너무 세서 양보를 모르고, 물러설 줄 모르고, 융통성이 없다. 인생에서 강직함이 전혀 없으면 안 된다. 무엇보다 주관이 있고 그 나름의 원칙이 있어야 한다. 적어도 이래야만 용기를 내서 나쁜 자나 나쁜 일에 맞서 싸울 수 있다. 그러나 강직함은 도박이 아니다. 때로는 물러설 줄도 알아야 하고, 사람을 적으로 만들어서는 더더욱 안 된다. 강직함으로만 일관하면 타인의 미움을 살 수밖에 없고, 결국은 이런저런 다툼에 휘말려 피를 보게 된다.

둘째, 남의 말을 듣지 않는다.

다른 사람의 권유를 듣지 않고 고집을 부리고 편견에 사로잡혀 있는 사람이 있다. 이를 '강퍅자용(剛愎自用)'이라 한다. 자기만 옳다고 여겨 다른 사람의 말을 듣지 않는 고집 센 사람을 가리킨다. 이는 스스로를 가두는 심리 때문이다. 이런 심리를 멀리하려면 늘 자신에게 이렇게 경고해야 한다. 한순간의 생각이나 판단을 모든 경우에 적용해서는 안 되며, 무조건 완전히 자신을 믿어서도 안 된다. 동시에 늘 같은 언행을 극복해야 한다. 그러려면 융통성을 배워야 한다. 그래야만 시간, 장소, 사람에게 변화가 발생했을 때 죽으라고 자신의 생각과 판단만 끌어안고 버티는 어리석음에서 벗어날 수 있다. 일상에서 우리는 귀를 잘 기울일 줄 알아야 한다. 잘못을 지적하는 말을 용감하게 들어야 하고, 잘못을 고쳐야만 자신의 성장에 도움이 되고, 나아가 좌절과 실패를 두려워하지 않고 맞설수 있다.

셋째, 승부욕이 지나치다.

이런 성격은 남에게 뒤떨어지는 것을 견디지 못한다. 물론 이런 성격은 자신이 추구하고자 하는 것을 쉽게 포기하지 않기 때문에 자기 사업에서 뛰어난 성취를 이루기도 한다. 그러나 생활 모든 곳에서 이런 식이라면 끝내는 극단적으로 흐르기 십상이다. 이런 사람은 여유가 없어 하루 종일 자신을 긴장과 압박에 내던진다. 정신적 피폐와 괴상한 행동을 초래하기 쉽다.

넷째, '자기맹신(自己盲信)'에 빠지다.

사람이 자신감이 없으면 안 된다. 스스로를 믿는 자신감은 성공의 전제조건이다. 그러나 이것이 지나치면 과격하고 치우친 언행에 쉽게 빠진다. 이를 '자기맹신' 또는 '자기과신(自己過信)'이라 하는데, 여기에 빠진 사람을 중국에서는 '우물 안 개구리의 종합적 증상'이라고 한다. 이런 사람은 남의 비웃음을 사기 쉽고, 바로 앞도 내다보지 못해 실패하기 마련이다.

이상 한비자가 경고하는 네 가지 금기사항은 다른 말로 하자면 네 가지 극단을 경계하라는 것이기도 하다. 이 금기사항과 극단에 빠지지 않기 위해서는 좀 더 겸손해지고, 좀 더 이성적으로 생각하고, 좀 더 자신을 추스르고, 좀 더 진지해지고, 계획과 목적을 가져야 한다. 그러면 성공의 확률이 자연스럽게 올라간다. 관련하여 고사 하나를 소개하는 것으로 이야기를 마무리한다.

　춘추시대 연나라 문공(文公)이 마차를 타고 가는데 말이 갑자기 쓰러져 죽었다. 하는 수 없이 사람을 보내 다른 말을 찾아오게 했다. 누군가 문공에게 "비이씨(卑耳氏)의 말이 아주 좋다던데 그 사람을 찾아 말을 사시죠"라고 권했다. 뜻밖에도 비이씨는 "내 말은 모두 야생마라 네 마리가 끄는 군왕의 마차를 끌 수 없다!"라며 단칼에 거절했다. 화가 난 문공이 비이씨의 말을 빼앗아 오라고 명령하자 비이씨는 말들을 데리고 달아났다.

　이 소식을 들은 소대(蘇代)라는 자가 자신의 말을 문공에게 팔려고 했다. 화가 덜 풀린 문공은 소대의 말을 보지도 않고 거절했다. 이에 무려대부(巫閭大夫)가 문공에게 "군왕의 말은 마차를 끌기 위한 용도 아닙니까? 그런데 눈앞에 있는 말은 포기하고 살 수도 없는 말을 찾습니까?"라고 했다. 문공은 손을 휘휘 내저으며 "저들의 말이 어떤 지도 모르는데 모두 좋은 말이라고 떠들지 않나. 나는 저렇게 큰소리치는 놈들이 제일 싫어!"라고 했다. 그러자 무려대부는 이렇게 말했다.

"저도 큰소리치는 놈들이 싫습니다. 전에 이런 일이 있지 않았습니까? 중항백(中行伯)이 제나라에 혼사를 요청하자 고(高)씨 집안과 포(鮑)씨 집안이 모두 그의 요청을 받아들였습니다. 중항백이 순간 어찌 할 바를 몰라 숙향(叔向)에게 자문을 구했지요. 숙향은 며느리를 얻으려는 것은 대를 이어 조상의 제사를 모시기 위한 것이니 경솔해서는 안 된다면서, 겉모습만 보아서도 안 되고 여자가 어질고 덕이 있는지를 보아야 한다고 했습니다."

마음이 어느 정도 차분해진 문공은 잠깐 한숨을 쉬며 무려대부의 말에 귀를 기울였다. 무려대부는 말을 이었다.

"주군께서 말을 찾는 것은 마차를 끌게 하기 위한 것일 뿐입니다. 마차만 끌면 그만 아닙니까? 그 옛날 요(堯)임금이 허유(許由)에게 임금 자리를 양보하려 하자 허유는 싫다면서 달아났습니다. 하지만 요임금은 그에게 강요하지 않고 순(舜)임금을 얻었지요. 소를 먹이던 영척(甯戚)이 스스로를 환공(桓公)에게 추천하여 환공은 그를 기용했고, 또 관중(管仲)까지 얻었습니다. 요임금이 허유가 달아나는 것을 허용하지 않았더라면 어떻게 순을 얻었겠습니까? 환공이 영척을 기용하지 않았더라면 또 어떻게 관중을 얻었겠습니까? 그러니 소대의 말을 산다고 해서 안 될 것이 무엇입니까? 어째서 고집만 앞세워 일을 그르치려 하십니까?"

자기 절제(Self Control)의 끈을 놓지 말라

일반적으로 깊이 생각해 보지 않는 역사적인 사실이 하나 있다. 진시황이 오늘날로 보자면 남북한 합친 땅의 15배나 되는 천하를 처음 통일할 당시의 나이가 만 38세였다는 것이다. 그해가 기원전 221년이었다. 그리고 또 하나, 이 최초의 통일제국이 불과 15년 만인 기원전 206년에 망했다는 사실도 있다. 진시황이 갑작스럽게 사망하고 불과 5년 뒤였다.

제국 몰락의 징조는 진시황이 살아 있을 때 곳곳에서 터져 나왔지만, 무엇보다 진시황 자신이 가장 큰 문제였다. 통일 이전의 진시황은 대단한 리더십을 보였다. 하루에 검토해야 할 문서를 저울에 달아 그 양을 다 채우지 못하면 먹지도, 자지도 않은 일중독에 가까운 리더였다. 한비자의 글을 읽고는 한 번만이라도 만날 수 있다면 죽어도 여한이 없겠다고 탄식할 정도로 공부도 깊었다. 필요하면 인재를 직접 찾아가 허리를 굽힐 줄도 알았다.

이랬던 진시황은 천하통일, 즉 그의 나이 38세를 기점으로 자기 절제력을 잃기 시작했다. 무려 다섯 종류의 도로를 닦는데 국력의 30% 가까이를 동원했다. 자신의 통치에 방해가 된다며 사상 통제와 지식인 탄압의 상징인 '분서갱유(焚書坑儒)'를 단행했다. 자신이 없는 통일제국은 상상할 수 없다며 불로장생(不老長生)에 집착했다. 이로 인해 약물에 중독되었고, 여기에 매년 제국 순시에 나서 자기 몸을 해쳤다.

진시황의 리더십이 파멸의 지경에 이르렀음을 잘 보여주는 것은 사람을 믿지 못하고 사람을 기피했다는 사실이다. 자신의 침소를 비밀에 부쳤고, 그 사실을 발설하는 사람은 사형에 처했다. 백성들의 생활 구석구석을 모두 법으로 통제했다. 길거리에 재를 버려도 처벌할 정도였다. 공포정치가 통일제국을 지배했고, 제국은 통일을 정점으로 몰락의 길을 걸었다.

'입신출세는 신중함으로 성취되고 방종으로 망가진다'라는 말이 있다. 리더가 일시적인 성공에 도취하여 자기 절제의 끈을 놓는 순간이 곧 몰락의 시작점이다. 창업보다 수성이 더 힘들다는 충고는 진부하긴 하지만 결코 무시할 수 없는 경구이다. 한비자는 리더가 자기절제의 끈을 놓는 일을 극도로 경계하라고 충고한다. 〈해로〉편의 한 대목이다.

복이 있으면 부귀해지고, 부귀해지면 입고 먹는 것이 좋아진다. 입고 먹는 것이 좋아지면 교만해지고, 교만해지면 행동이 나빠지고 괴팍해져 도리를 벗어난다. 행동이 나빠지고 괴팍해지면 요절하고, 행동이 도리를 벗어나면 공을 이루지 못한다.

그러면서 한비자는 "재앙은 복에 기대어 있고, 복에는 재앙이 숨어 있다"라는 명언을 남겼다. 사실 보통의 사람이라면 대개는 성공이나 성취 후 자기 절제의 끈이 느슨해진다. 인지상정이다. 그러나 마냥 그래서는 안 된다. 리더는 특히나 금물이다. 그래서 한비자는 "영원히 강한 나라 없고, 영원히 약한 나라도 없다"라고 하지 않았던가? 성공이나 성취에 안주하는 그 순간이 바로 성공이란 자리에서 내려오는 시작점이다.

자기 절제의 끈을 놓아버리고 방종(放縱)에 빠지는 일은, 자기 영혼을 해치는 독약이나 마찬가지다. 보통 사람이라면 자기 하나, 많아야 자기 가족에게 피해를 주지만, 리더라면 그 권한의 크기보다 훨씬 더 큰 피해를 준다. 아랫사람과 그 가족들, 조직 전체는 물론 나아가 사회에도 적지 않은 손해를 끼친다. 진시황은 그 극단적인 사례이지만 그것이 던지는 메시지는 결코 심상치 않다. 욕망의 골짜기는 메우기 어렵다. 자신을 놓아버려 처참하게 실패하고 패배한 사례는 역사상 수를 헤아리기 어려울 정도로 많다. 인간이 인성의 약점을 극복하기가 얼마나 어려운가를 역사를 생생하게 보여준다.

춘추시대 제나라 경공(景公)이 나라를 어지럽히던 경봉(慶封) 일당을 제거하는 큰 공을 세운 재상 안영(晏嬰)에게 60개의 읍을 상으로 내렸다. 그러자 안영은 두 번도 생각하지 않고 거절했다. 경공이 누구나 바라는 부귀를 어째서 그렇게 단칼에 거절하냐고 묻자 안영은 이렇게 답했다.

"경봉이 권력을 멋대로 휘두를 때 얼마나 많은 땅을 갈취하여 자신의 욕망을 채웠습니까? 그가 오로지 욕망을 만족시키는 일에만 몰두했기 때문에 쫓겨난 것입니다. 그는 외국으로 도망쳤고, 결국

한 뼘의 땅도 누리지 못했습니다. 저의 봉지가 많지는 않아 욕망을 만족시키지 못한다고 할 수 있고, 지금 이렇게 좋은 땅을 많이 주신다니 욕망을 충분히 만족시킬 수는 있겠습니다. 그러나 일단 욕망이 만족되는 그 순간이 곧 멸망과 멀지 않습니다. 제가 좋은 땅을 사양했다고 해서 부귀를 싫어하는 것이 아니라 부귀를 잃을까 두려워서입니다. 부귀는 옷감을 짜는 것과 같습니다. 옷감을 짤 때 가로세로가 일치해야 하기 때문에 자로 재어서 가장자리가 남아돌지 않게 해야 합니다. … 이익을 너무 많이 탐하면 실패할 수밖에 없습니다. 제가 욕심을 부리지 않는 것은 옷감을 짤 때 가로세로의 길이에 한도가 있어야 하는 것과 같습니다."

안영의 요지 역시 자기 절제에 다름 아니다. 리더들이여, 자기 절

인간의 욕심과 욕망의 경계와 한도를 정확하게 인식했던 안영이다. 그가 5천 년 중국사의 10대 명재상 반열에 오른 까닭이다. 사진은 안영의 무덤과 무덤 앞 그의 초상화를 새긴 비석이다.

세의 끈을 놓지 말라! 자기 절제, 필요하다면 단 한 순간도 게을리 할 수 없는 '자기 절제', 그것은 리더의 피할 수 없는 운명이다!

사람을 알아야 한다 - 식인학(識人學)

인간과 관계된 모든 학문에서 가장 중요하고 예민하고 어려운 학문이 있다면 모르긴 해도 사람을 아는 '식인학(識人學)'이 첫손가락에 꼽힐 법하다. 좀 더 심각하게 말하자면 이 '식인학'을 잘못 알고 있거나 모른다면, 사람을 알아야 하는 '식인학'은 사람을 잡아먹거나 잡아먹히는 '식인학(食人學)'이 될 것이다. 한비자 역시 '식인'이란 이 문제를 누구보다 심각하게 보았고, 그만큼 아주 예민하게 분석했다. 그는 〈해로〉 편에서 이런 말을 하고 있다.

예(禮)란 감정을 겉으로 드러내는 것이며, 문(文)이란 바탕을 꾸미는 것이다. 군자는 진정한 마음을 취하고 겉모습은 버린다. 바탕을 좋아하고 꾸밈을 싫어한다. 겉모습에 의지해서 속마음을 헤아리는 것은 그 마음이 나쁘기 때문이며, 꾸민 것을 가지고 바탕을 논하는 것은 그 바탕이 뒤떨어지기 때문이다.

다소 어려운 대목이다. 이제 이 대목을 곱씹으며 사람을 아는 '식인'의 문제를 생각해보자. 사람, 특히 인재의 중요성에 대해 한비자는 상당히 깊은 인식을 가졌다. 그는 사람을 쓰는 '용인(用人)'의 득실이 한 나라의 흥망성쇠에 관계된다고 보았다. "한 사람이 나라를 일으키고 한 사람이 나라를 그르칠 수 있다"라는 말이 바로 그것이다. 리더로 보자면 이 말은 확실히 만고불변의 진리에 가깝다.

한비자는 주장한다. 인재를 쓰는 용인 방면에서 법이란 제도를 완전무결하게 갖출 수 있도록 노력해야 할 뿐만 아니라 인재의 실제운용에 더 만전을 기해 인재가 진정 자신의 재능을 발휘할 수 있도록 해야 한다고. 그리고 사람을 아는 이치는 리더십 행사의 처음이자 중요한 방법이자 특히 사람을 쓰는 근본이다. 그래서 "사람을 아는 일은 군주의 가장 중요한 도리이고, 일을 아는 것은 신하의 가장 중요한 도리이다"라고 말하는 것이다.

한비자의 관점으로 보자면 리더의 재능은 모든 일을 직접 챙기는 데 있지 않고, 인재의 재능을 잘 운용하는 데 있다. 그리고 이에는 사람을 알아보는 지혜가 전제조건으로 요구된다. 그러나 사람, 특히 사람의 마음을 헤아리는 일은 아주 어렵다. 인재의 감별은 확실히 쉽지 않다. 그리고 인재에 대한 치밀한 관찰은 더 어렵고 미묘하다. 한비자는 공자조차 겉모습으로 사람을 판단했다가 재여(宰予)를 잘못 보았고, 말솜씨로 사람을 가늠했다가 자유(子游)를 잘못 보았다고 지적했다. 그러니 보통 사람은 어떻겠는가? 사람을 쓰는 데 오류가 없으려면 먼저 사람을 살피고 이해해야 한다. 사람의 겉모습을 꿰뚫고 그 본질을 보아야 한다.

춘추시대 '관포지교(管鮑之交)'의 주인공 관중(管仲)은 정쟁의 와중에 소백(小白, 훗날 환공)을 활로 쏘아 죽이려 했다. 집권한 환공은 당연히 관중을 죽이려 했다. 여기서 관중의 지기(知己) 포숙(鮑叔)이 나서 환공을 설득하여 관중을 살리는 것은 물론 자신에게 돌아올 재상 자리까지 내주는 고귀한 양보를 실천했다. 환공은 관중을 재상으로 임명하는 자리에서 어떻게 하면 자신이 천하의 패주가 될 수 있겠냐고 물었다. 관중은 다음과 같이 답했는데, 이 대목은 관중의 '리더십 5단계'로 불릴 정도로 리더십의 핵심을 건드리고 있다.

　　"먼저 지인(知人)하십시오. 사람을 알았다면 용인(用人)하십시오. 사람을 쓰되 그냥 쓰면 안 됩니다. 중용(重用)하십시오. 소중하게

관중이 환공에게 제시한 리더십 5단계는 어쩌면 영원불변의 진리에 가까운 논리가 아닐까 한다. 사진은 환공과 독대하는 관중의 모습을 나타낸 밀랍 인형이다(산동성 치박시 임치구 관중기념관).

쓰라는 뜻입니다. 중용하셨으면 위임(委任)하십시오. 맡기고도 소인배를 가까이하면 다 소용없습니다. 소인배를 멀리하는 '원소인(遠小人)'을 실천하십시오."

이상이 지인 → 용인 → 중용 → 위임 → 원소인으로 이어지는 관중의 리더십 5단계이다. 이렇듯 사람을 쓰는 용인 방면에서 옛사람들의 경험은 상당히 성숙하고 풍부했다. 그들은 사람을 쓰려면 반드시 사람을 존중해서 진정으로 존중을 받고 있다는 존엄감을 갖게 해야 한다는 점을 분명하게 인식하고 있었다. 그 사람이 뚜렷한 존엄감을 갖고 있지 못하다면 이런저런 방법을 강구해서라도 그가 존엄감을 갖도록 도와야 한다.

경험에도 유효 기간이 있다

《한비자》〈오두〉편의 유명한 우화다.

밭을 갈던 송나라 사람이 밭 가운데에 있는 나무 그루터기에 부딪쳐 목이 부러진 토끼를 힘 안 들이고 잡았다. 농부는 쟁기를 버리고 허구한 날 그루터기를 지키면서 토끼가 또 부딪치기를 기다렸다. 당연히 토끼를 얻을 수 없었을 뿐만 아니라 사람들의 웃음거

리가 되었다. 지나간 임금들의 정치를 따라 지금 백성을 다스리려는 것은 그 루터기를 지키며 토끼를 기다리는 것과 같다.

이상이 저 유명한 '나무 그루터기를 지키며 토기를 기다린다'라는 '수주대토(守株待兎)'의 우화로서

'수주대토'의 우화는 간단하지만 많은 것을 말해준다. 이 우화를 나타낸 그림이다.

'불로소득(不勞所得)'에 대한 헛된 기대, 변통을 모르는 고지식함 또는 별 볼 일 없는 경험을 지나치게 믿는 어리석음을 비유한다. 나아가 이 우화가 던지는 또 하나의 메시지는 그 어리석은 농부가 농사는 짓지 않고 토끼만 기다린 탓에 밭이 다 쓸모가 없어졌다는 것이다.

토끼가 나무 그루터기에 부딪친 일은 우연이다. 농부의 이 경험 역시 우연히 겪은 것에 지나지 않는다. 그런데도 현실 생활에서 적지 않은 사람들이 이런 경험에 매달려 자신의 길을 개척하려 하지 않는다. 경험은 분명 귀중하다. 내 경험이 되었건 타인의 경험이 되었건 그 안의 지혜와 정수를 흡수한 다음 자신의 실제상황에 근거하여 자신에게 맞는 길을 모색할 줄 알아야 한다.

요컨대 경험은 귀중하지만, 그것에 눈이 멀어서는 안 된다. '실사

구시(實事求是)'의 원칙을 굳게 지키고, 거기에 경험의 도움을 받아야만 자기 인생의 길을 개척해나갈 수 있다. 경험에도 유효기간이 있고, 또 유통기한이 있다. 관련한 민간 설화 한 가지를 덧붙인다.

끝을 알 수 없는 사막 한가운데 많은 보물을 간직한 옛 성이 있었다. 이 보물을 얻으려면 사막을 넘어야 할 뿐만 아니라 곳곳에 설치된 기관과 함정 그리고 독사를 비롯한 해충을 피해야만 했다. 용감한 어떤 남자가 이 보물을 찾겠다고 나섰다. 돌아가는 길을 잃지 않기 위해 이 용사는 지나가는 길목마다 잘 찾을 수 있는 표시를 해두었다. 용사는 천신만고 끝에 마침내 길을 나와 고성을 눈앞에 두게 되었다. 그런데 너무 흥분한 나머지 마지막 관문인 독사 굴에 빠져 순식간에 굶주린 독사의 밥이 되었다.

몇 년 뒤, 또 한 사람의 용사가 나타나 보물찾기에 나섰다. 그는 앞 사람이 남겨놓은 표시를 보고는 분명 누군가 지나간 자리이니 이 길을 따라가면 안전할 것으로 판단했다. 그리하여 그 길을 의심 없이 따랐고, 결과는 또 한 번 독사의 밥이 되었다. 사막의 보물을 찾은 마지막 사람은 지혜로웠다. 그는 이 표시를 그대로 믿지 않았다. 보물을 찾아 돌아온 사람이 없었기 때문이다. 그는 자신의 지혜로 사막에 새로운 길을 찾기 시작했다. 한 걸음 한 걸음을 모두 조심스럽게 생각하고 또 생각했다. 이렇게 해서는 마침내 보물을 얻을 수 있었다.

앞사람이 걸어간 길이 성공한 길이라 해서 내게 성공을 가져다주지는 않는다. 이미 다 밟은 큰길의 끝에는 값이 크게 나가는 보물이란 결코 없다. 원래 진짜 보물이 있었더라도 일찌감치 이 길을 걸어간 사람들이 다 파 가고 없기 때문이다. 경험은 내 경험이 되었건 타인의 경험이 되었건 내 길을 개척하기 위한 보조수단으로서의 가치만 가질 뿐이다. 딱 그만큼이다.

네 자신을 알라

소크라테스의 말이 아니더라도 자신을 제대로 알면 잘못과 실수를 줄일 수 있고, 나아가 인간관계에서도 좋은 성과를 낼 수 있을 것이다. 관련하여 노자(老子)는 다음과 같은 명언을 남겼다.

"남을 아는 것을 지혜라 하고, 자신을 아는 것을 현명이라 한다. 남을 이기는 것을 힘 있다고 하고, 자신을 이기는 것을 강하다고 한다."(《도덕경》 33장)

스스로를 아는 사람이 현명한 사람이고, 자신과 싸워 이기는 사람이 진짜 강한 사람이라는 말이다. 노자의 영향을 많이 받은 한비자도 자신을 아는 것이 자신을 구하는 첫걸음이라고 말한다. 노자의 사상을 집중적으로 다룬 〈유로〉 편에서 한비자는 다음과 같은 절묘한 비유를 들어 자신을 알기가 얼마나 어려운가를 부각시키고 있다.

지혜란 것은 사람의 눈과 같아 100 걸음 떨어져 있는 것은 볼 수 있지만 자기 눈썹은 볼 수 없다. (중략) 안다는 것의 어려움은 다른 사람을 알아보는 데 있는 것이 아니라 자신을 보는 데 있다.

이 말에 이어 한비자는 위 노자가 한 "자신을 아는 것을 현명이라 한다"라는 말을 인용하고 있다. 한비자는 또 "뜻을 이루기 어려운 까닭은 남을 이기는 데 있는 것이 아니라 자신을 이기는 데 있기 때문이다"라고 말하면서 역시 노자의 "자신을 이기는 것을 강하다고 한다"는 말을 인용했다.

한비자의 사상은 노자의 사상을 잇고 있다. 법가는 도가 사상에서 파생되었다는 관점이 많다. 사진은 노자가 낙양을 떠나 넘었던 함곡관(函谷關)의 노자의 동상이다.

정상적인 사람이라면 대체로 자신의 장단점을 비롯하여 자신의 외모, 인품과 재능, 과거와 현재, 가치와 책임 등에 대해 어느 정도 인식하며 산다. 그러나 이런 인식에는 오차 구역과 오인 구역이 있기 마련이다. 때와 상황, 그리고 상대에 따라 지나치게 위축되거나 지나치게 자신감을 보이는 경우가 있기 때문이다. 요컨대 '자기 객관화'가 말처럼 그렇게 쉽지 않다는 뜻이다.

한비자는 자신을 정확하게 인식하면 자신의 잠재력을 발굴하여 더 나은 성과를 내고 성공할 수 있다고 보았다. 그렇다면 문제는 어떻게 하면 자신을 보다 정확하게 인식할 수 있는가이다. 한비자를 비롯한 여러 전문가들의 견해를 종합하면 대체로 다음 네 가지로 요약해 볼 수 있다.

첫째, 홀로 자신과 마주하라.

대부분의 사람들은 늘 일과 인간관계에 쫓기고 파묻혀 산다. 스스로를 돌아보고 자신과 마주할 시간과 여유가 없다. 그러나 일부라도 시간을 내서 혼자 있는 시간을 만들고, 홀로 자신과 마주할 수 있어야 한다. 이때의 모습이 진정 자신의 모습인 경우가 많다. 한 가지 보탤 말은, 혼자 있는 시간을 만드는 것과 사람을 기피하는 것은 엄연히 다르다는 사실이다. 사람을 기피해 혼자 있는 것은 병에 가깝기 때문이다.

둘째, 자신과 유익하고 좋은 대화를 나누어라.

자신에게 묻고 자신이 답하는 나 자신과의 대화는 반드시 필요하다. 이를 습관으로 만들면 더욱 좋다. 앞서 말한 대로 혼자 있는 시간을 만들어 자기와의 대화를 나누길 권한다. 현실에서 부딪치는 모든 일과 문제에 대한 나 자신의 생각과 판단을 스스로에게 묻고 스스로 답하라.

셋째, 다른 사람을 통해 자신을 인식하라.

가까운 사람들에게 자신을 어떻게 생각하는지, 그들에게 나는 어떤 모습인지를 묻고 그들의 솔직한 답에 귀를 기울여라. 나를 분석하는 데 큰 도움이 된다.

넷째, 끊임없이 공부하라.

꾸준한 독서를 비롯하여 자기 학습 또한 스스로를 제대로 인식하는데 큰 도움이 된다. 역사 공부는 필수이고, 고전과 최신 정보가 담긴 책을 함께 읽으면 좋다. 공부는 나의 실력을 높이는 것은 물론 나의 부족한 점을 알게 하기 때문이다.

자신을 아는 일은 결코 쉽지 않다. 그래서 곧잘 자신을 과소평가하거나 과대평가한다. 자신을 바로 알지 못하면 심지어 자기보다 잘난 사람을 그대로 따라 하면 자신도 잘난 사람이 될 수 있다는 착각까지 낳는다. 중국 4대 미녀의 한 사람인 서시(西施)의 미모가 부러워 서시의 옷차림과 화장을 따라 하는 것은 물론 속앓이 때문에 찡그리는 모습까지도 따라 하는 바람에 다른 사람들을 찡그리게 만들었다는 동시(東施) 이야기는 자신을 모르면 얼마나 어리석어질 수 있는가를 잘 보여준다.

자신과 싸워 승리하라

네 자신을 알라는 주제에 이어 자신과 싸워 이기는 문제에 대해 이야기해보자. 다시 한 번 노자의 말씀을 인용한 다음 이야기를 이어간다.

"남을 아는 것을 지혜라 하고, 자신을 아는 것을 현명이라 한다. 남을 이기는 것을 힘 있다고 하고, 자신을 이기는 것을 강하다고 한다."(《도덕경》33장)

같은 맥락에서 한비자는 〈유로〉 편에서 이렇게 말한다.

뜻을 이루기 어렵다는 것은 다른 사람을 이기는 데 있지 않고 자신을 이기는 데 있다는 말이다.

한비자는 자신을 아는 것이 중요하고 필요하지만, 그것만으로 충분치 않다고 보았다. 그래서 한 걸음 더 나아가 자신을 이겨야 뜻을 이룰 수 있다고 했다. 그러면서 관련한 사례로 공자의 제자인 자하(子夏)와 증자(曾子)의 대화를 소개하고 있다. 두 사람의 대화다. 묻는 쪽이 증자고 답하는 쪽이 자하다.

"어째서 이렇게 살이 쪘는가?"
"전쟁에서 승리했기 때문에 살이 쪘지."
"무슨 일인가?"
"나는 선왕의 도를 배우는 것을 영광으로 생각했고, 밖에 나가 부귀의 즐거움을 보아도 영광으로 생각했지. 이 둘이 마음속에서 싸울 때는 승부를 알지 못해 여위었는데, 지금 선왕의 도로 승리했기에 살이 찐 것이라오."

이 이야기를 소개한 다음 한비자는 바로 위에 인용한 "뜻을 이루기 어렵다는 것은 다른 사람을 이기는 데 있지 않고 자신을 이기는 데 있다는 말이다"라는 자기 생각을 덧붙였다. 자하의 답이 다소 어렵기는 하지만 요지는 인간의 최대 적은 바로 자신이라는 것이다. 사실이 그렇다. 정도의 차이는 있지만 인간은 '천사'와 '악마'의 혼합체다. 이상, 성실, 사랑, 정직, 용기, 즐거움 등이 천사의 마음에서 나오는 것이라면, 잔인함, 사악함, 간사함, 탐욕, 비겁, 광기 등은 악마의 마음에서 나온다. 이 둘은 조화될 수 없는 모순이다. 천사의 마음이 존재하기 때문에 악마의 가증스러움을 더욱더 느끼게 되는 것이고, 또 악마의 마음이 존재하기 때문에 천사의 사랑을 더 느끼게 되는 것이다.

자신을 이긴다는 말은 비유컨대 천사가 되기 위해 악마와 싸우라는 것과 같다. 살면서 우리는 강인한 사람이 되어야 한다. 그래야 수시로 찾아드는 심리적, 생리적, 물질적, 정신적 악마와 싸워 이길 수 있다.

내 안의 욕망, 시기, 질투, 분노, 증오, 원망 등과 싸워 이기는 일은 결코 쉽지 않다. 그리고 이 싸움은 오로지 자신의 힘으로만 승리할 수 있는 싸움이다. 물론 주위의 조언과 도움이 힘이 되기는 하겠지만 애당초 이런 도움은 바라지 말고 어디까지나 내 힘만으로 싸워 이기겠다는 의지를 가져야 한다. 그러려면 게으름 피우지 말고 노력해야 한다. 내 마음에 쉬지 않고 채찍질을 가해 앞으로 나아가게 해야 한다. 자신에게 승리하는 일은 그 어떤 싸움보다 어려운 일이지만 승리한다면 광활한 천지가 눈앞에 펼쳐질 것이다.

머릿수만 채우는 사람은 되지 말라

'악대에 불필요한 피리 연주자가 수를 채운다'라는 뜻, 즉 실력도 없이 '머릿수만 채운다'는 비유의 '남우충수(濫竽充數)'라는 유명한 사자성어는 〈내저설상〉 편에 나온다. 먼저 이야기를 따라가보자.

전국시대 제나라 선왕(宣王, ?~기원전 301)은 음악을 좋아하여 궁중에 악대를 잘 꾸렸다. 선왕은 악대의 연주로 합주를 즐겨 들었다. 이 때문에 피리를 잘 부는 악사들을 구해 300명에 이르는 피리 연주단을 구성할 정도였다. 이 악대에 남곽(南郭)이라는 자가 있었는데, 연주 실력도 별 볼 일 없으면서 온갖 방법을 다 짜내 선왕의 환심을 사서 악대에 들어갔다. 악대가 피리를 연주할 때 다른 악사는 실력을 한껏 발휘했지만, 남곽은 그저 연주하는 흉내만 낼 뿐이었다. 그러나 악대의 숫자가 워낙 많은 덕에 남곽 한 사람이 연주하지 않아도 전혀 티가 나지 않았다.

이렇게 남곽은 몇 년 동안 다른 악사들과 같은 좋은 대접을 받으며 지냈다. 그런데 선왕을 이어 즉위한 민왕(緡王, ?~기원전 284)은 합주보다 독주를 선호했다. 남곽은 매일 마음을 졸이며 지낼 수밖에 없었고, 결국은 서둘러 보따리를 챙겨 몰래 궁에서 도망쳤다.

한비자는 '남우충수'의 고사를 빌려 별 볼 일 없는 남곽 선생의 무능을 풍자했다. 한비자가 보기에 진짜 실력 없는 사람이 다른 사람들 틈에 끼어들어 머릿수만 채우면 아무리 교묘하게 위장해도 언젠가는 그 정체가 드러날 수밖에 없을 것이라고 지적한다. 다른 말로 하자면, 한 사람이 성공하려면 반드시 실력을 갖추어야 한다. 이 실력은 타고나는 것이 아니다. 진짜 실력을 얻는 유일한 방법은 부지런히 즐겁게 공부하는 것이다. '근자무적(勤者無敵)'이다.

헬렌 켈러(1880~1968)는 미국의 이름난 작가다. 그녀는 어렸을 때 큰 병을 앓아 두 눈의 시력과 두 귀의 청력을 모두 잃었다. 일곱 살 때 그녀의 부모는 앤 설리반이란 선생님을 모셔 그녀의 공부를 돕게 했다. 그러나 볼 수도 들을 수도 없는 헬렌이 무슨 수로 공부를 한단 말인가? 현명한 선생님은 인형을 가지고 놀게 한 다음 그녀의 손바닥에 그 장난감의 이름을 썼다. 이렇게 해서 헬렌은 그 장난감 이름이 무엇이고, 어떻게 부르는지를 알게 되었다.

헬렌은 금세 이 공부 방법을 좋아하게 되었고, 이에 따라 매일 쓰고 읽으면서 많은 단어를 알게 되었다. 눈과 귀가 먹은 아이로서 헬렌이 무슨 수로 이 장애를 극복할 수 있겠는가? 그러나 그녀는 치명적인 장애와 난관을 두려워 않고 놀라운 의지로 배우고, 생활하면서 마침내 세계적으로 이름을 떨치는 작가가 되었다.

오늘날 사람들의 생활 조건과 학습 조건은 과거와는 비교가 안 될 정도로 좋아졌다. '반딧불이와 눈빛에 책을 비추어 공부하여 공을 이루었다'는 '형설지공(螢雪之功)'이나 졸음을 쫓으면서 공부하기 위해 '머리카락을 들보에 매달고, 허벅지를 송곳으로 찔렀다'는 '현량자고(懸梁刺股)' 같이 독한 방법은 더 이상 필요가 없어졌다. 그러나 옛사람들의 이런 뼈를 깎는 노력은 지금 우리가 배울 가치가 충분하다. 하물며 건강한 육신을 가진 사람이라면 말해서 무엇하겠는가! 어려움을 두려워 않고, 도중에 그만두지 않고, 부지런히 노력한다면 틀림없이 뜻을 이루고 성공할 것이다. 정상인으로 태어나 살면서 머릿수만 채우는 사람이 되어야 하겠는가?

내 안의 시기와 질투심을 통제하라

인간의 여러 감정 중 시기와 질투만큼 지독한 것도 없다. 헐뜯는 것은 물론 모함하고 심지어 해친다. 조국 노나라에서의 관직 생활이 여의치 않았던 공자는 약 15년에 걸쳐 천하를 떠돌며 자신이 정치적 이상을 선전하며 뜻을 펼치길 원했다. 《한비자》〈세림상〉 편에 보면 공자가 송나라를 방문했을 때의 일이 기록되어 있는데, 송나라 대부 자어(子圉)라는 자의 시기와 질투 때문에 송나라의 권력자를 만나지조차 못한 사실이 기록되어 있다. 내용이 간략하여 전문을 정리하여 소개한다.

송나라 대부 자어가 공자를 송나라 재상 벼슬에 해당하는 태재(太宰)에게 소개했다. 공자가 태재를 만나고 나가자 자어가 들어와 태재에게 공자에 대한 평가를 물었다. 태재는 이렇게 말했다.

"내가 공자를 만나고 보니 그대가 벼룩이나 이 같은 소인배로 보이네. 내가 오늘 바로 국군께 그를 만나보시도록 할 생각이네."

자어는 공자가 국군에 의해 귀한 대접을 받을까 겁이 나서 이참에 태재에게 다음과 같은 말로 태재를 자극했다.

"국군께서 공자를 만나면 태재 또한 벼룩이나 이처럼 여길 것 아니겠습니까."

이 말에 태재는 공자를 다시 만나지 않았고, 당연히 국군에게 소개하지도 않았다.

자어와 태재 모두 시기와 질투가 많은 자들이었다. 자어는 공자를 태재에게 소개까지 해놓고 질투 때문에 공자에 대해 나쁜 말을 했고, 국군에게 공자를 소개하려던 태재 또한 질투 때문에 생각을 바꾸었다. '숲속에 다른 나무들과는 달리 빼어난 나무가 있으면 바람이 그냥 두지 않는다'라는 말이 있듯이 어느 방면에서 뛰어난 사람에게는 공격과 시기, 질투가 따른다. 나아가 이런 감정들에 심하게 얽매이면 생활 전반에서 보이지 않는 압력이 되어 곳곳에서 장애로 작용하고 인간관계와 일에 부정적인 영향을 미친다.

한비자는 시기와 질투를 대단히 해로운 심리로 본다. 시기하고 질투하는 사람으로 하여금 대단히 수준 낮고 비루한 심리를 갖게 만들고, 이것이 결국 넓고 많은 길을 버리고 좁고 좁은 길로 들어서게 만들어 큰 상처를 남긴다.

중국 역사에서 시기와 질투의 끝판왕을 들라면 전국시대 위나라의 군사가 방연(龐涓, ?~기원전 341)이 단연 발군이다. 방연은 모든 면에서 자신에 비해 뛰어난 손빈(孫臏, 생졸 미상)을 시기하고 질투했다. 두 사람은 같은 스승 귀곡자(鬼谷子)에게 배운 동문이었다.

먼저 조국 위나라로 돌아온 방연은 손빈이 다른 나라에 가서 자신의 라이벌이 되는 것을 막기 위해 손빈을 위나라로 초청했다. 그러나 이번에는 위나라 왕이 손빈을 자신보다 신임할까 걱정이 되었다. 방연의 시기와 질투는 결국 손빈에게 반역죄를 씌워 무릎 아래를 잘라내는 빈형(臏刑)을 받게 하는 지경에 이르렀다. 이 과정에서 방연은 철저히 자신의 정체를 숨긴 채 사형을 당할 위기에 처한 손빈을 변호하는 척했다. 손빈은 동문 방연 덕분(?)에 빈형으로 감형을 당해 목숨은 건졌다. 방연은 군사에 탁월한 손빈의 능력을 잘 알고 있었기 때문에 그에게 거처를 마련해주고 병법서를 저술하게 배려했다.

손빈은 이런 사실도 모르고 방연에게 감사하는 마음으로 병법서 저술에 힘을 쏟았다. 그러다가 손빈의 인품에 감동한 방연의 측근이 이 모든 사실을 알렸다. 처절한 배신에 치를 떨던 손빈은 미치광이를 가장하여 방연을 속이고 마침내 조국 제나라로 탈출했다. 손빈은 20년이 넘는 절치부심(切齒腐心) 끝에 마릉(馬陵) 전투에서 방연의 대군을 전멸시켰다. 오갈 데 없는 상황에서 방연은 스스로 목숨을 끊었다. 그런데 죽는 순간까지도 방연은 손빈에 대한 시기와 질투심을 유감없이 드러냈다. 그는 이렇게 말하면서 죽었다.

"아! 오늘 내가 이 촌놈(손빈)을 유명하게 만들어 주는구나!"

방연은 자신의 패배로 손빈의 이름이 국제적으로 알려질 것을 시기 질투한 것이다.

시기와 질투는 재능, 명예, 지위, 대우가 자기보다 낮거나 좋은 사람에게 품는 원한의 감정을 가리킨다. 시기와 질투는 일종의 부정적인 처세법이자 인간관계에 결코 좋지 않은 요인이다. 인간에게 시기와 질투는 본능에 가까운 감정이라 이를 완전히 없앨 수는 없다. 대신 너그러운 마음으로 처세하고 관계하면 이 감정을 나름대로 통제하고 슬기롭게 활용할 수 있다. 정도는 다르지만 모든 사람의 마음에는 열등감이 작동한다. 그런데 나보다 뛰어난 사람이 가까이 있으면 이 열등감은 더욱더 강렬한 시기와 질투심으로 변질하여 자신의 내면을 갉아먹는다. 따라서 이런 열등한 심리가 나 자신의 심신을 해치지 않도록 적절하게 통제해야 한다. 그 방법 몇 가지를 소개해둔다.

첫째, 보다 나아져야 한다는 마음을 가져야 한다.
다른 사람을 시기하고 질투하는 시간이 아깝지 않은가? 다른 사람을 시기하고 질투할라치면 자신은 초조, 비애, 의심, 의기소침, 번뇌, 적의 등과 같은 나쁜 정서에 휩싸일 수밖에 없다. 얼마나 어리석은 짓인가? 왜 타인을 시기하고 질투하는가? 차라리 상대의

방연은 죽는 순간까지도 손빈을 질투했다. 질투만큼 무서운 심리도 없을 것이다. 그림은 방연의 최후인 마릉(馬陵) 전투를 그린 것이다.

장점을 배우고 빌려서 자신의 자산으로 삼을 생각은 왜 못하는가? 시간은 화살처럼 빠르다. 인생은 눈 깜짝할 사이라고들 한다. 한계와 기한이 뻔한 인생과 정력을 타인의 성공을 시기하고 질투하는데 소모할 필요가 있나? 그 시간을 내게 나의 일에 나의 미래에 투자하는 것이 더 의미 있지 않을까?

둘째, 정확하게 타인을 보고, 정확하게 자신을 평가하라.

타인의 성취를 정확하게 인식하여 스스로를 비하하지 말고 자만하지 말라. 정확하게 타인과 자신을 평가하여 자라나는 질투심을 극복하고 피하라.

셋째, '신포도' 심리와 '달콤한 오렌지' 심리를 이용하라.

'신포도' 심리는 자기가 얻을 수 없는 물건의 가치를 일부러 떨어뜨려 심리적으로 만족을 얻어 마음속의 불편함을 해소하는 것이다. 《이솝 우화》에서 여우가 먹지 못하는 포도를 향해 분명 시어서 못 먹을 것이라고 한데서 나온 용어다. 이는 일종의 자기기만의 방법이긴 하지만 타인을 시기하고 질투하지 않을 수만 있다면 취해 볼 만하다. '달콤한 오렌지' 심리는 '신맛의 오렌지'를 달다고 생각하는 심리로, 자기 앞에 놓인 상황이 자신에게 마음에 들지 않더라도 스스로에게 '이 정도면 되지 않겠어?'라는 말로 스스로 압박하는 것이다. 이 역시 시기와 질투에 사로잡히는 것보다 훨씬 낫다.

넷째, 적대적인 사람에서 협력하는 사람으로 바뀌어라.

시기하고 질투하는 사람이 도움을 필요로 할 때 있는 힘을 다해 그를 도와라. 이때 그와 나의 목표가 일치한다면 시기와 질투의 마음은 공동의 목표를 위해 분투하는 심리로 바뀔 것이다. 이 뜻 있는 일이 끝나고 나면 나는 그로부터 적지 않은 장점을 얻게 되고, 우리는 적대적인 관계에서 합작하고 협조하는 사이로 바뀌어 있을 것이다.

다섯째, 달리기 상대를 찾아라.

시기와 질투는 옹졸한 사람의 방법이다. 감사하는 마음으로, 따뜻한 눈으로 타인의 진보와 성공을 받아들이고, 그를 뛰어넘을 수 있도록 노력하라. 달리기 상대, 즉 경쟁상대가 없으면 내 능력을 가늠하기 힘들다. 달리기 상대를 찾아 나 자신의 부족한 곳을 찾아라.

사실 시기와 질투를 치료하거나 해결하는 실질적이고 유일한 방법은 참는 것이다. 스스로 나에 대한 타인의 시기와 질투를 참을 수 있어야 하듯이 타인에 대한 나의 시기와 질투심도 극복할 수 있어야 한다.

신용과 명예의 전제조건

춘추시대 제나라가 노나라를 공격하여 굴복시킨 뒤 노나라의 전세 보물인 참정(讒鼎)을 요구했다. 노나라 국군은 가짜 정을 주었다. 제나라 사람은 이를 가짜라 하고, 노나라는 진짜라고 우겼다. 제나라 사람은 노나라의 정직한 사람인 악정자춘(樂正子春)에게 물어보자고 있다. 악정자춘과 노나라 국군이 만났고, 국군은 악정자춘에게 진짜라고 말하도록 부탁했다.

〈세림하〉편에 기록된 당시 노나라 국군과 악정자춘의 대화다.

"어째서 진짜를 보내지 않았습니까?"

"내가 그것을 아끼기 때문이오."

"저 역시 저의 신의를 아낍니다."

정상적인 사람이라면 신용과 명예를 지킬 줄 알아야 한다. 그래야 다른 사람으로부터 믿음을 얻을 수 있다. 입으로는 신용과 명예를 말하면서 황당무계한 말과 거짓으로 다른 사람을 속이는 자는 어쩌다 사소한 이익을 얻을지는 몰라도 인간에게 가장 소중한 고상한 인격을 갖다 버리는 자이다. 그럼에도 우리 현실을 보면 작은 이익을 위해 자신의 신용과 명예를 저당 잡히거나 기꺼이 저당 잡히려는 사람들이 적지 않다. 참으로 슬픈 일이다.

한비자는 이익을 위해 함부로 움직이지 않고 사리사욕을 갖지 않으면 어떤 상황에서도 말과 행동이 어긋나지 않는다고 보았다. 이런 아름다운 명예의 가치야말로 속임수 등으로 얻는 이익보다 수천 배 더 크기 때문이다. 인간으로서 갖추어야 할 품격이 없으면 말과 행동에 믿음이 있을 수 없고, 이런 자는 아주 위험하다. 이런 자들은 평소에는 정직한 쪽에 서 있는 척하지만, 이해관계가 걸리면 바로 정직과 의리를 배신한다. 이런 자들의 황당한 언행은 그 즉시 탄로 나지 않을지 몰라도 황당무계한 말은 어디까지나 황당무계한 말이다. 따라서 끝내는 들통이 날 뿐만 아니라 어떤 보상도 받지 못하고 세상과 역사의 손가락질을 받을 수밖에 없다. 이런 자들은 잘 모른다. 자신이 그런 이익을 얻음과 동시에 자신의 인격이 수천 길 낭떠러지로 추락한다는 사실을.

126

한비자는 노나라 국군의 신의 없는 얄팍한 행동을 비판함과 동시에 악정자춘의 정직함을 칭찬하고 있다. 성실과 신용이야말로 한 인간의 가장 우수한 품격의 하나이기 때문이다. 그러면서 한비자는 노나라 국군과 대비되는 사례 하나를 〈외저설좌상〉 편에다 소개하고 있다.

전국시대 위나라의 군주 문후(文侯)가 우(虞)의 사람과 사냥을 가기로 약속했다. 그런데 사냥을 가기로 한 날 갑자기 큰바람이 불었다. 좌우 모두가 문후의 사냥을 말렸다. 그러자 문후는 다음과 같은 말로 신하들의 말을 물리쳤다.

"안 될 말이오. 큰바람을 핑계로 사람과의 믿음을 잃는 일을 나는 할 수 없소."

문후는 큰바람을 무릅쓰고 마차를 몸소 몰고 나가 우의 사람과 사냥을 했다.

성실과 믿음이 있는 사람은 헛소리하지 않고 속이지 않는다. 그런 사람은 신용과 명예를 목숨보다 더 귀중하게 여긴다. 성실하고 신용 있는 사람은 다른 사람의 사랑을 받기 마련이다. 그들의 말 한마디, 처리한 일 모두가 타인의 믿음을 얻는다. 성실하고 신용 있는 사람은 좋은 인간관계를 지키며, 그들의 사업 또한 많은 사람들의 지지를 받기 마련이다.

당연한 말이지만 기업을 경영하고 사업을 하는 목적은 돈을 버
는 것이다. 그런데 어떻게 벌 것인가? 어떻게 해야 많이 벌고 오랫
동안 벌 수 있나? 이런 질문의 가장 중요한 관건은 '먼저 사람이 된
다음 일하라'는 것이다. 신용과 명예를 중시하면서 성실하게 경영
해야만 고객의 신뢰를 얻고 풍성한 보답을 거둘 수 있다. 관련하여
춘추시대 정나라의 정치가 정자산(鄭子産)은 이런 명언을 남겼다.

"나는 벼슬한 다음 공부한다는 말은 들었어도, 공부한 다음 벼슬
한다는 말은 못 들었다."

춘추시대 후반기 최고의 정치가로 평가받는 정자산은 재상을 20년 가까이 지냈지만 죽어 장
례치를 돈조차 남기지 않았다. 그의 시신은 광주리에 담아 야산 꼭대기에 묻었다고 한다. 사
진은 형산(陘山) 정상에 남아 있는 정자산의 무덤이다.

128

벼슬은 돈, 권력, 자리를 말하며, 공부는 사람 공부를 말한다. 정자산은 "백성과 나라에 이익이 되는 일이라면 생사를 그 일과 함께할 것이다"라고 말하면서 권세를 가진 자들을 향해 이렇게 충고했다.

"권력(정권)을 잡으면 반드시 인덕(仁德)으로 다스려야 한다. 권력(정권)이 무엇으로 튼튼해지는지 잊어서는 안 된다."

그는 평생 자신의 말대로 살았고, 백성들은 그가 죽자 부모를 잃은 듯 통곡했다.

여지(餘地)를 남겨두어라

시간(時間), 공간(空間), 인간(人間) 이 세 단어의 공통점은 무엇일까? 모두 사이 '간'이란 글자가 들어있다는 것이다. '사이'는 남겨진 공간이나 떨어진 거리를 말한다. 다른 단어로 표현하자면 '여지(餘地)'이다. 흔히 하는 '여지를 남기라'는 말은 일을 깔끔하게 처리하지 말라는 뜻이 아니다. 일을 끝낸 다음 뜻하지 않은 문제가 생겼을 때 그 문제를 충분히 보완하고 수정할 수 있도록 일을 처리하라는 말이다. 그래야 실패할 확률이 줄어든다. 시간, 공간, 인간 모두에 '사이'가 들어 있는 것도 같은 이치다. 적당히 떨어져 일이 진행되는 과정을 살피고, 적절하게 사이를 두고 인간관계를 가져야 서로를 더 잘 이해할 수 있다.

한비자는 〈세림하〉 편에서 환혁(桓赫)이란 사람의 입을 빌려 이런 의미심장한 말을 들려준다.

(사람의 얼굴을) 새기고 깎을 때의 원칙은 코는 다른 어떤 것보다 크게 하고, 눈은 무엇보다 작게 하는 것이다. 큰 코는 나중에 작게 깎아낼 수 있지만 작은 코는 키울 수 없다. 작은 눈을 크게 키울 수 있지만 큰 눈은 작게 만들 수 없다.

한비자는 이 말을 통해 우리에게 "일도 마찬가지다. 일을 끝낸 다음 다시 보완할 수 있게 일하면 실패가 적을 것이다"라는 계발을 준다. 이것이 앞서 말한 '공간을 남겨놓는' 것, 이것이 문제를 처리하는 기교이다. 민간에 전해오는 이런 이야기가 있다.

물고기를 잘 잡는 어부가 있었다. 그에게는 물고기를 잡기에 앞서 늘 기도를 올리는 습관이 있었다. 어느 해 봄, 시장에서 흑어(黑魚)가 비싸게 팔린다는 말을 듣고는 이번에 바다에 나가면 흑어를 많이 잡아 돈을 벌게 해달라고 빌었다. 그러나 그물에 올라온 것은 모두 게 뿐이었다. 그는 게를 다 버리고 빈손으로 돌아왔다. 그런데 배를 대고 난 다음에야 게의 가격이 흑어보다 더 올랐다는 것을 알았다. 어부는 가슴을 치고 후회하며 다음번에는 게를 많이 잡게 해달라고 속으로 빌었다.

　얼마 뒤, 어부는 게를 잡으려 온 힘을 다했다. 그러나 그물에 걸린 것은 모두 흑어 뿐이었다. 말할 것 없이 그는 이번에도 빈손으로 돌아왔다. 부두에 배를 대고 났더니 이번에는 흑어 값이 올랐다는 소식을 들게 되었다. 어부는 후회하며 다음번에는 게가 되었건 흑어가 되었건 모두 잡게 해달라고 빌었다. 세 번째 출어에서 어부는 자신의 기도대로 되기를 간절히 바랐지만 게도 흑어도 잡지 못하고 거들떠보지도 않는 잡어 몇 마리만 잡았다. 어부는 또 빈손으로….

　위 이야기가 던지는 메시지가 여간 심상치 않다. 가볍게 웃고 넘어갈 수 있는 이야기이지만 '여지를 남기는' 중요성을 확실하게 알 수 있었다. 생활 속에서 우리는 타인을 대할 때나 일을 처리할 때 여지를 남길 줄 알아야 한다. 물론 자신에게도 여지를 남겨야 한다. 그렇지 못하면 일이든 사람이든 퇴로도 출로도 없는 막다른 골목에 몰리게 된다.

　같은 〈세림하〉 편에 나오는 양주(楊朱)의 동생 양포(楊布)의 고사를 통해 여지의 중요성을 생각해보면서 이야기를 마무리한다.

　양주의 동생 양포가 흰옷을 입고 외출했다가 비를 만나자 흰옷을 벗고 검은 옷으로 갈아입고 돌아왔다. 그러자 양포의 개가 옷 색깔이 바뀐 주인인 양포를 알아보지 못하고 짖었다. 화가 난 양포가

개를 때리려 하자 양주가 이렇게 말했다.

"때리지 말아라. 너 같아도 그렇게 할 게야. 네 개가 주인이 나갈 때는 흰색이었는데 검은색이 되어 돌아왔다면 어찌 이상하게 여기지 않겠는가?"

여지는 크게 바꾸지 않아야 남길 수 있다. 여지의 오묘한 점이 바로 여기에 있다.

외모와 내면의 관계

《논어》〈공야장〉 편에 보면 공자(孔子, 기원전 551~기원전 479)가 자신의 실수를 고백하는 대목이 있다.

"내가 사람을 대함에 있어서 이전에는 그 사람의 말만 듣고 행동을 믿었는데, 지금은 말을 듣고 또 그 행동까지 지켜본다. 재여(宰予) 때문에 이렇게 고친 것이다."

공자의 이 말씀은 그가 과거 외모만 보고 담대자우(澹臺子羽)를 높이 평가했다가 실수했고, 말솜씨만 믿고 재여를 높이 평가했다가 실수한 일에 대한 고백이다. 공자 같은 성인도 사람을 얼마든지 잘못 판단할 수 있음을 잘 보여주는 대목이다. 한비자는 "얼굴과 복장만을 보고, 그 글과 말만 듣는다면 공자께서도 인재를 제대로 가릴 수 없을 것이다"라고 했다. 그러면서 다음과 같은 절묘한 사례와 비유를 들고 있다(〈현학〉 편).

- 검을 만들면서 주석과 검의 색깔만 본다면 검 주조의 명장 구야(甌冶)도 검의 질을 감정할 수 없을 것이다.
- 이빨과 입술만 벌려서 생긴 모습을 본다면 명마를 감정하는 백락(伯樂)이라도 그 말이 명마인지 알아낼 수 없다.

사람의 외모와 내면의 관계는 정확하게 현상과 본질의 관계다. 현상은 본질의 표현이고 서로 연계된 관계이긴 하지만 현상이 본질은 아니다. 사람의 외모가 때로는 그 내심의 반영이자 표현이다. 예컨대 내심의 희로애락은 늘 표정으로 드러난다. 이른바 '말을 살피고 얼굴색을 본다'는 '찰언관색(察言觀色)'은 바로 사람의 언어와 표정을 통한 관찰과 분석으로 그 사람의 내면세계를 파악하는 것이다. 그렇다고 모든 사람이 다 이렇지 않다. 어떤 사람은 희로애락을 겉으로 드러내지 않는다. 또 어떤 사람은 자신의 속내를 다르게 표현하기도 한다. 후자는 겉과 속이 다른 사람이라 그 속내가 매우 깊다. 이런 사람은 자신의 감정을 잘 감추기 때문에 사람들이 속기 쉽다. 그렇다면 어떻게 이를 가려낼 수 있나? 한비자는 이렇게 그 방법을 제시한다.

- 물고기를 잡고 망아지를 요리해보면 누구라도 검의 날카로움을
  의심 없이 가려낼 수 있다.
- 수레를 주어 멍에를 매고 나가 끝까지 달리는 길을 관찰하면 누
  구라도 둔한 말과 좋은 말을 쉽게 가려낼 수 있다.

관련하여 생생한 역사 사례를 하나 소개한다.

춘추시대 제나라 재상 안영(晏嬰, ?~기원전 500)이 초나라에 사신으
로 갔을 때의 일이다. 초나라 영왕(靈王)은 초나라가 대국이라는 사
실만 믿고 작은 나라를 깔보는 등 매우 오만했다. 그는 이번에 제
나라에서 파견한 안영이란 자가 몸집은 작고 비쩍 마른 것이 볼품
없다는 말을 듣고는 이 기회를 이용하여 안영에게 수치심을 주어
초나라의 위엄을 과시하고자 마음먹었다.

안영은 평소처럼 베옷에 마른 말이 이끄는 가벼운 마차를 탔다.
수행원들도 모두 소박한 차림이었다. 안영 일행이 초나라의 수도
영도(郢都) 동문에 도착했다. 그러나 성문은 잠겨 있었다. 안영 일
행은 하는 수 없이 마차를 멈추고 큰 소리로 문지기를 불렀다. 그
러자 한 시자가 임시로 뚫은 한쪽 편의 작은 쪽문을 가리키며 "상
국께서는 그 문이면 충분히 출입하실 수 있을 겁니다. 그러면 굳이
대문을 열었다 닫았다 할 필요가 없으니까요"라고 말하는 것이 아
닌가? 영왕이 일찌감치 이렇게 안배해 놓았던 것이다. 자기 몸집

만 하게 뚫려 있는 쪽문을 본 안영은 모든 것을 분명하게 알 수 있었다. 이는 초왕의 수작이다. 한 나라를 대표하는 사신을 이런 식으로 모욕을 주다니! 하지만 안영은 아무렇지 않다는 듯 큰 소리로 고함을 질렀다.

"이건 개구멍 아닌가? 개구멍으로 사람이 드나들 수는 없지. 개의 나라에 사신으로 왔다면 개구멍으로 출입하겠지만, 인간의 나라에 사신으로 왔으니 사람이 출입하는 문으로 들어가는 것이 당연하지 않은가!"

문을 지키는 자가 재빨리 초왕에게 이 일을 보고했다. 초왕은 안영에게 한 방 먹었음을 알았고, 서둘러 대문을 열고 안영 일행을 맞이하도록 했다. 이어 초 영왕이 궁전에서 안자를 접견했다. 영왕은 말로만 듣던 볼품없는 안영의 실제 모습을 보고는 싸늘한 미소를 흘리며 그를 향해 "하하하! 당신 제나라에 인물이 없긴 없는 모양이군"라며 비꼬았다. 안영은 영왕의 오만방자한 언행에 분노가 치밀었지만, 자신이 지금 나라를 대표하는 사신이라는 신분을 상기하고는 마음을 가라앉혔다. 그런 다음 정중하게 초 영왕을 향해 이렇게 말했다.

"저희 나라는 땅이 넓고 인구가 많습니다. 수도 임치성 사람들이 내뿜는 입김만으로 구름이 되고, 흘리는 땀은 비가 오듯 합니다.

사람들이 길거리에 나와 걸으면 어깨를 부비지 않고는 걸을 수가 없습니다. 무슨 근거로 제나라에 사람이 없다고 하십니까?"

어리석은 영왕은 안영의 말이 자신을 비꼬고 있다는 것도 모른 채 안영을 기만할 수 있다고 생각하여 더욱 무례하게 "인재가 그렇게 넘치는데 어째서 그대를 우리에게 파견했단 말인가?"라며 고개를 한껏 젖힌 채 미친 듯 웃었다. 안영은 냉정하게 그러면서도 정중하게 영왕의 말을 맞받아쳤다.

"우리 제나라에는 한 가지 규칙이 있습니다. 조정에서 사신을 파견할 때는 늘 그 대상을 살펴서 보내는 것입니다. 상대국이 예의가 있는 나라의 군주라면 그에 맞추어 덕이 고상하고 명망이 높은 사람을 사신으로 보내고, 무례하고 거친 나라의 어리석은 군주라면 역시 그에 맞는 재주도 없고 비루한 자를 골라 보내지요. 제나라에서 저는 덕도 능력도 없는 인물이기 때문에 초나라에 이렇게 사신으로 파견된 것입니다!"

초 영왕은 부끄러움에 얼굴이 벌겋게 달아올랐다. 쥐구멍이라도 있으면 숨을 판이었다. 영왕은 어쩔 줄 몰라 하다가 손을 휘휘 저으며 빨리 술상을 차려 안자를 접대하라고 명령했다. 영왕과 안영이 술잔을 들고 서로 축하를 하려는데 포졸이 죄수 한 명을 끌고 왔다. 영왕은 일부러 화가 난 듯한 표정을 지으며 "지금 뭣들 하는 짓이냐! 이곳의 손님이 보이지 않는다는 말이냐"라고 호통을 쳤다. 영왕의 호통에 포졸은 당황해하며 "대왕 노여움을 푸십시오. 우리가 잡은 이 도적은 다름이 아니라 제나라 사람입니다"라고 말했다. 그러면서 '제나라 사람'에 힘을 주어 길게 외쳤다. 영왕은 안영을 째려보며 "당신들 제나라 사람은 모두 훔치기를 잘하나 보오"라고 다그쳤다.

영왕의 얄팍한 수작을 진즉 간파하고 있던 안영은 수비로 공격을 대신한다는 전략을 구사했다. 그는 유머와 풍자를 섞어가며 이렇게 말했다.

"대왕, 제가 듣기에 귤나무를 회수 이남에다 심으면 귤이 달리고, 회수 이북에다 옮겨 심으면 탱자가 달린다고 하더군요. 잎도 비슷하고, 과일의 생김새도 비슷하지만 맛은 전혀 다르답니다. 왜 그렇겠습니까? 회수 이남과 이북의 땅과 물이 다르기 때문이지요. 지금 제나라 사람이 제나라에서 살면 도적이 되지 않는데 초나라에 온 뒤로 도적이 되었으니 초나라의 풍토가 사람을 도적으로 만드는 것이 아니고 무엇입니까?"

보기 좋게 또 한방을 먹은 초 영왕은 난처해 어쩔 줄 몰라 했다. 하지만 내심 안영의 재능에 감탄하지 않을 수 없었다. 영왕은 이내 표정을 바꾸고는 "선생은 성인과 다르지 않소이다. 하지만 성인은 농담을 하지 못한다는데, 내가 한 방 먹었소이다"라며 호탕하게 웃

사람의 외모가 곧 그 내면과 일치하지는 않지만, 그 사람의 내면을 읽어내게 하는 많은 장치를 갖고 있다. 표정, 눈빛, 몸짓 등 이른바 동작언어가 많은 것을 말해주기 때문이다. 안영은 못생긴 외모였지만 뛰어난 언변으로 이를 극복했다. 그의 언변에는 무엇보다 의표를 찌르는 깊은 유머가 내포되어 있었다. 안영의 동상이다.

었다. 그러고는 예의를 갖추어 안영을 접대하면서 직접 큰 귤의 껍질을 벗겨 그에게 건네주고는 "예의를 지키는 나라의 사신답구려"라며 칭찬했다. 안영은 이렇게 자신의 재능과 지략으로 사신의 임무를 원만하게 완성했다.

한비자는 외모로 사람을 판단하거나 취하지 말라고 충고한다. 사람의 외모가 그 사람의 진정한 실력과는 필연적 관계가 아니기 때문이다. 훤칠한 외모에도 불구하고 빈 깡통 같은 사람도 있고, 못생겼지만 경륜이 가득 찬 사람도 있기 때문이다. 사람을 쓰는 이치로 말하자면, 외모도 뛰어나고 실력도 갖춘 사람이라면 금상첨화겠지만, 못생겼지만 재능이 뛰어난 사람이 외모만 번지르르한 사람보다 당연히 낫다.

겉모습에 홀려 그 사람의 인품을 판단하지 말고, 얼굴로 그 사람의 능력을 가늠하지 말라. 실력과 장점을 보지 않았다면 역사상 뛰어난 많은 인물들이 그 겉모습 때문에 자신을 떨치지 못하고, 그

얼굴 때문에 공을 세우지 못했을 것이다. 속된 말로 '얼굴 뜯어먹고 살 것 아니잖나.'

지금 말만 듣고 행동을 살핀 결과 그 목적을 위해 실제로 작용하지 못한다면 그 말이 아무리 정교하고 그 행동이 아무리 굳세어도 화살 없는 활이나 마찬가지다(《문변》 편).

돌부리에 걸려 넘어지지,
산에 걸려 넘어지지 않는다

과거에는 남자(리더)라면 큰일을 해야지 자잘한 일에는 신경조차 쓰지 말라고 했다. '군자대로행(君子大路行)'이니 심지어 남자아이에게는 돈 이야기도 못 꺼내게 했다. 우리의 위선적이고 뒤틀린 양반 문화 때문이었다. 그런데 사실 옛사람들은 이런 말을 하지 않았다. 오히려 그와는 반대되는 말씀을 많이 남겼다. 먼저 한비자의 사상에 깊은 영향을 준 노자의 말씀이다(《도덕경》 63장).

"쉬운 데서부터 어려운 일을 풀어야 하고, 작은 데서부터 큰일을 치르도록 해야 한다. 천하의 어려운 일도 반드시 쉬운 데서 일어나고, 천하의 큰일도 반드시 작은 데서 일어난다.

《염철론(鹽鐵論)》에는 이런 대목도 있다.

"큰일을 다스리려면 번거로워서는 안 된다. 번거로워지면 일이
두서없이 얽혀 난잡해진다. 작은 일을 할 때조차 해이해져서는 안
된다. 해이해지면 전에 이루었던 일과 공이 다 수포로 돌아간다."

한비자는 작은 일이 큰일에 얼마나 큰 영향을 미칠 수 있는가를
다음과 같은 아주 생생한 비유를 들고 있다.

천 길이나 되는 둑도 개미구멍 때문에 무너진다. 백 자나 되는 굴
뚝 틈새의 불씨 때문에 잿더미가 된다(〈유로〉 편).

이와 관련하여 한비자는 죽은 사람도 살린다는 신의 편작(扁鵲)과
채(蔡)나라 환후(桓侯)의 병세를 진단한 고사를 예로 들고 있다(《사
기》〈편작창공열전〉에는 채 환공이 제나라 환후로 나오는데 이야기의 내용은 똑
같다. 여기서는 〈유로〉 편을 따라간다). 두 사람의 대화다.

편작 왕께서는 피부에 질병이 있습니다. 당장 치료하지 않으면
심해질 것입니다.
환공 나는 병이 없다.
환공 (편작이 나간 뒤) 의사는 질병이 없는데도 치료해서 자기 공을
자랑하려 한다.

편작 (열흘 뒤) 왕의 질병이 살 속으로 파고들었으니 치료하지 않

으면 더욱더 심해질 것입니다. (환후는 이번에도 치료에 응하지

않고 불쾌해했다.)

편작 (다시 열흘 뒤) 왕의 질병이 장과 위에까지 퍼졌습니다. 더 심

해질 것입니다.

세 차례의 경고에도 환후는 치료에 응하지 않았다. 편작은 발길

을 돌려 달아났다. 이 이야기를 들은 환후가 사람을 시켜 편작에게

왜 도망가냐고 묻게 했다. 편작은 이렇게 말했다.

"질병이 피부에 있을 때는 찜
질로 치료하면 되고, 살 속에 있
으면 침을 꽂으면 되며, 장과 위
에 파고들어도 약을 달여 복용하
면 됩니다. 그러나 병이 골수에
까지 미치면 운명을 관장하는 신
께서 관여한 일이라 어찌할 방법
이 없습니다. 지금 환후의 질병
은 골수에까지 파고들어 신이 할
일이 없어서입니다."

그로부터 닷새 뒤 환후의 몸에

민간 전설에 따르면. 신의 편작은 가장
실력이 뛰어난 의사란 '병을 예방하는 의
사'라고 했다. 그러려면 미세한 낌새를
놓치지 않는 것이 중요하다. 모든 큰일은
작은 일이 쌓이고 쌓인 결과이다. 편작의
석상이다.

통증이 생겨 편작을 찾았지만, 그는 이미 진나라로 넘어갔고, 환후는 바로 죽었다.

살면서 우리는 작은 일 때문에 기분이 상하고 의가 상하여 친한 사람과 헤어지기도 한다. 그래서 필자는 늘 '돌부리에 걸려 넘어지지, 산에 걸려 넘어지지는 않는다'고 말한다. 작은 일을 못 하면 큰일도 못한다. 사람의 감성은 작은 일에도 얼마든지 세심하게 신경쓸 수 있고 배려할 수 있다. 그래서 은나라 말기의 현인 기자(箕子)는 '견미지저(見微知著)' 할 수 있다고 말한다. '미세한 것을 보고 드러날 일을 안다', 다시 말해 '작은 것을 보고 벌어질 일을 안다'는 뜻이다. 우리말로 '낌새가 보이면 무슨 일이 일어날 조짐이니 대비하라'는 말이다. 우리는 이를 얼마든지 할 수 있다. 매사에 신경을 써라, 기꺼이.

헐뜯는 말은 서서히 스며든다

상대가 없는 곳에서, 상대가 보지 않는 뒤에서 그 사람에 대해 이러쿵저러쿵하는 말을 '뒷담화'라 한다(표준어는 '뒷말'이다). 일본식 당구 용어인 '뒷다마'와 '뒷다마 까다'는 비속어에서 비롯되었다고 한다. 일각에서는 뒷담화가 없으면 그 사회가 도저히 유지될 수 없을 것이라며 이 뒷담화의 순기능을 내세우기도 한다. 그러나 모든 것이 지나치면 탈이 나듯이 뒷담화도 소수의 불만을 해소하는 작용을 넘어 하나의 문화로 정착하면 그 조직은 결코 버티지 못하고 무너진다.

뒷담화의 기본적인 특징은 우선 명확한 근거가 없다는 것이고, 근거가 없기 때문에 자연스럽게 헐뜯기로 흐르기 십상이라는 점이다. 또 뒷담화의 상당 부분이 누군가에 대한 시기와 질투의 반영이고, 무엇보다 대부분 능력은 떨어지면서 남 말하기 좋아하는 자들이 벌이는 일이라는 점에서 불량한 현상이 아닐 수 없다.

한비자는 〈내저설상〉 편에서 근거 없는 거짓말도 반복되면 사실을 왜곡할 수 있다는 점을 경고하면서 '세 사람이면 없는 호랑이도 만들어낸다'라는 유명한 '삼인성호(三人成虎)'의 고사를 들려주고 있다.

위나라의 방공(龐恭)이 태자와 함께 조나라 한단(邯鄲)에 인질로 가기에 앞서 위나라 왕에게 말했다.

"지금 누군가 시장에 호랑이가 나타났다고 말하면 왕께서는 믿으시겠습니까?"

"못 믿지."

"또 한 사람이 호랑이가 나타났다고 하면 믿으시겠습니까?"

"못 믿지."

"또 한 사람이 같은 말을 하면 어떨 것 같습니까?"

"믿을 것 같소."

이에 방공은 이렇게 말했다.

"시장에 호랑이가 나타나는 일은 분명히 없을 겁니다. 그러나 세 사람이 같은 말을 하면 없는 호랑이가 생깁니다. 한단은 위나라에서 멀리 떨어져 있고, 신을 비방하는 자는 세 사람보다 훨씬 더 많을 것이니 이 점을 잘 헤아려주시기 바랍니다."

방공은 한단에서 돌아왔지만 끝내 왕을 만날 수 없었다.

위나라 왕은 방공의 당부와 경고에도 불구하고 그가 없는 사이 방공을 비방하는 신하들의 헐뜯음에 넘어가 방공을 외면했다. 아무런 근거 없이 헐뜯는 말이라도 반복되고 거듭되면 철석같은 마음을 가진 사람도 흔들린다. 관련하여 전국시대 유세가 장의(張儀, ?~기원전 309)는 근거 없는, 이른바 '유언비어(流言蜚語)'의 위력을 다음과 같은 말로 실감 나게 표현한 바 있다.

"신이 듣기에 '가벼운 깃털도 많이 쌓이면 배를 가라앉게 하고, 가벼운 사람도 떼를 지어 타면 수레의 축이 부러진다. 여러 사람의 입은 쇠도 녹이고, 여러 사람의 헐뜯음은 뼈도 깎는다'라고 합니다."

144

여기서 '여러 사람의 입(헐뜯음)은 쇠도 녹인다'는 '중구삭금(衆口鑠金)'과 '여러 사람의 헐뜯음은 뼈도 깎는다'는 '적훼소골(積毀銷骨)'이란 천하의 명언이 나왔다. 그래서 한비자는 리더들에게 "두루 들으면 현명해지고, 한쪽만 믿으면 어리석어진다"고 경고했다.

사실 헐뜯음이나 유언비어가 절로 나오는 것이 아니다. 대부분 시기와 질투에서 나온다. 이간질도 저절로 파고드는 것이 아니다. 틈이 있기 때문이고, 틈을 주기 때문이다. 그래서 믿었으면 의심하지 말고, 의심스러우면 애당초 믿지 말라고 하는 것이다. 믿고 의심하지 않고, 유언비어 따위에 귀를 기울이지 않는 것 또한 리더십이다. 조직에 유언비어나 뒷담화 같은 불량한 현상이 나타나는 데는 리더의 리더십과도 뗄 수 없는 관계에 있기 때문이다. 특히 리더가 결단해야 할 일에 머뭇거리며 우유부단(優柔不斷)한 모습을 보이거나, 특정한 부서나 특정한 인물만을 편드는 편애(偏愛)를 보이면 거의 틀림없이 뒷담화나 유언비어가 나타난다. 그래서 예로부터 리더는 '불편부당(不偏不黨)'해야 한다고 강조한 것이다. '어느 한쪽으로 치우치지 말 것이며, 어느 편을 들지도 말라'는 뜻이다.

효자로 이름난 증자(曾子)의 어머니도 하루에 세 번 잇따라 아들이 사람을 죽였다는 말을 듣자 담을 넘어 달아났다. 헛소문, 헐뜯기, 유언비어의 위력을 만만하게 보아서는 안 된다. 물이 땅을 적시고 땅 아래로 스며들 듯이 알게 모르게 조직을 망가뜨린다. 신중하게 가려서 듣고, 신중하게 가려서 말하는 것이 이를 막는 유일한 방법이다.

끊을 수 없다면 통제해라

한비자는 말한다.

인간은 새나 짐승처럼 깃과 털이 없는 까닭에 옷을 입지 않으면 추위를 견딜 수 없다. ⋯ 또한 먹지 않으면 살 수가 없다(《해로》).

'생로병사(生老病死)'는 그 누구도 해결할 수 없는 근원적 문제이 자 고통이듯이 인간의 욕망(慾望)도 본능에 가까워 끊을 수 없다. 또한 욕망은 하나하나 연결된 사슬과 같아서 영원히 만족할 수도, 만족시킬 수도 없다. 우리 모두가 다 욕망을 갖고 있다. 그러나 욕 망이 지나치면 그 피로를 감당할 수 없다. 가볍게 싣는 법을 배워 야 한다. 생명의 배에다 너무 많은 물욕을 실으면 배가 움직이지 못하기 때문이다.

인간은 생존해야 하므로 욕망이 없을 수 없다. 그러나 만족할 줄 모르는 욕망이 늘 화를 불러들이는 원인이 된다. 그래서 '욕망을 끊 으려 하기보다는 욕망을 통제해야 한다'라고 말하는 것이다. 이어 서 한비자는 "사람은 이익을 추구하는 마음을 버릴 수 없다"라고 말한다. 한비자가 보기에 인간이 동물과 다른 점은 자신의 생존을 위해 계산하고 생각하는 것이다. 생존을 위해 인간은 공명심과 이 기심, 그리고 그것을 추구하는 욕망을 가지지 않을 수 없다.

다시 말해 인간에게 욕망이 있는 것은, 인간이 그것을 필요로 하기 때문이다. 욕망을 통제하라고 말하지, 경계하라고 하지 않는 것도 인간의 욕망이 대체로 인간 자신의 필요 때문에 생겨나기 때문이다. 필요로 말하자면, 추위를 막기 위해 옷을 얻고, 먹기 위해 먹을 것을 구하는 행위와 같은 선상에 있다. 또 몸과 마음을 즐겁게 하려고 화려한 색과 아름다운 음악을 찾는다. 또 피곤을 떨쳐버리기 위해 어떻게 하면 자신을 편안하게 만들 수 있을까 생각한다. 이런 욕구들은 사실 인간의 타고난 필요성으로부터 비롯된다.

그리고 어떤 의미에서는 이런 타고난 필요성에서 비롯되는 각종 욕망이 있기에 인류는 자신의 창조성을 이용하여 자신의 생활과 이 세계를 나날이 더 좋게 꾸미기 위해 힘차게 움직인다. 비유컨대, 다양한 음식문화를 창조하는 원동력은 다름 아닌 우리의 식욕이 아닌가?

한비자는 우리에게 인간의 욕망은 타고난 것이므로 없을 수 없고, 또 없어서도 안 되므로 욕망을 끊는다는 것은 불가능하다고 말한다. 그러나 욕망을 끊을 수는 없어도 억제할 수는 있어야 한다. 욕망의 억제는 자기 욕망의 고삐를 풀어놓지 말라는 것이다. 외부 사물에 대한 인간의 추구는 인간의 필요성과 통일을 이루어야 하며, 또 스스로가 필요성의 주인이 되어야 하며, 또 자신이 구하고자 하는 사물의 주인이 되어야 한다. 한비자는 이렇게 말한다.

일단 욕구가 지나치면 자신이 좋아하고 싫어하는 것에 지배를 받게 되고, 호화롭고 사치스러운 물건에 유혹당하여 난을 초래하게 된다.

한비자는 "지나친 욕구와 이기심을 제거하지 못하는 것, 이것이 인간의 걱정거리다"라고 말한다. 그러면서 한비자는 성인으로부터 배울 것을 제안한다.

성인에게는 추위를 막을 수 있는 옷이 있고, 굶주림을 채울 수 있는 음식이 있기에 걱정이 없다.

한비자는 욕망이 깊으면 메우기 어려우므로 인간의 욕망은 반드시 통제해야 한다고 보았다. 그렇지 못하면 몸과 마음이 욕망 때문에 지쳐서 평생 고뇌와 걱정에서 벗어날 수 없다는 것이다. 관련하여 민간에 이런 이야기가 전한다.

금욕과 고행을 실천하려는 수도승이 자신이 머무르고 있던 마을을 떠나 아무도 살지 않는 산속으로 들어가 수행하기로 마음먹었다. 수도승은 간단한 옷가지만 꾸려서 홀로 산속으로 들어가 살기 시작했다. 얼마 뒤 수도승은 입고 있던 옷을 빨고 다른 옷으로 갈아입어야만 했다. 수도승은 마을로 내려와 마을 사람에게 갈아입을 옷 한 벌을 얻고자 했다. 마을 사람들은 그가 경건한 수도승임을 잘 알고 있었기에 아무런 망설임 없이 옷 한 벌을 내주었다.

산으로 돌아간 수도승은 자기가 살고 있는 초가집에 쥐가 한 마리 살고 있다는 것을 발견하게 되었다. 이 쥐는 온 정신을 집중하여 수행하고 있을 때 살금살금 다가와 수도승이 얻어 온 옷을 갉아댔다. 평생 살생하지 않겠노라 맹서한 바 있는 수도승은 쥐를 해칠 마음이 없었다. 하지만 쥐를 쫓을 방법도 없었다. 그래서 다시 마을로 내려가 고양이 한 마리를 얻어왔다. 고양이를 데려왔으니, 고양이를 먹이지 않으면 안 되었다. 쥐를 잡아먹게 하기는 싫었다. 그렇다고 자기처럼 과일과 야채를 먹일 수도 없었다. 수도승은 또 마을로 내려와 우유를 얻어 고양이를 먹이기 시작했다.

그렇게 산중 생활이 얼마나 흘렀을까? 수도승은 문득 고양이에게 매일 우유를 얻어다 먹이는 통에 자신의 수행 시간을 많이 빼앗긴다는 사실을 알게 되었다. 수도승은 다시 마을로 내려가 오갈 데 없는 불쌍한 떠돌이 하나를 데려와 자기와 함께 살면서 고양이를 돌보게 했다. 이렇게 몇 년이 흐른 어느 날 떠돌이가 느닷없이 수도승에게 불만에 가득 찬 목소리로 "나는 스님과 다르단 말이오. 나는 마누라가 필요해요. 정상적으로 살고 싶단 말입니다!"라고 대들었다. 수도승이 가만히 생각해 보니 일리가 있는 말이었다. 다른 이에게 자기처럼 살라고 강요할 수 없는 것 아닌가?

이 이야기는 이런 식으로 계속되어 결국은 마을 전체가 산으로 이사 오는 걸로 끝난다. 한비자의 말씀으로 2부를 마무리한다.

총명한 사람이든 아둔한 사람이든 인생의 과정에는 늘 취사선택이 있을 수밖에 없다. 우리가 맑은 마음으로 욕심을 줄인 상태에 있거나 차분하고 편안한 때라면 자신에게 다가오는 화복을 모를 수 없다. 그러나 일단 우리가 좋고 나쁜 것에 지배당하고 사치스러운 물건에 유혹당하면 변란이 일어날 수밖에 없다(《해로》).

 욕망과 이기심을 제거하지 못하는 것, 이것이 인생의 근심거리다. 그래서 추위를 막을 정도의 의복과 허기를 채울 정도의 음식만을 가진 성인에게는 걱정거리가 없는 것이다. 보통 사람들은 이 경지에 이르지 못한다. 권력과 부귀를 누리는 제후라도, 천금을 쌓아둔 자라도 늘 무엇을 더 가질까 하는 근심에서 벗어나지 못한다. 힘든 일을 하는 사람이 어쩌다 사면을 받을 수 있고, 죽을죄를 지

리더십과 관련한 한비자 사상의 핵심은 리더의 철저한 자기통제를 전제로 한다. 이런 점에서 한비자 사상에서 보이는 '살벌함'은 오히려 '엄격함'에 가깝다. 사진은 한비자 고향 한당촌의 한당 소학교의 모습이다.

은 자가 우연히 살아날 수도 있지만 지금 만족을 모르는 사람들의

근심은 죽을 때까지 털어버리지 못한다(〈해로〉).

호학심사(好學深思) : 즐겨 배우고 깊게 생각하기

제3부의 이야기들은《한비자》의 우화, 사례, 고사들 중에서

한 번 더 생각해 볼 점이 있는 것들로 골랐다.

내용과 분석에 고개가 갸우뚱해지는 대목도 있을 것이고,

이해하기 어려운 부분도 있을 것이며, 받아들이기 힘든 지점도

있을 것이다. 이런 점들을 미리 알고 읽어주시기를 바란다.

다소 무거울 수 있는 이야기들이라 '무겁게 읽기'라는

제목을 붙여 보았다. 물론 재미있는 이야기들도 있으니

즐겁게 읽으면서 한 번 더 생각해 보시길 권한다.

각 꼭지에도 소제목과 딸린 부제목을 달았다.

소제목은 이야기의 주인공을 가리키고,

부제목은 그 이야기의 메시지를 짧게 정리한 것이다.

제3부

《한비자》
무겁게 읽기

서문표, 권력자를 시험하다

: 공직자에 대한 평가의 양면성과 리더십 스타일을 들여다보다

중국 역사에서 유능한 공직자로 이름을 떨친 세 인물과 관련하여 '삼불기(三不欺)'라는 공무 수행 방식과 차원, 달리 말해 리더십의 우열을 논평한 유명한 이야기가 있다. '삼불기'에 대해서는 《사기》 〈골계열전〉 끝부분에 '전해오는 말'로 기록되어 있다. '삼불기'란 '속이지 않는 세 가지 경우'라는 뜻인데, 이제 소개할 세 인물이 공무를 처리하던 방식과 그 결과를 나타내는 표현이기도 하다. 이 이야기를 먼저 해보고, 세 사람 중 한 사람이자 이 글의 주인공인 서문표(西門豹) 이야기를 좀 더 해볼까 한다. 서문표의 일화는 〈골계열전〉 외에 《한비자》〈외저설좌하〉 편에 보인다.

이야기에 앞서 이 주제가 이 책에서 이 부분이 가장 길다는 점을 밝혀둔다. 우리 주변에서 볼 수 있는 리더들이 리더십를 행사하는 스타일이 거의 다 이 '삼불기' 중 하나에 해당하기 때문에 음미할 부분이 많아서이다. 또 서문표 이야기는 조직이나 공직 생활에 있어서 드러나거나 반영될 수밖에 없는 자신의 소신과 처신 및 결단이란 문제를 포함하고 있다. 이 때문에 제2부의 첫 꼭지로 삼았다. 먼저 〈골계열전〉의 '삼불기' 대목이다.

"전하는 말에 따르면 '정자산(鄭子産)'이 정나라를 다스리자 백성들이 그를 속일 수 없었고, 복자천(宓子賤)이 선보(單父) 지방을 다스리자 백성들이 차마 그를 속이지 못했으며, 서문표가 업(鄴) 지역을 다스리자 백성들이 감히 그를 속이지 못했다'라고 한다. 세 사람의 재능 가운데 누가 가장 뛰어난 것일까? 다스리는 이치를 아는 사람이라면 당연히 가릴 수 있을 것이다."

다 같이 '속이지 않는' 것인데 '속일 수가 없고(불능기不能欺)' '차마 속이지 못하고(불인기不忍欺)' '감히 속이지 못하는(불감기不敢欺)' '삼불기'의 차이점이 무엇일까? 이에 대해 사마천은 '다스리는 이치를 아는 사람이라면' 당연히 그 우열을 가릴 수 있다고 했지만 아무리 생각해도 그 차이를 가리기가 쉽지 않아 보인다. 우선 세 사람의 일 처리 방식에 대해 살펴봐야 할 것 같다.

'속일 수 없었던' 정자산

정자산(기원전 약 582~기원전 522년)은 춘추시대 정나라 사람으로 공자보다 약 30년 연상이다. (공자는 기원전 551년에 태어나 기원전 479년에 세상을 떠났다.) 정나라 귀족 집안 출신으로 스무 살 약관 때부터 정치에 종사했고, 후반부 20년은 재상을 지냈다. 정자산은 끊이지 않는 내부 정쟁과 강대국 틈바구니에 끼어 늘 좌고우면(左顧右眄)하며

정자산은 능력과 도덕성을 한 몸에 갖춘 중국 역사상 보기 드문 정치가였다. 정자산의 초상화이다.

불안에 떨던 약소국 정나라를 무탈하게 잘 다스린 것으로 유명하다.

그는 교육 장소인 향교가 정쟁의 장소로 변하자 주변의 빗발치는 폐지 건의에도 불구하고 여론 수렴의 장소로 재활용하는 지혜를 발휘하여 향교를 존속시켰는데, 이는 그의 어진 성품은 물론 여론을 정치에 이용할 줄 아는 정치력을 잘 보여주었다. 개인 재산의 합법성을 인정하고 농지 정리를 단행했는데, 이는 그의 유능함을 잘 보여주는 정책이었다. 또 형법서를 청동 솥에 새겨 성문법으로 발표한 개혁 정치는 자산이 현명함을 잘 보여주는 행적이다. 정자산의 법조문 공표는 중국 역사상 최초의 일이었다.

자산은 이렇게 어짊과 현명함, 그리고 유능함으로 정책을 시행했고, 이 때문에 백성들이 그를 '속일 수 없었던' 것이다. 자산처럼 이렇게 인덕을 실천하는 사리 밝은 사람에 대해서는 속일 필요도, 기회도, 명분도 없었을 것이다. 이것이 바로 자산의 정치 스타일이 가져온 결과였다. 심지어 궁정 쿠데타가 터져 자산을 죽이려 하자 누군가 나서 그는 '어진 사람'이므로 그가 없는 정나라는 생각할 수 없으니, 이유 없이 그를 죽여서는 안 된다고 만류할 정도로 신망이 두터웠다. 요컨대 '자산은 속일 필요가 없는' 사람이었기에 '속일 수 없었던' 것이다.

정치의 본질에 관한 성찰로서 자산은 "정권을 잡으면 반드시 인덕으로 다스려야 합니다. 정권이 무엇으로 튼튼해지는지 잊어서는 안 됩니다"는 뼈 있는 말을 남겼다. 정권은 백성이 있으므로 해서, 기업은 소비자가 있으므로 해서 튼튼해지는 법이다. 물론 그 사이에 '믿음'이 빠져서는 안 된다.

요약하자면 이렇다. 권력은 권력 주체와 객체 사이의 지배와 복종의 관계로 정의할 수도 있다. 그것이 현실에서는 '속지 않고', '속이지 못하고', '속이지 않는' 관계로 표현된다. 정자산은 현명함과 지혜, 그리고 개혁으로 정치를 시행함으로써 이 숨 막히는 관계를 슬기롭게 헤쳐나간 정치 관료의 이상적인 모델이었다.

'차마 속이지 못한' 복자천

복자천(기원전 521~?)은 지금의 산동성 곡부의 노나라 출신으로 공자와 동향이자 공문 72 제자 중 한 사람이었다. 그는 선보(單父)라는 지방을 다스릴 때 한가하게 비파나 뜯으면서 자기 방에서 나오지 않았지만, 선보 지방은 잘 다스려졌다고 한다. 그가 시행한 정치의 방법은 든든하고 친근감 있게, 존경하는 마음으로 어진 정치를 베풀면서, 정성과 충직 그리고 믿음을 다하는 것이었다. 또 측근에게 권한을 대폭 위임하는 스타일이기도 했다.

복자천이 선보의 수령으로 간 지 3년이 되던 해, 스승 공자가 제자를 보내 자천의 정치하는 모습을 살피게 했다. 제자가 선보에 도착해서 물고기를 잡는 어부를 보았는데 잡은 물고기를 다 놓아주고 있었다. 그 연유를 물었더니 어부는 우리 수령께서 물고기 요리를 좋아하시기 때문에 차마 잡아먹을 마음이 나지 않아 놓아주는 것이라고 대답했다. 돌아와 이 사실을 알리자 공자는 "내가 일찍이 그(자천)에게 이것에 정성을 다하면 저것에 나타난다"고 한 적이 있는데 자천이 이 이치를 깨달아 정치를 잘하고 있다며 칭찬했다.

정통 유가의 한 사람으로서 유가의 덕목에 따라 완벽한 정치를 추구했던 복자천의 어진 정치는 결국 백성들로 하여금 '차마 속이지 못하게' 만드는 결과를 낳았다. 이런 통치가 다름 아닌 '인자무적(仁者無敵)' 아니겠는가? 복자천 이야기를 요약하면 이렇다. 정치가의 가장 큰 덕목은 신뢰다. 복자천은 정성, 충직, 믿음의 정치를 실행함으로써 관리와 백성들이 '차마 그를 속이지 못했다.' 그러나 현실에서 복자천과 같은 리더십은 낭만에 가깝다고 할 것이다.

'감히 속이지 못한' 서문표

서문표는 기원전 5세기 전국 초기 위(魏)나라의 행정 전문가로 업(鄴)을 다스린 행적으로 이름을 남겼다. 업현에 부임한 서문표는 원로들을 모아놓고 백성들의 고통에 대한 의견을 청취했다. 원로들은 매년 업현의 향관을 비롯한 대소 관리들과 토호들이 백성들로부터 100만 전이 넘는 막대한 돈을 징수하여 그중 30만 전 가까이를 물의 신 하백(河伯)에게 제물을 바치는 데 쓰고, 나머지는 무당들과 함께 착복하기 때문에 백성들의 생활이 여간 어렵지 않다고 하소연했다. 게다가 하백 신에게 처녀를 함께 바치다 보니 딸 가진 집안의 부모들 걱정이 이만저만이 아니었다.

서문표는 하백에게 제사를 지내는 날 대소 관리들을 죄다 거느리고 강으로 가서는 하백 신에게 바칠 처녀가 못생겼다며 처녀 대신 무당을 하백에게 보내 이를 알리게 했다. 무당은 당연히 돌아오지 못했다. 서문표는 무당의 제자들을 차례로 물속에 던져 무당의 행방을 알아 오게 했고, 그다음에는 토호와 관리들을 차례로 물에 처넣게 했다. 관리들과 토호 그리고 무당들은 서문표에게 납작 엎드려 잘못을 빌었고, 서문표는 단칼에 악습을 제거했다. 여기서 '서문투무(西門投巫)', 즉 '서문표가 무당을 (강물에) 던지다'는 고사성어도 나왔다.

서문표의 통치 스타일은 모든 사람이 보는 앞에서 비정상적인 방법이나 수단을 거리낌 없이 동원하여 위엄을 과시함으로써 관민들을 놀라게 만드는 것이었다. 위세에 눌린 관민들이 서문표를 '감히 속이지 못하는' 것은 당연했다. 법가의 인물이었던 서문표는 대체로 강제라는 방법과 사나운 수단으로 관민들을 통치했고, 그 결과 관민들은 '감히 그를 속일 수 없었던' 것이다.

서문표의 리더십을 정리하면 이렇다. 하백 신에게 처녀를 바치는 악습을 단칼에 없앤 서문표의 일 처리 방식은 폭력으로 폭력을 제거하는 '이폭제폭(以暴除暴)'에 가깝다. 백성들이 '감히 속이지 못한' 것이 당연했다. 서문표의 리더십 행사는 과격하다. 대개는 꺼리지만 사실 많은 리더들이 이 방식을 선호하고 따른다. 실제로는 절대 그렇지 않지만 쉬워 보이기 때문이다. 그런데 흥미롭게도 사마천은 서문표를 코미디언과 유머에 대한 기록인 〈골계열전〉에 안배함으로써 일반 상식의 허를 찌르고 있다.

사마천은 은연중에 정자산의 통치 스타일을 염두에 두고 다스리는 이치를 아는 사람이라면 세 사람의 우열을 가릴 수 있을 것이라고 했지만, 현실적으로 세 사람의 정치 스타일 중 어느 쪽이 더 낫고, 어느 쪽이 못하다고 할 수 없을 것 같다. 시대와 상황에 따라 방법은 늘 변하고 또 변해야 하기 때문에 그렇다. 그러나 세 사람 모두에게 나타나는 한 가지 공통된 점은 모두가 백성들의 '신뢰'를 얻었다는 사실이다. 처음부터 신뢰를 바탕으로 정치를 시행했거나, 정치를 통해 신뢰를 얻었거나를 막론하고 정치에 백성의 신뢰는 필요·충분조건이라는 점을 곰곰이 되새겨야 할 것이다.

'삼불기'는 리더의 통치 방식, 리더십 행사와 그에 반응하는 백성과의 변증법적 관계를 절묘하게 반영하고 있다. 어느 쪽이 되었건 '속이지 않는다'라는 것을 바탕으로 깔고 있다. 또 이 세 가지 모델의 통치술이 권력 행사라는 문제의 본질을 건드리고 있다는 사실도 성찰하지 않을 수 없다. 왜냐하면 '속이지 않는다'가 비록 같거나 비슷한 형태로 표현

서문표는 비상한 시기에 필요한 통치 스타일의 전형을 보여주고 있다. 이것이 주효하려면 리더 자신의 대범함과 청렴함이 전제되어야 한다.

될 수는 있지만 '속임'에는 여러 가지 형식이 있을 수 있기 때문이다. 복자천의 경우 백성들은 얼마든지 그를 속일 수 있었지만 차마 속이지 못한 것이고, 서문표의 경우는 속이고 싶어도 속일 수 없는 경우였다. 사마천이 정자산의 경지를 가장 높이 본 까닭은 정자산의 백성들은 속인다는 것 자체가 아예 없었기 때문이다.

그런데 백성은 차치하고 통치자가 백성을 속이려 들면 방법도 대책도 없을 뿐만 아니라, 전혀 다른 차원의 훨씬 심각한 문제로 비화된다. 이 경우는 재앙이다. 요컨대 '삼불기'는 통치자의 정직함을 절대적 전제로 깔고 있는 명제임을 성찰하지 않을 수 없다.

서문표, 두 차례 업을 다스리다

이제 《한비자》의 기록을 따라 서문표 이야기를 좀 더 해본다. 서
문표는 전국시대 위나라 문후 때 사람이다. 앞서 업이란 지역을 다
스렸다고 했는데 정확하게는 두 차례 같은 지방을 다스렸다. 처음
업을 다스릴 때 서문표는 사적인 감정이나 이익은 조금도 꾀하지
않고 오로지 정직하고 청렴하게 일에 임했다. 실세들이라 할 수 있
는 문후 주변 사람들에 대해서는 전혀 신경 쓰지 않았다. 이 때문
에 이자들이 작당하여 서문표를 모함했다. 1년 뒤 서문표는 업을
다스린 현황을 문후에게 보고했지만, 문후는 그의 관인(官印)을 몰
수하고 파면시켰다. 서문표는 문후에게 다음과 같이 요청했다.

"제가 전에는 업을 다스리는 방법을 몰랐으나 이제 알게 되었습니
다. 다시 한 번 제게 업 지방을 맡겨주십시오. 그러고도 주군의 마음
에 들지 않으시면 제 허리를 자르는 처벌이라도 기꺼이 받겠습니다."

문후는 서문표의 목숨을 건 과감한 요청을 받아들여 다시 업을
맡겼다. 서문표는 세금을 무겁게 물리고, 있는 힘을 다해 문후 주
변 인물들의 비위를 맞추었다. 1년 뒤 서문표는 다시 문후에게 보
고를 올렸고, 문후는 몸소 그를 맞이하며 깍듯한 예를 올렸다. 서
문표는 이렇게 말했다.

"첫해에 저는 주군을 위해 있는 힘을 다해 업을 다스렸습니다. 그런데도 주군께서는 관인을 회수하셨습니다. 올해 저는 주군 주변에 있는 자들을 위해 업을 다스렸습니다. 그랬더니 주군께서 직접 저에게 예를 올리셨습니다. 저는 더 이상 업을 다스릴 수 없습니다."

서문표는 관인을 다시 문후에게 돌려주었다. 문후는 "전에는 내가 그대를 잘 몰라서 그랬지만 지금은 알게 되었으니 계속 업을 다스려주길 원하오"라며 관인을 돌려주려 했으나 서문표는 끝내 받지 않았다.

서문표가 강력한 방법으로 업의 폐단과 무당을 없앤 이야기를 앞에서 이야기했다. 사람들은 그의 담대한 지혜와 백성과 군주를 위하는 청렴하고 공정한 리더십과 성과를 크게 칭찬했다. 그러나 사회와 정치의 기풍이 쇠퇴한 나라에서는 탐관오리들이 독버섯처럼 자라날 수밖에 없다. 이런 상황은 결국 백성의 이익과 대립 상태에 처하게 된다. 서문표는 바로 이런 대립 상태에서 두 차례 고통스러운 선택을 했다.

첫해에 서문표는 조금의 망설임도 없이 백성을 위한다는 방침에 따라 악폐를 과감하게 제거하여 깨끗하고 건강한 정치를 이루어냈다. 그러나 이 선택이 무의식적으로 조정의 탐관오리들이 용인할 수 있는 한계를 넘어섰다. 탐관오리들이 처한 특수한 지위 때문에 서문표는 그들의 중상모략에 당했고, 1년 뒤 파면됨으로써 좋은 정치에 대한 염원은 물거품이 되었다.

그러나 서문표는 파면이라는 운명을 받아들이지 않고 다시 업을 다스리게 해달라고 간청했다. 두 번째 기회를 잡은 서문표는 일부러 철두철미 이 탐관오리들에게 잘 보이기 위한 방침을 선택했다. 백성들을 착취하여 이들에게 뇌물로 갖다 바쳤다. 그는 이런 짓이 백성의 이익을 해치고 나라의 정치를 부패시키는 추악한 행위임을 잘 알고 있었다. 그런데 이듬해 서문표에게 돌아온 것은 뜻밖에도 군주의 칭찬이었다. 그는 두 차례 겪은 자신의 방침과 그 결과를 비교하고는 부패한 정치에서 벼슬한다는 것이 얼마나 어려운가를 실감했고, 말리는 문후를 뿌리치고 단호히 자리를 내던졌다.

서문표는 청렴하고 정직한 관리로서 업의 현령이란 자리에서 양호한 사회·정치적 기풍을 만들기 위해 애를 썼다. 그러나 국가의 정치기구에 기생하는 조정의 탐관오리들은 국가와 백성을 위해 어떤 노력도 하지 않았다. 서문표는 위나라의 중하층에 해당하는 관리로서 국정의 부패한 이런 독버섯을 제거할 힘이 없었다. 그러다 보니 자연 조정의 탐관오리들의 중상으로 배척을 당해 실패의 쓴맛을 보았다. 그러나 두 번째 기회에서 그가 탐관오리들의 성향에 맞는 방침을 선택하자 바로 부패한 세력들의 환심을 샀다. 이로써 그의 자리는 보전되었지만, 그는 양심의 가책을 견딜 수 없었고, 이 자책 또한 고통의 과정이었다.

부패한 정치기구에서 본질적으로 청렴과 정직을 원하는 공직자는 모종의 고통을 당할 수밖에 없다. 그 사람이 부패한 정치기구를 어찌해 볼 힘이 없다면, 그에게는 부패한 세력에 맞서거나 타협

하는 양자택일뿐이다. 이럴 경우, 그는 부패한 세력의 박해와 배척이라는 고통스러운 결말을 맞거나, 양심의 가책이라는 고통스러운 과정을 겪는 수밖에 없다. 물론 비열하게 사익을 챙기며 기꺼이 타락을 자청하는 관리라면 이런 고통을 당하지는 않는다. 왜냐하면 사회와 사회 구성원들이 이미 그런 자들을 대신해서 고통을 당하기 때문이다. 그들은 사회의 고통에 기생하여 사익과 쾌락을 추구하는 자들이다.

관인을 거절한 서문표의 행위에는 실제로 군주인 문후에 대한 큰 원망과 경고가 함축되어 있다. 두 차례에 걸친 서문표에 대한 문후의 처리는 불공정하고 불공평했기 때문이다. 나라를 위해 있는 힘을 다했을 때 군주는 그를 파면했고, 그는 이를 이해할 수 없었다. 사사로이 폐단을 부추기고 탐관오리들에게 뇌물을 주었을 때 군주는 도리어 그를 칭찬했다. 그는 놀라고 당황하고 떨렸다. 서문표는 이런 군주 밑에서는 일하기 어렵다는 것을 뼈저리게 느꼈다. 그래서 자리를 내던지는 자기 내심을 드러내어 항의한 것이다.

역사상 위 문후는 대단한 일을 해낸 군주라는 평가를 받고 있기 때문에 그가 서문표에 대해 확실히 이렇게 어리석게 대했는지는 단정하기 어렵다. 다만 역사상 이런 군주가 적지 않았고, 서문표의 두 차례 경험 역시 역사적으로 보편적이고 전형적인 사례였다. 오늘날 조직에서도 이런 사례는 비일비재하고, 문후와 같은 리더 역시 적지 않다. 그리고 서문표처럼 고뇌하는 좋은 인재들 역시 적지 않다. 이것이 우리 현실이기도 하다.

자한, 공직자의 자세에 대한 성찰

: 불탐(不貪)의 값어치

춘추시대 송(宋)나라에서 정치를 했던 인물 중 자한(子罕)이란 사람이 있었다. 그리 알려진 인물도 아니고, 기록에도 많이 등장하지 않지만 《춘추좌전》과 《설원》, 그리고 《한비자》 〈유로〉 편에 두 개의 짤막한 일화가 전해진다. 이 두 일화는 사물의 가치와 인간관계에 대한 깊은 성찰로 많은 것을 생각하게 한다. 이 짧은 기록들을 모두 합쳐 자한의 깊은 성찰과 공직자의 자세 등에 대해 생각해 보고자 한다. 기록의 내용은 아래가 전부다.

송나라 사람 하나가 좋은 옥돌을 얻어 그것을 자한에게 주려 했으나 자한은 이를 거절했다. 그러자 옥돌 주인은 "제가 옥공에게 이 옥돌을 보였더니 귀한 보물이라고 하더이다. 그래서 이렇게 드리려고 하는 것입니다"라며 옥돌을 재차 자한에게 올렸다. 그러자 자한은 "저는 욕심부리지 않는 '불탐(不貪)'을 보물로 생각하고, 그대는 옥을 보물이라 생각합니다. 그런데 그 옥을 제게 주면 우리 두 사람 모두 보물을 잃게 되는 것이니 각자의 보물을 지키느니만 못합니다"라고 대답했다. 그러자 옥돌 주인은 머리를 조아리며 "소인이 이 옥돌을 가지고 고향으로 돌아가면 틀림없이 도적에게 해를 당할 것입니다. 그러니 이 옥돌을 드리고 죽음을 면하려는 것입니다"라고 애원했다. 자한은 그 옥돌을 자기 마을로 보내 옥공에게 잘 다듬게 한 다음 주인에게 다시 돌려주어 좋은 값에 팔도록 했다. 옥돌 주인은 이렇게 해서 돈을 벌어 집으로 돌아갔다.

옥 주인은 옥을 귀한 보물로 여겨 자한에게 이 보물을 바치고자 했다. 그러나 자한은 '불탐'을 보물로 여긴다고 하여 보통 사람과는 다른 가치관을 드러내 보였다. 사물에 대한 사람들의 가치판단은 두 방면에서 결정된다. 하나는 판단 대상의 객관적 속성이고, 다른 하나는 판단자의 주관적 필요성이다. 구체적 사물의 가치 크기에 대한 개인의 판단은 그 사물 자체의 속성을 보는 것으로 주관자의 필요성을 어느 정도 만족시킨다. 구체적 사물의 객관적 속성이란 것이 일반적이고 상대적으로 변하지 않는 것이기 때문이다. 하지만 주관적 필요성은 사람마다 다 다르다. 따라서 같은 사물이라도 판단하는 사람에 따라 그 가치 크기는 달라질 수밖에 없다.

옥은 감상하거나 비싼 값에 팔 수 있는 속성을 갖고 있다. 보통 사람도 아름다운 것을 감상하거나 그것을 통해 경제적 이익을 얻으려고 하는 주관적 필요성을 갖고 있다. 이 두 가지 때문에 옥은 사람들 눈에 높은 가치를 가진 보물로 보이는 것이다. 그러나 한 나라를 이끄는 공직자로서 자한의 주요한 관심은 다른 방면에 있었던 것 같다. 그러다 보니 아름다운 물건을 감상하고 그를 통해 경제적 이익을 얻는 등과 같은 주관적 필요성이 상대적으로 약했다. 그렇기 때문에 자한에게 옥은 그다지 큰 가치를 가진 보물이 아니었다.

자한은 나라의 공직자로서 청렴이란 명성을 가장 얻고 싶었는지 모른다. 그래서 '불탐'을 하나의 행동 지표로 삼아 자신의 주관적 필요성을 만족시켰을 것이다. 따라서 그에게 있어서 최고로 값나가는 보물은 남들이 다 귀하게 여기는 옥이 아니라 '불탐'이었다. 물론 자한에게 있어서 옥이 전혀 값어치 없는 물건은 결코 아니다. 다만 옥의 가치와 '불탐'의 가치는 비교가 될 수 없었다.

자한은 자신의 보물을 이 하찮은 것과 바꿀 생각이 없었고, 그래서 옥을 바치려는 사람의 성의를 거절함으로써 자신의 '불탐'을 지키려 했다. '불탐'은 눈에 보이거나 만질 수 있는 유형의 물건이 아니다. 따라서 자한이 옥을 받지 않음으로써 무엇을 지켰는지 알 수 없다. 그가 옥을 받았더라도 그 대가로 무엇을 지불했는지도 알 수 없다. 말 그대로 '받은 것인지 안 받은 것인지' 보통 사람으로는 이해할 수 없다.

사실 '불탐'이 대표하는 것은 관리로서 갖추어야 할 품격과 자세다. 만질 수 없고, 사고팔 수도 없지만 분명히 존재한다. 총명하고 지혜로운 자만이 이를 인식하고 파악하고 소중하게 여길 수 있다. 거절당한 옥 주인은 옥을 바치는 까닭이 죽음을 면하기 위해서라고 했다. 이는 확실히 '귀한 물건이 화를 불러온다'는 사회적 통념을 반영하는 것이었다. 그런데 옥 주인은 화를 피하기 위해 하필이면 자한에게 옥을 바치려 했을까? 아마 자한의 인품을 평소 존경했기 때문에 그랬던 것 아닐까?

그러니 자한이 이 옥을 받았더라면 자한에 대한 옥 주인의 존경심을 잃었을 것이다. 옥 주인의 '죽음을 면키 위해서'라는 말은 어쩌면 예물을 드리려는 사람이 마지막으로 내놓은 부탁이었는지 모른다. 그런데 이것이 공교롭게도 자한이 상대에게 은혜를 베풀 수 있는 기가 막히게 좋은 기회를 주었다. 자한은 옥을 잘 가공해서 돈으로 바꾸게 해줌으로써 부와 인정을 옥 주인에게 함께 딸려 보냈다. 참으로 지혜로운 자한이다.

노단, 뇌물로 자리를 사려 하다

: 뇌물과 자리의 역설적 관계에 대한 자각

《한비자》〈세림상〉 편에 이런 의미심장한 일화가 나온다. 전국시대 노단(魯丹)이라는 사람이 중산국(中山國) 군주에게 세 차례나 유세했지만 다 거절당했다. 노단은 황금 1천 냥을 중산국 군주의 측근들에게 풀어 다시 군주와의 만남을 요청했다. 이렇게 해서 노단은 중산국 군주를 만날 수 있었다. 군주를 만난 노단이 인사를 올린 다음 무슨 말을 꺼내기도 전에 군주는 바로 노단에게 먹을 것과 예물을 하사했다. 그런데 숙소로 돌아온 노단은 바로 짐을 챙겨 중산국을 떠나려 했다. 마부가 영문도 모른 채 "이번에서야 가까스로 대접을 받았는데 어째서 떠나려 하십니까?"라고 물었다. 노단의 대답은 이랬다.

"다른 사람으로부터 좋은 말을 듣고 나를 잘 대해주는 사람이라면 누군가 나에 대해 나쁜 말을 하면 틀림없이 나를 처벌할 것이기 때문이다."

노단 일행이 중산국 국경을 넘기도 전에 중산국 조정의 한 공자가 "노단은 조나라를 위해 중산국을 염탐하러 온 자입니다"라고 비방했다. 중산국 군주는 노단을 잡아들여 처벌했다.

노단이 중산국 군주에게 유세한 것은 자신의 재능을 선보여 상대의 눈에 들고 기용되길 바랐기 때문이다. 상대와 접촉하고 그 재능을 드러낼 기회를 얻기 위해 그는 어쩔 수 없이 황금 1천 냥을 내어 중산국 군주의 측근에게 뇌물로 주었다. 그는 이 측근을 통해 중산국 군주와 이야기를 나눌 기회를 갖고 나아가 이를 기회로 자신의 재능을 알아주길 희망했다.

측근은 노단의 황금을 받은 다음 틀림없이 군주의 면전에서 노단에 대해 좋은 말을 많이 했을 것이다. 그랬기 때문에 노단이 군주를 만나 입을 열기도 전에 열렬한 환대를 받았다. 노단은 알았다. 중산국 군주의 성대한 환영이 노단 자신의 재능 때문이 아니라 자신에 대한 그 측근의 호의와 좋은 말 때문이라는 사실을. 솔직히 말하자면 노단이 쥐어준 황금 1천 냥의 작용이었다.

이를 통해 노단은 중산국 국정의 부패를 보았을 뿐만 아니라 중산국 군주가 대단히 경박한 인물임이 틀림없다고 단정했다. 노단은 이런 경박한 군주 밑에서 벼슬살이를 한다는 것이 얼마나 위험한가를 직감했다. 노단이 중산국을 떠난 것과 그 뒤 체포되어 처벌을 받은 사실로부터 노단의 이런 판단은 정확했음이 확인되었다.

노단의 목적은 유세를 통해 벼슬을 얻는 것이었다. 당초 그는 자기 재능을 자리를 구하는 유일한 밑천이라고 생각했다. 뇌물과 다른 사람의 좋은 말로 자리를 얻을 수는 있지만 뇌물이 다 떨어지면 모순이 발생할 수밖에 없다. 그렇다고 노단이 조정 신하들에게 언제까지나 뇌물을 제공할 능력이 있는 것도 아니었다. 또 복잡한 사회관계와 인간관계는 노단 자신에 대해 조정의 신하들이 언제까지 칭찬만 할 수 없게 만드는 조건이었다. 게다가 남의 말을 가볍게 믿는 경박한 군주까지 있다면 좋은 말과 뇌물로 벼슬을 얻는 것은 사실 위험천만한 일이 아닐 수 없다.

어쩌면 중산국 군주도 인재를 얻길 희망했을 수 있다. 그러나 인재에 대한 그의 인식은 그 사람을 살피고 이해하려는 기초 위에 있지 않고 타인의 평가를 기초로 하는 것이었다. 이는 가슴에 별다른 포부와 주관이 없는 유치함의 표현이나 다름없었다. 이 때문에 그가 다른 사람의 말을 믿고 인재를 열렬히 우대하면서 자신도 모르게 상대(노단)에게 위험한 신호를 보냈고, 결국은 인재(?)를 잃었다.

일반적으로 말해, 사상이 성숙한 사람으로서 자기만의 뜻하는 바가 있다면 그 뜻하는 바를 실현하기 위해 이를 밑천으로 삼아 자기 실력을 한껏 발휘한다. 사람들은 그 사람이 뜻하는 바를 잘 모르겠고, 그 뜻하는 바를 실현할 수 있는 밑천이 뚜렷하게 보이지 않으면 그 사람의 장점을 알 수 없고, 또 그 사람을 제대로 이해할 수도 없다. 누군가를 제대로 이해하지 못하면 그 사람을 진정으로 믿기 어렵다. 설사 그 사람을 잘 대접하더라도 상대의 신임을 얻기 어렵다. 신뢰는 진정한 이해를 떠나서는 성립할 수 없다. 중산국 군주는 노단을 이해하지 못한 상황에서 뜻밖에 노단을 우대했지만, 쌍방의 상호 신뢰는 끝내 만들어지지 못했다.

모든 인간관계에서 신뢰는 상대에 대한 진정한 이해를 전제로 한다. 이해는 상호 신뢰의 형성에 반드시 필요한 전제조건이다. 이해 없이 무작정 가까이 가려는 접근방식은 결코 바람직하지 않다. 적절한 사이를 두고 차분히 상대를 이해하려는 담담한 자세가 필요하다. '인간(人間)'이란 단어에 사이 '간(間)' 자가 들어 있는 이유이다. 그 '사이'가 곧 이해를 위한 '사유(思惟)의 공간(空間)'이기도 하다. 그 '사이'에 돈이나 입에 발린 칭찬 따위가 들어서면 관계는 시차는 있을지언정 언젠가는 틀어질 수밖에 없다.

위 문후, '교사(巧詐)'와 '졸성(拙誠)'의 성찰

: 양립할 수 없는 대립적 가치지향

꾀 많고 영리한 사람과 서툴지만 신의가 있는 사람은 왕왕 두 가지 다른 이미지의 인간상을 대변하곤 한다. 그렇다면 둘 중 어떤 이미지가 사람들에게 더 호감과 신임을 얻을까? 옛날 중국인들은 이 두 가지 이미지를 간결하게 '교사(巧詐)'와 '졸성(拙誠)'이란 두 글자의 단어로 표현했다. 전자는 '교묘하게 잘 꾸민다'라는 뜻이고, 후자는 '서툴지만 성실하다'라는 뜻이다. '영리한 속임수'와 '서툰 성실'로 보면 되겠다.

뜻만 놓고 보면 둘의 우열은 굳이 가릴 것 없이 명확해 보이지만, 현실에서는 이 두 가지가 서로 충돌하거나 모순을 일으켜 우리의 판단력을 곤혹스럽게 하는 경우가 적지 않다. 이와 관련하여 《한비자》〈세림상〉 편에는 '악양(樂羊)이 공을 세우고도 의심을 받고, 진서파(秦西巴)는 죄를 짓고도 더욱 신임을 얻었다'라는 유명한 일화를 전하고 있다. 우선 이 두 가지 일화의 줄거리를 정리한 다음, 이를 통해 꾀 많고 영리한 사람의 '교사'와 서툴지만 성실하고 신의가 있는 사람의 '졸성'의 문제 및 이를 둘러싼 전통적 가치관에 있어서 관념과 현실의 충돌 등과 같은 문제를 성찰해볼까 한다.

먼저 악양 이야기는 전국시대 초기 개혁 군주로 유명한 위(魏) 문후(文侯)와 관련된 것이다. 악양은 위나라의 장수였고, 악양의 아들은 중산국에서 벼슬을 하고 있었다. 악양이 문후의 명을 받고 중산국을 공격하려 하자 중산국은 악양의 아들을 끓는 물에 삶아 곰국을 만들어 그 고깃국을 악양에게 보냈다. 악양의 의지를 꺾자는 의도였다. 악양은 중산국을 반드시 없애겠다는 결심의 표시로 그 국을 다 마셨다. 이 소식을 들은 문후는 곁에 있던 도사(堵師)에게 "악양이 나와의 관계 때문에 자식을 삶은 고깃국을 다 먹었구나!"라며 감탄과 칭찬을 아끼지 않았다. 그러자 도사는 "친자식의 고깃국도 먹는데 누구의 고긴들 못 먹겠습니까?"라고 반문했다. 악양이 끝내 중산국을 정벌하고 돌아오자 문후는 그의 공로를 칭찬하고 상을 내리면서도 그의 충성심을 의심했다.

다음으로 진서파 이야기는 이렇다. 노나라의 세력가 맹손(孟孫)이 사냥을 나가 새끼 사슴 한 마리를 잡았다. 맹손은 진서파를 시켜 새끼 사슴을 수레에 잘 싣고 오라고 했다. 진서파가 새끼 사슴을 챙겨 돌아오는데, 어미 사슴이 계속 따라오며 슬피 울었다. 진서파는 어미 사슴의 애처로운 모습에 마음이 움직여 새끼 사슴을 그냥 놓아주었다.

집으로 돌아온 맹손이 진서파에게 새끼 사슴의 행방을 묻자 진서파는 차마 잡아 올 수 없어 어미 사슴에게 돌려주었다고 답했다. 화가 난 맹손은 그 자리에서 진서파를 내쫓아 버렸다. 그로부터 몇 달 뒤 맹손은 다시 진서파를 불러들여 자기 아들의 선생으로 임명했다. 맹손의 수레를 담당하는 자가 벌을 받은 사람을 어째서 그렇게 중요한 자리에 앉히냐고 물었다. 맹손은 "새끼 사슴 하나도 해치지 못하는 마음을 가진 사람인데 하물며 사람에게야 오죽하겠느냐?"고 말했다.

《한비자》를 비롯하여 이 두 사건을 전하고 있는 고전들은 둘을 비교한 다음 한결같이 '교사가 졸성보다 못하다'는 결론을 내리고 있다. 과연 그렇게만 생각할 수 있을까? 악양은 군중의 부하들이 보는 앞에서 자식을 삶은 고깃국을 삼키면서까지 자신의 의지를 보였고, 결국 중산국을 정벌했다. 이는 악양의 '교사(巧詐)'의 지혜를 반영하는 행동이었다. 한편 진서파가 새끼 사슴을 놓아준 행위는 진서파가 갖추고 있는 '차마 하지 못하는 마음'을 반영하는 것이었다. 진서파는 '졸성(拙誠)'의 충성을 갖추고 있다고 할 수 있다.

유가에서 울부짖는 인의(仁義)라는 관념에 따르자면 진서파가 악양보다 훨씬 더 신하의 기준에 부합한다. 왜냐하면 진서파는 '측은해하는 마음', 즉 동정과 연민의 마음을 갖고 있는 사람이라 군주를 해치지도 않을 것이고, 몸과 마음을 다해 군주의 지위를 지키면서 행여 다른 마음을 품지 않을 것이기 때문이다. 악양은 이와는 정반대다. 그는 큰 공을 세웠지만 공을 세우기까지의 과정에서 진서파와 같은 그런 마음이 결여되어 있음을 보여주었다.

꽤 많은 기록들이 이 두 사건을 비교하면서 모종의 결론을 이끌어내고 있는데, 그 결론들이 역사상 특정한 문화적 배경의 사회가 갖고 있는 모종의 가치판단을 반영하고 있음을 보여준다. 그리고 그 판단 기준에 따라 사람들의 인격 형성의 방향을 그 가치 기준에 합당한 쪽으로 유도하여 조종하려 한다는 점도 읽어낼 수 있다. 이것이 바로 일반적 사회규범일 것이다.

그러나 위 두 사건은 사건의 성격상 애당초 비교가 불가능하다는 점을 지적하지 않을 수 없다. 악양의 '교사'는 적국을 향한 것인 반면, 진서파의 '졸성'은 맹손의 적이 결코 아니기 때문이다. 진서파는 얼마든지 새끼 사슴을 놓아줄 수 있었다. 그 행동에 방해가 될 만한 것은 아무것도 없었다. 그러나 악양이 중산국을 그냥 놓아두었다면 그것은 위나라에 대해서는 반역 행위다. 또 사냥한 새끼 사슴을 놓아준 것에 대해 사람들은 얼마든지 이해할 수 있다. 그런 이해를 통해 자신들도 진서파와 마찬가지로 동정심을 갖고 있다는 것을 표시하고, 이로써 사회적 칭찬과 인정을 얻는다. 하지만 장수가 전쟁에서 적에게 동정심과 연민을 베풀기를 바라는 군주는 하나도 없다. 여기에는 공(功)과 이익(利益)을 갈망하는 현실적 관념 외에 다른 것이 비집고 들 여지가 없다.

위 문후는 악양이 전쟁에서 '교사'의 지혜로 공을 세우는데 절대 반대하지 않았을 것이다. 무슨 수를 써서라도 승리하길 바랐을 것이다. 또 악양이 자식을 잃었다고 전투 의지까지 잃기를 바라지 않았을 것이다. 그런데도 악양이 자식의 고깃국을 먹고 승리하자 군주에 대한 악양의 충성심을 의심하고 나섰다. 문후의 악양에 대한 이런 모순된 심리는 전통적 윤리 가치관과 현실 사회의 공리관(功利觀) 사이에 존재하는 커다란 모순을 반영한다. 달리 말해 사회 현실에 대한 전통문화의 괴리감이다. 즉, 관념의 요구와 현실의 요구가 서로 다른 방향으로 사람을 끌어당겨, 군주에게는 사람을 보거나 사람을 쓰는데 상호 모순된 심리를 갖게 만들고, 동시에 일반 사람에게는 공을 세울 것이냐, 덕행을 베풀 것이냐의 선택을 두고 갈등하게 만드는 것이다.

현실은 사회에 공을 세우라고 요구하지만, 공을 세우는 과정에서는 무원칙한 인자함이나 덕행은 무시하고 '교사'의 지혜를 사용해야만 하는 경우가 적지 않다. 이 때문에 덕행을 베풀기 매우 어렵게 되고, 결과적으로 악양처럼 사람들의 의심을 사게 되는 것이다. 한편, 전통적 관념은 사람들에게 인자함을 추구하고 정성과 신의로 주군을 대해야 하는 반면 '교사'는 끊어야 할 것이라고 요구한다. 그러나 이 요구를 따르면 공은 세우기 어려워진다. 관념과 현실의 괴리가 고용인과 피고용인 모두를 벗어나기 어려운 곤혹 속으로 동시에 빠뜨리는 것이다.

사회 발전은 늘 관념과 현실이 서로를 따르며 화합할 것을 요구한다. 이 점을 간파하면 그 곤혹에서 벗어날 수 있는 기본 방향을 잡을 수 있다. 우리는 현실과 대면하여 늘 관념의 영역에서 낡은 것을 없애고 새로운 것을 펼쳐야지, 전통적 관념에 사로잡혀 자신의 사상을 응고시키거나 사회에 공을 세우고자 하는 심리와 행위를 속박해서는 안 된다.

한비자를 비롯하여 꽤 많은 고전의 저자들이 성질이 다른 악양과 진서파의 두 사건을 비교하면서, '교사'의 지혜와 '졸성'의 충성 사이에서 가치 선택이라는 모순으로 우리를 곤혹스럽게 하고 있다. 하지만 그들은 이런 곤혹을 불러일으키는 근본적인 원인을 찾아내지는 못했다. 또 사회 발전을 촉진하는 시각에서 이 문제를 보지도 않은 채 '교사가 졸성보다 못하다'는 결론을 일률적으로 도출해냈다. 이런 결론 때문에 군주는 이기심에만 착안하여 신하를 대하거나 문제를 처리하게 되었고, 신하들은 자기 한 몸 지키기에만 급급한 보신의 이미지로만 남게 되었다. 이것이 궁극적으로 서로가 당연히 짊어져야 할 사회적 책임마저 포기하게 만든 것이다.

사실 '교사'와 '졸성'은 서로 용납할 수 없는 전혀 다른 두 가지 인격적 속성이 결코 아니다. 그것은 한 사람의 몸에서 통일을 이룰 수 있는 속성이다. 우리는 또한 구체적 대상과 조건에서 벗어나 이 둘 중 어느 것이 낫고 못하다고 말할 수 없다. 다분히 의도적으로 선택된 이 두 가지 사례를 떼어 놓거나 펼쳐 버리면 이 둘의 관계를 제대로 파악할 수 있는 지혜를 터득하게 된다.

흑백 아니면 선악이라는 이분법적 논리가 우리 사회를 병들게 하고 있다. 서로가 나만 하얗고 나만 선하다는 절대 논리에 빠져 자기 안에 있는 검은색과 자기 내면에서 꿈틀대고 있는 악을 보지 못하거나 부정한다. 이런 절대 논리에 매몰되면 전혀 다른 별개의 사안도 모조리 한데 쑤셔 넣고 낡고 썩은 이념의 작대기로 휘휘 저어 버리고, 나아가서는 국민이 부여한 권력을 이용하여 국민을 의심하고 국민을 향해 부당하게 그 권력을 휘두르게 되는 것이다. 이념과 종교와 탐욕의 노예들이 악다구니를 쓰고, 그 결과 사회는 갈등하고 백성은 절망한다.

악양과 진서파 이야기를 전한 오래전 사람들은 문제의 모순은 인식했지만, 그 본질과 모순의 근본적 원인을 성찰하지는 못했다. 그것은 그 시대 가치관의 한계 때문이었다. 그런데 수천 년이 지난 지금 우리가 아직도 이런 문제를 슬기롭게 해결하지 못하고 있다는 것은 정말 아이러니이자 역사의 퇴보다. 부디 악양의 '교사'도 진서파의 '졸성'도 다 우리 안에 공존하고 있다는 엄연한 사실부터 성찰하자. 다양성이 자유로운 사유의 틀 안에서 존중될 때 모든 모순의 근본적 원인을 해결할 수 있는 방법이 도출되는 것이다. 이분법적 사고나 썩은 이데올로기로는 문제의 원인을 찾기는커녕 갈등과 문제를 심화시킬 뿐이다. 그래서 위험하고 사악한 것이다.

오기, 입으로 고름을 빨다

: 진정한 감정교류의 가치

전국시대 초기의 이름난 무장 중에 오기(吳起, 기원전 약 440~기원전 약 381)란 명장이 있었다. 중국은 춘추 말기에서 전국 초기 사이 군사 방면의 위대한 전문가 셋을 배출했다. 한 사람은 손자로 더 잘 알려진 손무(孫武)였고, 또 한 사람은 손무의 손자로 알려진 손빈(孫臏)이었으며, 나머지 한 사람이 이 이야기의 주인공인 오기였다. 이 세 사람은 춘추시대에서 전국시대로 넘어가는 변혁기에 군사와 병법에 관한 실전과 이론을 총정리함으로써 군사학이라는 새로운 학문의 탄생을 가능케 했다.

독일의 황제 빌헬름 2세(1859~1941)가 실각하여 네덜란드로 망명했다가 우연히 어떤 책을 읽고는 "내가 왜 일찍 이 책을 보지 못했던가!"라면서 한탄을 했다고 한다. 그 책이 바로 《손자병법》이었다. 중국 군사학은 약 2,500년 전에 전반적으로 체계화되었으니 그 뿌리가 보통 깊은 것이 아니다. 손무나 손빈에 비해 덜 알려진 오기도 군사에 관한 한 누구 못지않은 전문가였다. 그는 특히 풍부한 실전 경험을 토대로 《오자(吳子)》라는 병법서를 남겼는데, 《손자병법》과 쌍벽을 이루는 병법서로 인정받고 있다(《오자병법》, 《오기병법》이라고도 함).

오기의 일생에서 가장 극적인 장면은 부상당한 부하 병사의 피고름을 자신의 입으로 직접 빨아준 일이다. 이 일화는 《사기》〈오기열전〉을 비롯하여 《설원》, 《자치통감》 그리고 《한비자》〈외저설좌상〉편 등에 실려 있을 정도로 널리 알려졌다. 이 이야기를 따라가보자.

당시 오기가 피고름을 빨아준 병사의 어머니는 이 이야기를 듣고는 통곡을 했다고 한다. 주위 사람들이 장군이 졸병의 상처를 직접 입으로 빨아 주었으니 얼마나 영광이냐고 하자 병사의 어머니는 이렇게 말했다.

"그 아이의 아비도 전투에서 부상을 입자 오기 장군이 직접 상처를 입으로 빨아 주었다. 이에 감격한 아비는 전투에 누구보다 앞장 서 싸웠고, 결국 전사했다. 남편을 그렇게 잃었는데 이제 아들마저 잃게 생겼으니 내가 통곡하지 않을 수 있겠는가?"

과연 그 병사는 아버지처럼 전투에서 맨 앞에 서서 용감하게 싸웠고, 결국 전사했다. 장병을 자기 몸처럼 아끼는 오기의 리더십은 이처럼 장병들을 격려했다. 기록에도 오기의 리더십은 솔선수범(率先垂範) 그 자체였다. 그는 전투에 나서면 사병들과 함께 똑같은 조건에서 먹고 잤다. 행군 때는 자신의 짐은 자기가 직접 지고 다녔으며, 사병들이 먼저 물을 마시기 전에는 물을 마시지 않았다. 음식도 마찬가지였다. 장수가 이러했으니 부하들이 전투에서 물러설 수 있었겠는가? 그가 위나라의 군사와 국방을 책임지면서 단 한 번도 패배하지 않은 것도 부하들을 이렇게 지극히 생각했기 때문이다.

이상이 '피고름을 입으로 빤다'는 '함혈연창(含血吮瘡)'의 고사이다. 상처 난 곳을 입으로 빨면 피와 고름이 입안에 고이기 마련이다. '함혈연창'은 아무나 할 수 없는 행동이다. 이런 리더라면 그것이 설사 정치적 제스처라 할지라도 부하들은 감동받을 수밖에 없을 것이다. '함혈연창'은 '졸병을 위해 피고름을 빤다'는 '위졸연농(爲卒吮膿)'이나 '위졸병저(爲卒病疽)'로 쓰기도 한다.

장군이 졸병을 위해 피고름을 빨았던 사례는 동서고금의 역사를 통해 아주 드문 일이었다. 오기의 이 행동은 병사의 피고름을 치료했을 뿐만 아니라 그로 하여금 다시 전투에 나서게 했다. 그리고 깊은 정감으로 병사들을 감화시켜 전투에서 의지를 격발시켰다. 동시에 오기의 이 행동은 장수와 병사가 완전히 평등하다는 태도를 보임으로써 모든 장병들을 고무시키는 큰 힘으로 작용했다.

《손자병법》〈지형편〉에 보면 "병졸 보기를 아이처럼 하라. 그러면 함께 깊은 계곡을 건널 수 있다. 병졸 보기를 사랑하는 자식처럼 하라. 그러면 함께 죽을 수 있다"는 대목이 있다. 오기가 피고름을 빤 행위가 바로 《손자병법》의 이런 정신을 실천한 것이다. 이런 점은 그 졸병 어머니의 통곡에도 충분히 반영되어 있다.

졸병의 아버지가 전투에서 죽음을 무릅쓰고 싸웠던 것도 오기로부터 그런 은혜를 받았기 때문이다. 그가 전투에서 용맹하게 앞장선 것은 장군의 은혜에 대한 보답이었다. 오기가 지금 그 아들의 피고름을 빨았다고 하자 그 어머니는 장군의 이런 은혜가 결국은 죽음을 돌아보지 않고 전투에 임할 아들의 보은으로 돌아갈 것임을 알았다. 또 어머니는 그런 아들을 말릴 수 없다는 사실 때문에 통곡할 수밖에 없었다. 피고름을 빤 장수의 행동은 마치 마법처럼 병사들의 죽음을 불사하는 행동을 불러냈다. 그것은 정말이지 저항할 수 없는 마력과도 같았다.

피고름을 빠는 행위는

吮卒病疽

명장 오기의 '함혈연창'은 리더의 행동 하나가 얼마나 큰 영향력을 발휘할 수 있는가를 잘 보여준다. 마치 '나비효과'처럼. 오기가 병사의 피고름을 빠는 그림이다.

더러움을 견뎌내는 행위로서 일반인으로서는 상상할 수 없다. 오기는 한 나라의 장수로서 부하 장병의 몸에 생긴 더러운 오물을 직접 자기 입으로 빨았고, 이는 보통 사람으로는 하기 어려운 행동이었다. 바로 이 지점이 병사들의 감정을 정복하는 마력이 작동하는 곳이다. 물론 이 행동은 과학적인 처방이 결코 아니었다. 오늘날 장군들이라면 당연히 취하지 않을 것이다. 그러나 이 행동으로 병사들의 마음을 정복한 점은 다른 방법으로는 따르기 힘든 경지였다. 이 일화는 인간관계에는 부인할 수 없는 감정의 교류가 존재한다는 사실을 알려준다. 쌍방의 이와 같은 감정 교류를 아래 등식으로 나타낼 수 있다.

> 인간의 사회적 가치×상대에게 베푸는 시혜의 감정
> = 상대방의 사회적 가치×보답 받고자 하는 감정

이 등식을 좀 더 설명하자면 이렇다. 첫째, 등식에 포함된 네 가지 요소는 모두 각자의 주관적 감정에 따라 확정된다. 둘째, 인간의 사회적 가치에 대한 확정은 일반적으로 그 신분, 지위 및 경력 등과 같은 요인을 고려하는 것에서 벗어날 수 없다. 셋째, 보답을 바라는 감정은 주·객관적 조건의 제한에 따라 실현될 수 없거나, 또는 완전히 실현될 수 없을 때 그 상대방이 인정이 없다고 깨닫는다. 그럼에도 빚을 받고자 하는 바람은 계속 존재할 수 있다.

감정교류의 등식은 우리에게 여러 가지를 말해준다. 높은 자리에 있는 리더가 많은 사람들이 갖고 있는 감정에 맞추어 도움이나 은혜를 베푼다면 왕왕 그보다 몇 배의 보상을 받을 수 있다. 사람들은 자기감정으로 지불하는 대가를 높이길 원하는데, 그 중요한 방법의 하나는 그보다 큰 수치를 더하는 것이다.

위 문후, 덕으로 굴복시키다

: 진정한 중재자의 덕목에 대하여

전국시대는 일곱 나라가 생존을 건 투쟁을 벌였다. 이 일곱 나라를 '전국칠웅(戰國七雄)'이라 한다. 이들 중 진(秦)·연(燕)·초(楚)·제(齊) 네 나라는 춘추시대에도 존재했고, 한(韓)·조(趙)·위(魏) 세 나라는 춘추시기 강국이었던 진(晉)나라가 분열되어 세워진 나라들이다. 이 진나라 분열을 '세 가문이 진나라를 나누었다'라는 뜻의 '삼가분진(三家分晉)'이라 한다. 한·조·위가 진나라의 유력한 가문들이었기 때문이다. 이 '삼가분진'은 기원전 403년 주 왕실의 천자가 세 집안을 모두 제후국으로 공식 인정함으로써 확정되었고, 이때부터를 전국시대로 본다.

《전국책》을 비롯하여 《자치통감》과 《한비자》〈세림하〉편에 이 세 나라와 관련한 비슷한 사례가 기록되어 있다. 그 기록을 중심으로 위나라의 실질적인 개국 군주인 문후(文侯, ?~기원전 396)의 리더십을 함께 생각해 보고자 한다(위 문후는 앞서 서문표 이야기에 나온 그 군주와 같은 인물이다).

한번은 한과 조 사이에 원한이 생겨 서로를 공격하고자 했다. 한나라 군주는 강국인 위나라에 사람을 보내 군사적 도움을 청했다. 문후는 거절했다. 얼마 뒤 조나라 군주도 위나라에 같은 청을 넣었다. 문후는 역시 거절했다. 위나라의 도움을 얻지 못하자 두 나라는 모두 위나라에 불만을 품었다. 그 뒤 두 나라는 위 문후가 이 일을 가지고 자신들을 화해시키려 했다는 사실을 알고는 모두 감격했고, 나아가 위나라와 문후에게 존경과 복종의 마음을 갖게 되었다.

위 문후는 한과 조 두 나라의 싸움을 말리고 싶었다. 그렇다고 무력으로 간섭하여 말리고 싶지는 않았다. 그래서 쌍방이 모두 도움을 청했을 때 중립적 입장을 취했다. 문후는 도움 요청을 거절하면서 공격당하는 쪽을 형제로 부르며 일부러 더욱 우호적인 말을 썼다. 이렇게 해서 도움을 청한 쪽이 지나친 자극을 받지 않도록 하는 한편, 또 둘 다 가볍게 다른 쪽을 공격하기도 어렵게 만들었다. 문후가 한 나라의 도움 요청을 거절하면서 이 나라와 척을 진 나라에 우호적인 태도를 확실하게 취하면 도움을 요청한 나라의 원망을 살 수밖에 없다. 그러나 이는 문후가 예상한 바이다. 앞에서 말했듯이 한·조는 모두 진나라에서 갈라져 나온 새로운 제후국으로 국력도 엇비슷하여 전국 7웅 중에서 강한 편은 아니었다. 따라서 서로 싸우다가는 둘 다 낭패를 볼 수밖에 없다. 이 점을 두 나라가 모를 리 없었다.

문후가 그들의 싸움을 막음으로써 일시적으로 그들의 원망을 살 수는 있지만 장기적으로 보면 틀림없이 문후에게 감사하게 될 일 이었다. 더욱이 문후는 거절하면서도 똑같은 방식과 언어로 거절 했다. 서로 원한을 가진 한·조 두 나라도 결국은 문후가 거절할 수 밖에 없었던 상황을 알게 되었다. 두 나라는 문후에 대한 섭섭함을 털고 기꺼이 문후의 중재를 받아들였다. 나아가 문후에게 더욱더 감사하게 되었다. 문후는 자신의 거절이 끝내 좋은 효과를 거둘 것으로 예상했던 것이다.

위 문후는 전국시대가 시작되면서 맨 먼저 개혁에 착수하여 위나라를 일류 강국으로 끌어올렸다. 그의 통치에서 가장 눈길을 끄는 것은 백성들의 존경을 받고 있는 정신적 지주에 대한 극진한 우대였다.

서로 원한을 품은 양쪽을 위해 중재하거나 화해시키려 하면서 한쪽에게 다른 한쪽에 대한 나쁜 말이 아닌 마음에서 우러나는 좋은 말을 하면 양쪽의 환심은 얻지 못할 수 있지만, 서로의 마음을 기쁘게 하고 화목을 앞세우는 충직하고 마음 넓은 군자의 처세와 아량을 확실히 보여 줄 수 있다.

세상에 영원불변의 원한은 없다. 서로 대립하는 쌍방의 원한이 엷어지거나 풀리면 그들에게 남는 것은 중재자의 진실함과 친근한 모습이다. 반대로 쌍방의 다툼을 중재하면서 그저 한쪽만 편들고 다른 한쪽을 욕한다면 일시적으로 환심을 사기는 하겠지만, 교활하게 시비를 희롱한다는 불성실한 인상을 남기기 마련이다. 사람들은 한순간의 기쁨을 맛보고 나면 저 사람이 다른 쪽에다 나에 대한 나쁜 말은 하지 않았을까 의심하게 된다. 따라서 그에 대해 당연히 가져야 할 신뢰를 갖지 못한다.

위 문후는 한과 조 두 나라와 접촉하면서 이들과의 형제 관계를 거론했다. 이는 미움이나 원한을 풀어 서로 잘 지내기를 바라는 자신의 인품을 보여주는 것이었다. 쌍방이 한때 그에게 섭섭함을 품기는 했지만, 속으로는 그를 신뢰했다. 두 나라가 각자의 장기적인 미래를 보고 서로의 원한을 풀었을 때 문후에 대한 섭섭함은 감격으로 바뀌었고, 끝내는 마음으로 믿고 존경할 수 있는 군주로 자리 잡았다. 그리고 이는 한·조 두 나라뿐만 아니라 보통 사람들의 인지상정(人之常情)일 것이다.

관계가 서먹해진 양쪽을 화해시키려고 나서는 일이 우리 일상에서 드물지 않다. 이때 일방적 편들기는 절대 금기사항이다. 그렇다고 이래도 흥 저래도 흥은 더더욱 안 된다. 특히 기계적 중립은 중립이 아니라 우유부단에 불과하다. 상대를 진심으로 위하지 않는 중립적 태도는 방치이자 포기에 다름 아니다. 사리 분별에 따른 중립의 지혜가 요구된다. 리더가 갖추어야 할 리더십 항목일 뿐만 아니라 우리 모두가 지켜야 할 자세가 아닐까 싶다.

안영, 많이 참여하는 것이 중요하지 않다

: 다수의 참여에서 관건은 독립성

〈내저설상〉 편에 나오는 일화다. 춘추시대 제나라의 명재상 안영(晏嬰, ?~기원전 500)이 노나라를 방문했다. 노나라 군주 애공(哀公)이 안영에게 이런 질문을 던졌다.

"속담에 '세 사람이 모여서 의논하면 잘못된 길로 빠지지 않는다'라고 했소. 지금 나는 온 나라 사람들과 일을 상의하는데 노나라는 여전히 혼란을 면치 못하고 있으니 대체 무슨 까닭이란 말이오?"

안영은 이렇게 답했다.

"그 속담은 한 사람이 틀려도 두 사람은 맞기 때문에 세 사람이면 충분하다는 말입니다. 지금 노나라의 신하들은 수천을 헤아리지만, 계씨의 사사로운 이익만을 위해 말을 하나로 맞추고 있습니다. 사람의 수가 많아도 말은 한 사람이 하는 것과 같으니 어찌 세 사람이 상의했다고 할 수 있겠습니까?"

노나라 애공은 어떤 일을 상의하고 결정을 내리기 전에 많은 사람들과 논의했다. 이는 여러 사람의 의견을 구하는 정말 귀한 행동이었다. 그러나 결정의 결과는 예상한 것처럼 그렇게 이상적이지 않았을뿐더러 오히려 더 혼란스럽기만 했다. 안영은 애공에게 노나라의 실권자인 계씨가 미치는 권력의 작용이 모든 사람을 압도하고 있기 때문에 많은 신하들을 논의에 참여시켜도 결정은 늘 계씨의 의중에서 벗어나지 않는다고 분석해주었다.

노나라 정치 상황에 대한 안영의 분석이 역사의 진상에 부합하는지 여부를 우리가 여기서 단정하기는 어렵다. 다만, 그의 분석은 여러 사람이 어떤 일의 결정에 참여할 때 반드시 갖추어야 할 중요한 전제를 지적하고 있다. 즉, 결정에 참여하는 사람은 반드시 독립된 의지를 갖추어야 한다. 다시 말해, 개개인의 독립된 의사가 보장되어야만 한다. 이 전제가 없다면 참여자는 늘 특별한 권력을 가진 사람의 의지에 따를 수밖에 없고, 그렇게 되면 다수결은 헛된 빈말에 지나지 않는다. 요컨대 '다수결에 있어서 독립된 의지'가 관건이다.

서주 말기의 사상가 사백(史伯)은 '화실생물(和實生物), 동즉불계(同則不繼)'라는 아주 독특한 사상을 제기한 바 있다《국어》〈정어〉). 쉽게 풀이하자면, 서로 다른 물건이 서로 섞이고 합쳐야만 새로운 물건의 생산과 발전을 촉진할 수 있지만 같은 것들끼리 섞이고 보태지면 사물의 발전에 아무런 의미를 갖지 않는다는 뜻이다. 안영은 사백의 이런 관점에 완전히 동의하고 있다. 그는 일찍이 조미료와 음악 연주에 비유하여 서로 다른 물건이 서로 섞이고 조화를 이루는 것의 의미를 설명하고, 이로써 권력자는 서로 다른 의견을 서로 보완하는 데 신경을 써야 한다는 점을 깨우쳐 주었다(《좌전》 소공 20년).

고대 정치 이론에서 볼 수 있는 대단히 귀중하고 심각한 사상이다.

　노나라 애공에 대한 안영의 대답은 이런 사상의 구체적 운용이었다. 안영은 이렇게 인식했다. 노나라 정치의 혼란이 권력자가 여러 사람의 의견을 구하는 일이 타당하지 않다는 뜻은 결코 아니다. 문제는 여러 사람의 그런 행위가 그저 형식에만 흐르고 실제 성과로 이어지지 않는다는 데 있다. 여러 사람이 독립된 의지로 정치에 참여하여 권력자와는 다른 의견과 관점을 제기하고, 이런 각종 의견이 상호보완적으로 작용하고 정치에 흡수되어야만 비로소 합리적인 정책 방안이 만들어질 수 있다. 이것이 진정한 다수결의 의미다.

　안영의 분석은 우리에게 이런 점을 일깨워준다. 하나의 결정이 다수의 결정에 속하느냐 여부는 많은 사람이 결정의 계획과 투표에 참여하느냐를 볼 것이 아니라 그 다수가 진정으로 독립된 의지

안영은 다수결이 갖는 치명적 결함을 정확하게 인식했다. 다수결은 개인의 독립성이 전제되어야 진정한 의미가 있다. 경공을 만나는 안영의 모습을 나타낸 벽돌 그림이다.

가 있느냐를 보아야 한다. 다수결의 우월성은 그 안에 포함된 서로 다른 의견의 충돌과 비교에 있기 때문이다.

조리의 분석과 계시

: 외교에서의 이해관계

외교의 중요성에 대해서는 이미 수천 년 전부터 끊임없이 수도 없이 지적되어 왔다. 《전국책》에서는 국가의 흥망성쇠는 "외교로 결정 나지 무력으로 결정 나는 것이 아니다. 조정과 종묘사직의 안위는 모략과 정책에서 결정 나지 전쟁터에서 군대가 서로 부딪치는 것으로 결정 나지 않는다"고 했다. 정치에서도 최상은 모략으로 상대를 굴복시키는 것이듯 정치의 연장선에 있는 외교도 마찬가지다. 그래서 '싸우지 않고 이기는 것이 최상'이라는 말도 있지 않은가?

오늘날 지구촌은 국가 간의 관계가 날이 갈수록 더욱 복잡해지고 미묘해지고 심지어 위험하고 격렬해지고 있다. 외교 수단이 아니면 해결할 수 없는 사안들이 훨씬 많아지고 있다. 이런 상황에서 외교는 국가 간의 모든 교류를 합리적으로 푸는 실마리가 된다.

중국사에서 기원전 5세기 중반부터 시작된 전국시대는 말 그대로 외교의 시대이기도 했다. 많은 유세가들이 7국을 종횡으로 누비며 자신의 안목과 언변을 팔았다. 유세가들이 바로 오늘날의 외교관들이었다. 이들은 너나 할 것 없이 각국의 형세를 분석하여 그 나라에 유리한 외교 정책을 제안했고, 그것이 각국 군주에 의해 채택되면 엄청난 부귀영화를 누렸다. 소진(蘇秦, ?~기원전 284 또는 317)은 당시의 초강대국인 진나라에 나머지 6국이 연합하여 대항하자는 '합종(合縱)'이란 외교 책략을 제안하여 6국의 공동 재상이 되었다. 이런 소진에 맞서 장의(張儀, ?~기원전 309)는 6국의 동맹을 깨는 '연횡(連橫)'을 내세워 명성을 올렸고, 범수(范雎, ?~기원전 255)는 유명한 '원교근공(遠交近攻)'이란 진나라의 천하통일에 유력한 외교정책을 제안하고 재상이 되었다.

외교는 국가 간의 이해관계를 축으로 전개된다. 따라서 나와 상대, 그리고 제삼자의 형세와 그 변화 및 그에 따른 이해관계에 대한 통찰이 없으면 제대로 된 외교를 펼칠 수 없다. 이는 외교뿐만 아니라 기업 간의 협상이나 일상적 인간관계에서도 필요한 기본기라 할 수 있다. 또한 모든 외교는 실리를 위한 외교다. 이는 수천 년 역사가 통째로 입증해보이고 있다. 따라서 외교의 속성과 본질을 통찰하면 외교에서 실리를 챙길 수 있었고, 그렇지 못하면 손해는 물론 심하면 망국을 면키 어려웠다. 외교에서의 실리란 나만 챙기는 것이 결코 아니다. 물질로든, 심리로든 상대를 만족시키지 못하는 외교협상은 모두 결렬이자 파탄이었다. 이제 외교에 있어서 이해관계와 실리의 문제를 제기하고 있는 역사적 사례와 만나보고, 이를 통해 이 문제를 좀 더 성찰해보자.

전국시대 조(趙)·위(魏)·중산(中山) 세 나라는 지리적으로 미묘한 관계에 있었다. 말하자면 어느 한쪽이 없어지면 다른 쪽까지 영향을 주는 전형적인 '순망치한(脣亡齒寒)'의 관계였다. 3국의 지리적 형세를 보면 위나라가 가장 남쪽에, 조나라가 중간에, 중산이 북쪽에 위치해 있었다. 《전국책》과 《한비자》〈세림상〉 편에 보면 이들 3국 사이에 일어난 같은 사건이 기록되어 있다. 위나라가 중산국과 사이가 좋지 않아 군대를 동원하여 중산국을 치려고 했다. 하지만 중간에 조나라가 막고 있어 조나라에 길을 빌려달라고 요청했다. 조나라 왕은 심기가 불편해져 이 요청을 거절할 생각이었다. 그러자 대신 조리(趙利)가 이 일을 다음과 같이 분석해 주었다.

"위가 중산을 공격하면 승리 아니면 패배겠지요. 공격에 실패하면 위나라는 지치게 되고, 그것은 결과적으로 우리 조나라를 더욱 강하게 만들 것입니다. 만약 중산을 공략하여 승리한다 해도 우리 조나라를 넘어 중산을 완전히 차지할 수는 없을 것입니다. 이는 위나라가 군대를 동원하여 우리 조나라를 대신해서 중산을 빼앗은 것이나 마찬가지입니다. 보아하니 어찌 되었든 위나라가 중산을 공격하도록 그들에게 길을 빌려주는 것이 옳을 듯합니다."

조리의 분석에 기분이 좋아진 조왕은 연신 싱글벙글하며 바로 위나라에 길을 빌려줄 준비를 했다. 그러자 조리는 다시 위왕에게 "위나라에 길을 빌려주더라도 그렇게 싱글벙글 기분 좋게 빌려주어서는 안 됩니다. 그러면 이 일이 우리 조나라에게 이익이 되는 줄 알고 중산에 대한 공격을 중지할 것입니다"라고 일러주었다. 조왕은 연신 고개를 끄덕이며 조리의 의견을 완전히 받아들였다.

위나라가 길을 빌려 중산을 공격하려고 하자 조리는 이를 놓고 이해관계와 책략이란 측면에서 이중의 분석을 가했다. 이해관계의 분석을 통해 조리는 위나라에 길을 빌려주는 것이 마땅하다고 했고, 책략이란 측면에서는 어쩔 수 없이 빌려주는 것처럼 하라는 방법을 건의했다. '길을 빌려주되 어쩔 수 없이 빌려주는 것처럼 하라.' 이것이 조리가 내린 이중 분석의 종합적 결론이었다.

이해관계에 대한 조리의 분석은 두 가지 인식의 기초를 바탕으로 내려진 것이다. 첫째, 이웃 나라인 위나라의 피곤과 쇠약은 곧 조나라의 강대함으로 연결된다. 둘째, 위나라는 조나라를 넘어 중산국을 완전히 점령할 수 없다. 이 두 가지 전제를 기초로 조리는 위나라의 작전이 실패할 경우와 성공할 경우 모두에 대해 두 가지 상반된 예상을 내렸다. 그리고 이를 위해 엄밀한 두 가지 어려운 추리를 통해 길을 빌려주는 쪽이 옳다는 결론을 얻었다. 조리의 두 가지 인식의 기초에 허점이 없다면 그의 결론은 한 치의 오차도 없이 정확하게 실현될 것이다.

조리의 1차 분석은 완전히 조나라 입장에서 사건의 이해관계를 살피고 따진 것이다. 이어지는 2차 분석은 조나라를 위나라 위치에 놓고 사태의 발전 방향을 예측한 것이다. 위나라는 절대 자기 신변에 강력한 라이벌이 나타나길 바라지 않을 것이다. 중산에 대한 공격이 결과적으로 조나라에 큰 이익을 가져다줄 것이라는 사실을 알게 되면 바로 이 일을 멈출 것이다. 따라서 조나라는 머지않아 큰 이익을 얻을 것이라는 감정을 감춘 채 부득이하게 길을 빌려주는 것처럼 위장해야만 한다.

조리의 이중 분석은 이해관계를 기초로 하고 책략으로 이를 보증하는 식이었다. 이 둘이 결합되어 표리를 이루고 상호보완 작용을 하도록 한 것이다. 대단히 정교하고 철저하고 전면적인 외교 책략이었다. 그러나 조리의 이해관계에 대한 두 번째 인식의 전제 조건에는 무시할 수 없는 허점이 존재한다. 실제로 위나라가 조나라를 넘어 중산을 완전 점령하지 말라는 법은 없었다. 심지어 중산을 공략한 다음 그 여세를 몰아 귀국 길에 조나라까지 공격할 수도 있었다. 조리는 약 200년 전 우(虞)나라가 괵(虢)을 정벌하겠다는 진(晉)에 길을 내주었다가 망한 역사의 교훈, 즉 '가도벌괵(假道伐虢)'을 잊고 있음이 분명했다.

조리의 분석에 이런 치명적인 허점이 있다면 이해관계에 대한 그의 분석은 정확성이 크게 떨어질 수밖에 없다. 사료는 이 사건의 결과가 어땠는지 더 이상의 기록은 남기지 않고 있어 궁금증을 더욱 증폭시킨다. 다만 조나라가 위나라에 망한 역사적 사실은 없다. 그러나 이 사건에 대한 조리의 분석은 그 자체의 정교함과 동시에 그것에 포함된 전제조건의 허점을 동시에 보여주었다.

조리의 분석은 국가 간 외교 문제와 관련하여 지금 우리에게 적지 않은 계시를 준다. 먼저 이해관계는 국가 간 외교의 실질일 뿐만 아니라 인간의 모든 관계에서 파악하고 있어야 할 핵심적인 문제라는 점이다. 이해관계가 없으면 투쟁도 없고 복잡한 인간관계도 없다. 따라서 협상이니 모략이니 책략이니 하는 것도 필요 없다. 자기 이웃에 강대국이 출현하는 것을 바라는 나라는 없다. 이는 국가의 이해관계에서 비롯되는 필연적인 요구 사항이자 희망이다. 이해관계를 움켜쥐면 우리 주변에서 벌어지는 수많은 일들에 대해 보다 심각하게 이해할 수 있다.

다음으로 이 같은 문제에 직면하거나 그에 상응하는 외교 책략을 고려할 때는 자신이 얻을 것을 생각함과 동시에 상대방이 무엇을 생각하고 있는가를 함께 살피지 않으면 안 된다. 즉, 자신을 상대방의 위치에 놓고 문제를 고려할 수 있어야 한다. '지기지피(知己知彼)' 하지 않으면 희망은 물거품이 될 수밖에 없다.

셋째, 구체적인 문제에 대해 사람들은 이해관계에 근거하여 그에 상응하는 방안을 설정한다. 하지만 방안의 설정과 그것의 실행은 다른 문제다. 따라서 양자가 결합되어 표리를 이루고 상호 보완 작용을 해야 한다. 그런데 많은 사람들이 그중 하나를 소홀히 하는 우를 범한다.

넷째, 문제를 고려할 때는 역사가 주는 교훈을 널리 섭취할 줄 알아야 한다. 역사야말로 가장 실용적인 거울이기 때문이다. 조리가 소홀히 했거나 무시한 부분이기도 하다. 역사는 분명 조리 시대로부터 약 200년 전 '가도벌괵'이란 생생한 팩트를 전하고 있는데도 말이다.

외교적 대화나 협상에서 쓸데없는 자존심이나 감정을 끌고 들어가 상대를 자극하는 것보다 어리석은 행동은 없다. 이데올로기 따위를 앞장세우는 바보는 더욱더 없다. 외교는 철두철미 이해관계에 입각해 있다. 이해관계에 대한 균형 잡힌 인식, 이것이 바로 외교술이라는 것이다. 이해관계라고 해서 눈앞에 보이는 것만이 다가 아니라는 점도 확실하게 알아야 한다. 물질적이든 심리적이든 나와 상대가 적정한 선에서 만족할 수 있다면 그것이 최상의 외교다. 더욱이 그저 당장 눈앞에 보이는 손해에만 집착하여 잠재적 실리에 눈을 돌리지 못할 바에는 아예 외교 자체를 중단하는 쪽이 나을지도 모른다. '지기지피(知己知彼)'가 안 되면 국가 간 외교는 물론 모든 인간관계를 제대로 유지해 나갈 수 있는 길이 없다.

손빈, 물에 빠지길 기다렸다가 손을 뻗치다

: 명분과 실익의 경계선, 도움의 극대화는 시기 선택에 있다

《맹자》〈이루〉(상) 편에 보면 누구든 물에 빠지면 당연히 바로 손을 뻗어 도와야 한다는 맹자의 말씀이 있다. 맹자의 주장은 인의도덕(仁義道德)의 관점에서 나온 것으로, 군주에게 어진 정치로 나라를 다스리라는 데 그 의미가 있다. 이 관념은 극렬하게 생존을 다투던 난세의 전국시대로 볼 때 아주 귀중한 것이었다. 그러나 어느 시대를 막론하고 절대적 의미에서 보편적으로 시행할 수 있는 추상적 인의란 없다. 국가 간의 분쟁에서 사람들은 늘 모략과 같은 수단을 쓰되 인의를 명분으로 앞세워 실질적인 이익을 취하려 한다. 춘추전국시대의 역사에서 일부러 다른 사람이 물에 빠지길 기다렸다고 손을 뻗쳐 도움을 준 대표적인 두 사례가 전한다.

먼저 《사기》〈전경중완세가〉와 《자치통감》〈주기(周紀)〉 현왕(顯王) 부분에 기록되어 있는 사례다. 기원전 342년, 중원의 강국 위나라가 이웃한 약소국 한나라를 공격했다. 한나라는 동방의 강대국 제나라에 구원을 청했다. 제나라 선왕(宣王)은 대신들과 구원병을 보낼 것인가를 놓고 상의에 들어갔다. 신하들의 논쟁은 끝날 줄 몰랐다. 군사(軍師) 손빈(孫臏)은 이렇게 제안했다.

"한·위의 군대 모두가 피로하지 않을 때 우리가 구원에 나선다는 것은 우리가 한나라를 대신해서 위나라와 싸우는 것과 마찬가지입니다. 그 두 나라가 서로 치열하게 싸워 한나라가 거의 망할 때까지 기다렸다가 구원에 나서면 지친 위나라를 쉽게 물리칠 수 있을 뿐만 아니라 망할 뻔한 나라를 구했다는 칭찬까지 얻을 수 있습니다."

선왕은 손빈의 건의를 받아들여 한나라에 구원하겠노라 승낙하면서도 출병을 늦추어 한나라가 다섯 차례 연패당한 뒤 다시 제나라에 급히 구원을 요청하고서 나서야 군대를 보냈다. 제나라는 마릉(馬陵)이란 곳에서 지친 위나라 군대를 대파했다. 이제 《한비자》

〈세림상〉 편에 나오는 또 다른 사례를 보자. 기원전 662년, 형국(邢國)이 강력한 오랑캐의 나라 적국(翟國)의 공격을 받았다. 제나라 환공(桓公)은 평소 내세웠던 '주나라 왕실을 받들고, 오랑캐를 물리친다'라는 '존왕양이(尊王攘夷)'의 명분에 따라 군대를 내서 형국을 구원할 준비를 했다. 이때 포숙(鮑叔)이 나서며 이렇게 건의했다.

"구원이 너무 빠르면 형국은 패하지 않고 적군도 지치지 않아 우리가 치를 대가가 커집니다. 게다가 형국도 우리에게 크게 고마워하지 않을 것입니다. 그러니 구원을 조금 늦추어 적국이 형국을 공격하다 지치기를 기다렸다 구원하면 쉽게 승리할 수 있습니다. 동시에 우리가 망할 뻔한 형국을 살려주었다는 공로도 더 커집니다."

환공은 출병을 늦추었다.

이상 두 사례에서 구원을 요청받은 쪽이 결국은 위기에 몰린 쪽을 구원함으로써 '인의(仁義)'라는 명분을 지켜냈다. 그러나 그들은 모두 손을 뻗쳐 구원할 시기를 교묘하게 조작했다. 여기서 구원을 요청받은 나라는 구원을 요청한 나라의 이웃 나라였고, 구원을 요청한 나라는 약소국이었다. 구원을 요청받은 나라는 얼떨결에 출병을 약속했지만 바로 출병하지 않았다. 대신 구원을 요청한 약소국에 투항하지 말고 강하게 버티라는 믿음을 주었다. 그러면서 자신은 강적의 공격을 받길 원치 않았다. 우방을 돕는다는 의무를 지면서도 먼저 취한 행동은 '앉아서 호랑이가 싸우는 것을 구경한다'는

'좌관호투(坐觀虎鬪)'의 책략을 취했다. 일부러 우방과 적이 죽으라 싸워 모두 심각한 손실을 볼 때까지 기다리다가 우방이 더 이상 버티기 힘들 때 출병하여 구조했다. 이렇게 해서 자신의 손실을 최소화하면서 이익과 명성 모두를 취하는 최대의 수혜자가 된 것이다.

다른 사람이 물에 빠진 다음 비로소 구원의 손을 뻗쳐 구하는 행위는 인의에 어긋나는 것 같지만 오히려 최대한의 칭찬을 얻을 수 있다. 국가관계에서 이는 대가를 작고 적게 치르고 이익을 크고 많이 거두는 책략이다. 또 국가들 사이의 교류나 외교에서 다른 어떤 것으로도 대체할 수 없는 이익이라는 원칙을 실질적으로 반영하고 있다. 핵심은 도움을 극대화하는 것이고, 관건은 타이밍, 즉 시기 선택에 있다.

인간관계에서도 친구나 주위의 도움이 필요할 때가 있기 마련이다. 단, 이때의 도움은 국가관계에서의 구조나 구원 같아서는 안 된다. 필요로 할 때 바로 도와 어려움을 넘길 수 있게 하는 쪽이 옳다. 이 경우도 핵심은 도움을 극대화하는 것이고, 관건 역시 타이밍이다.

군사 전문가로서 손빈의 책략은 외교에도 바로 적용될 수 있었다. 위나라의 공격을 받은 조나라를 구하기 위해 조나라가 아닌 위나라 도성을 바로 공격한 '위위구조(圍魏救趙)'는 군사 전략이 곧 외교 전략이 될 수 있음을 잘 보여주었다. 앉은뱅이 손빈의 동상이다.

한 소후의 '권술(權術)'

: 얄팍한 권술의 한계

전국시대를 풍미하면서 진나라의 천하 통일을 위한 사상적 기반으로 성장한 법가 사상과 그 추종자들은 군주의 통치술을 크게 '법(法)', '술(術)', '세(勢)'의 세 가지로 집약한다. 또 이 세 가지는 법가 사상의 핵심이기도 했다. '법'은 말 그대로 법이다. 통치를 법에 따라 엄정하게 하라는 뜻이다. '술'은 통치의 테크닉을 말한다. 이를 다른 말로는 '권술(權術)'이라 한다. '세'는 권력자로서의 권세와 위세를 뜻한다. 법가 사상가마다 이 세 가지 중 어느 하나를 특별히 강조하기도 했는데, 한비자는 이 삼자의 통합을 주장하면서 특별히 '세'를 놓아서는 안 된다고 강조했다.

법가 사상가들 중에 신불해(申不害)는 이 셋 중에 '술'을 유난히 강조했는데, 그는 실제로 한(韓)나라 소후(昭侯)를 보좌하면서 권술로 개혁 정치를 해보려고 무던 애를 썼던 인물이다. 사마천은 《사기》 〈노자한비열전〉 한쪽에다 짤막하게 신불해의 행적을 삽입해 두었는데 사마천의 평가는 대체로 호의적인 편이었다.

"신불해는 정나라 경읍 출신으로 본래 정나라에서 말단 관리를 지냈다. 그 뒤 법가 학술을 배워 한나라 소후를 찾아가 관직을 구하니 소후는 그를 재상으로 등용했다. 15년 동안 안으로 정치와 교육을 정비하고 밖으로는 제후들에 맞서니 그가 살아 있는 동안은 나라가 잘 다스려지고 병력이 튼튼해져 한나라를 함부로 침략하는 자가 없었다. 신자, 즉 신불해의 학술은 황로(黃老) 학설을 근본으로 하였으나 형명(刑名)을 주장했다. 《신자(申子)》라는 저서 두 편이 있다."

그러나 다른 기록들을 함께 종합해보면 신불해의 개혁 정치는 실패로 끝났을 뿐만 아니라 이런저런 파탄을 드러내고 있는데, 이는 그가 강조한 '권술'과 관련이 있다. 그 실패의 원인을 그의 사상을 받아들여 통치에 활용했던 소후의 행적을 통해 자세히 분석해보려고 한다. 오늘날 모든 조직에서 발생하고 있는 특정한 상황과 리더의 리더십을 이해하는데 도움이 되기 때문이다. 이 내용은 《한비자》〈내저설상〉 편에 보인다.

소후의 통치술은 특정한 상황을 만들어 신하들의 반응을 지켜본 다음 신하들의 우열과 충성 여부 등을 판단하는 것을 특징으로 삼고 있다. 한번은 소후가 깎은 손톱을 손안에 움켜쥐고는 일부러 그것을 잃어버린 것처럼 황급히 찾는 시늉을 했다. 그러자 신변의 시종들이 일제히 몸을 굽혀 손톱을 찾았다. 하지만 소후의 손안에 있는 손톱이 땅에 떨어져 있겠는가? 아무리 찾아도 없자 어떤 시종 하나가 자신의 손톱을 잘라 소후에게 갖다 바쳤다. 소후는 이런 방법으로 시종들의 성실성(?) 여부를 살폈다.

소후는 일부러 손톱을 잃은 것처럼 하여 시종들에게 그것을 찾게 했다. 이는 실제로는 시종들로 하여금 찾을 수 없는 것을 찾게 만드는 술수였다. 시종들은 아무리 찾아도 손톱이 나오지 않자 난감해졌다. 그러자 누군가 하는 수 없이 자기 손톱을 잘라 잃어버린 손톱을 찾은 것처럼 갖다 바쳤다. 하지만 이것이 소후가 쳐놓은 함정이라는 것을 어찌 알았겠는가? 결국 소후에게 손톱을 바친 시종은 성실치 못한 사람으로 찍혔다.

그런데 생각해보자. 만약에 그 시종이 자신의 손톱으로 대신하지 않았더라면 손톱 찾는 일은 영원히 끝나지 않았을 것이다. 소후는 바로 이 효과를 노린 것이다. 소후는 자신에 대한 시종들의 성실성 여부를 살피려 했을 뿐만 아니라, 그 성실한 마음을 모종의 압력으로 오랫동안 유지시키려 했다. 동시에 손톱을 찾지 못해 군주 앞에서 일을 못 한다는 자괴감에 늘 두려워하는 마음을 갖게 만들고자 했다.

같은 편에 기록된 소후의 다른 행적을 볼 때도 이와 비슷했다. 권술을 숭배하는 군주는 늘 신하들로 하여금 스스로를 비하하고 두려움을 갖게 만들어서 자신의 권위에 대한 신하들의 반발을 철저하게 소멸시킴과 동시에 자신의 지시에 완전히 복종하게 만들려고 한다.

소후의 이런 방식은 전국시대 연나라 왕 쾌(噲)의 재상으로 있었던 자지(子之)가 거짓으로 방금 문밖으로 휙 하고 지나간 것이 무엇이냐고 물어 시종들을 시험한 것과 비슷하다. 모두가 못 봤다고 했지만 한 시종이 대문 밖으로 뛰어나갔다 오더니 말이 한 마리 뛰어지나갔다고 거짓말을 했다. 그런데 자지는 이것으로 신하의 품성을 헤아리려 한 반면, 소후는 덫을 쳐놓고 신하들을 군주를 속이는 불성실한 자로 만들어 속을 앓게 만들거나, 아니면 성실하지만 일을 제대로 처리하지 못하는 무능하고 못난 자로 만들려고 했다. 이는 완전히 권술에만 의존하는 권술가의 짓거리다.

《한비자》〈외저설우상〉 편의 다음 일화는 좀 더 의미심장하다. 한번은 당계공(堂谿公)이란 자가 소후를 찾아와 불쑥 이런 질문을 던졌다. 다음은 두 사람의 대화다.

당계공 여기 백옥으로 만든 술잔이 있는데 안타깝게 바닥이 없습니다. 그리고 여기 흙으로 만든 술잔에는 바닥이 있습니다. 술을 드실 때 어떤 잔으로 드시겠습니까?

한소후 그야 당연히 흙으로 만든 술잔으로 마시지.

당계공 백옥으로 만든 술잔은 아름답기는 하지만 그것으로 술이나 물을 마실 수 없습니다. 바닥이 없기 때문이지요.

한소후 그렇지.

당계공 군주가 되어 신하들이 하는 말이 새어나가게 하는 것은 마치 바닥이 없는 술잔과 같습니다.

소후는 당계공의 말뜻을 알아차렸다. 그리고 이후로 당계공을 만나고 나면 반드시 혼자서 잠을 잤다. 행여 꿈에서라도 당계공과 나눈 이야기를 함께 자는 처첩에게 누설할까봐 두려워서였다.

옥으로 만든 술잔에 바닥이 없으면 물도 술도 담을 수 없다. 아무리 보기 좋아도 사용할 수 없기에 잔으로서의 가치는 없는 것이나 마찬가지다. 당연한 이치다. 당계공이란 자는 이것을 비유로 들면서 소후에게 군주가 신하의 비밀스러운 이야기를 누설하는 것은 바닥없는 술잔처럼 사람들이 좋아하지 않을 것이라고 했다. 이 비유가 그리 적절한 것은 아니지만, 당계공은 이를 통해 군주에게 신하의 비밀을 지켜야 한다는 요구를 분명히 했다.

군신 관계는 특수한 사회관계다. 이 관계는 본질적으로 강박에 의존해서는 성립할 수 없고 그래서도 안 된다. 쌍방이 서로를 인정하는 기초 위에 관계가 성립되어야 한다. 특히 군주에 대한 신하의 인정(認定)이 더욱 요구된다. 군신 관계와 관련된 이런저런 규범은 사실 군주보다는 신하에게 많은 의무를 요구한다. 따라서 신하가 마음으로 이런 군신 관계를 인정해야만 자신에게 요구되는 적지 않은 의무를 기꺼이 받아들이게 된다. 이것이 진정한 군신 관계의 실현이다. 물론 다른 사회적 관계도 기본적으로 마찬가지다.

그런데 여기서 하나 더 생각할 것은, 이런 군신 관계에 대한 신하의 인정에는 군주에 대한 모종의 신뢰(信賴)를 전제로 한다는 사실이다. 군주가 사람들로부터 신뢰를 얻으려면 사람들로 하여금 기꺼이 즐거운 마음으로 자신의 신하가 되길 원하게 만들어야 한다. 그러기 위해서는 자신의 인품과 능력, 그리고 정감으로 신하들의 다양한 요구를 만족시켜 주는 것 외에 신하를 위해 필요한 비밀을 지켜주는 것 또한 소홀히 할 수 없는 부분이다.

신하를 위해 필요한 비밀을 지켜준다는 것은 일 자체가 그것을 요구하는 것이기도 할 뿐만 아니라, 신하들이 한 말에 대해 군주가 책임을 진다는 태도를 실현하는 것이자 신하의 감정을 존중하는 것이기도 하다. 이렇게 되면 신하들은 군주와의 대화에 아무런 걱정이나 거리낌 없이 임하게 되고, 마음으로 군주와 교류하는 동시에 군주가 믿음직하다는 이미지를 갖게 된다.

요컨대 비밀을 지켜줄 줄 아는 군주가 반드시 신하들의 신뢰를 얻는 것은 아니지만, 신하들이 신뢰하는 군주는 분명 신하들이 원하는 비밀을 지켜줄 줄 아는 사람이다. 물론 소후의 신경질적인 비밀 지키기 방식은 본받을 만한 것이 못 된다. 왜냐하면 다른 예에서도 보았다시피 소후의 권술은 불신과 거짓에 의존하는 방식이기 때문이다. 어떤 통치도 거짓과 불신에 의존해서는 절대 성공할 수 없다. 신불해를 기용하여 정치를 개혁하려 했던 소후의 통치가 실패한 것도 이런 사이비 '권술'에 의존했기 때문이다. 다만 우리는 소후가 보여준 행적에서 교훈을 찾고 계발을 얻을 수 있다.

통치자(리더)가 입만 열었다 하면 거짓말을 일삼고, 한 입으로 여러 말을 하며, 때와 장소에 따라 말이 다르다면 누가 그를 신뢰하겠는가? 이는 통치자가 신하와 백성들을 믿지 않는다는 의미다. 그러니 백성들이 그 통치자를 신뢰할 수 있겠는가? 무너진 신뢰를 회복하는 일은 모래 위에 단단한 성을 쌓는 일만큼이나 어렵다. 신뢰의 벽은 좀처럼 허물어지지도 않지만 한 번 허물어지면 다시 세우기가 불가능에 가깝다는 점을 성찰해야 한다. 또한 신뢰는 거짓과 속임에 대한 경멸과 증오 속에서 무너지기 때문에 그다음이 위험해진다. 지금 우리의 현실을 놓고 보면, 신하들과 나눈 비밀을 지키기 위해 잠도 혼자 잤다는 한나라 소후의 신경질적인 방식이 차라리 낫다는 자괴감까지 든다. 소후는 적어도 신뢰를 얻기 위해 그렇게라도 노력하지 않았는가?

"기만의 시대를 살고 있다면 진실을 말하는 것 자체가 혁명이다." (조지 오웰)

자지, 거짓말로 부하들을 시험하다

: 얄팍한 권술의 함정

바로 앞에서 잠깐 언급한 자지(子之)라는 인물에 대한 이야기이다. 전국시대 북방의 연(燕)나라는 유구한 역사와는 달리 시종 약체를 면치 못했다. 특히 전국시대 말기 연왕 쾌(噲, ?~기원전 314)는 왕위를 상국인 자지에게 알아서 갖다 바치는 선양(禪讓)이라는 황당한 짓을 일삼았다. 당연히 나라 사람들이 들고 일어났고, 결국 제나라의 공격을 받아 피살되었다. 《한비자》〈내저설상〉 편에는 자지가 상국으로 있을 때 벌인 어처구니없는 일 하나가 기록되어 있다. 해당 대목은 다음과 같다.

자지(子之)가 연의 상국이었을 때 하루는 당상에 앉아 있다가 "지금 문밖으로 지나간 것이 무엇이냐? 백마가 아닌가?"라고 거짓으로 물었다. 모두들 보지 못했다고 대답하는데 한 사람이 밖으로 쫓아갔다가 돌아와서는 "백마였습니다"라고 보고했다. 자지는 이런 방법으로 수하들의 불성실함을 알았다.

사실 백마가 문밖을 지나간 일 자체가 없었다. 자지가 일부러 없는 일을 만들어 거짓으로 말이 지나갔다고 황당한 말을 뱉은 것이다. 그런데 자지의 자리가 권력의 정점인 상국이었기 때문에 자지의 권세를 숭배하여 그 비위를 맞추는 자들이 있을 수밖에 없었다. 자지는 신하들의 서로 다른 대답을 가지고 두 부류로 나누었다. 즉, 사실을 존중하는 성실한 사람들과 무조건 자기 비위를 맞추는 불성실한 자들로 나눈 것이다.

권세를 가진 많은 사람들이 자기 주변 사람들이 자신을 거역하지 않고 순종하길 바란다. 그러면서 동시에 자신에게 충성스럽고 성실한 사람도 요구한다. 이는 명백히 서로 다른 두 가지 요구사항이다. 자지는 일부러 사실과 다른 황당무계한 말을 뱉어서 측근들로 하여금 서로 다른 요구에서 하나를 선택하게 압박했다. 충직하고 성실한 사람들은 사실을 존중했지만 자지의 말을 거스르는 것이었고, 자지의 비위를 맞춘 자들은 상국의 말에 순종함으로써 불성실한 태도를 보였다.

일반적인 의미로 말하자면, 권력을 가진 사람에게 있어 전자에 속하는 성실한 사람들은 후자에 속하는 불성실한 자들에 비해 훨씬 더 쓸모가 있다. 그러나 자지가 이런 엉뚱한 시험을 벌인 목적을 우리는 모른다. 또 자지가 어떤 부류의 사람을 더 선호하는지도 모른다. 왕이 되고 싶은 마음을 가진 상국 자지에게는 두 부류 모두가 쓸모 있었을지 모르기 때문이다. 심지어 특별한 상황에서는 후자에 속하는 자들이 더 쓸모가 있을 수도 있다.

자지의 이런 해프닝의 원조를 따져 올라가보면 진나라 말기 간신 조고(趙高, ?~기원전 207)가 벌인 '사슴을 가리켜 말이라 한다'라는 '지록위마(指鹿爲馬)'다(《사기》〈진시황본기〉). 당시 조고는 철저히 자신에게 복종하는 신하들을 좋아했고, 사실을 존중하는 성실한 사람들은 박해했다. 조고는 한비자와 같은 시대 인물로 환관이란 신분으

'지록위마'의 술수가 지금도 버젓이 벌어지고 있다. 내 편을 확인하고, 나아가 상대의 편을 갈라놓기 위한 술수로서 바로 효과가 나기 때문이다. 그러나 그 결과는 늘 비참했음을 역사가 보여준다. 진2세 호해 무덤 주변에 조성된 '지록위마'의 조형물이다.

로 볼 때 배움도 모자랐을 것이다. 따라서 당시 영향이 컸던 한비자의 문장을 보고 그 의미를 이해하기 어려웠을 것이고, 또 한비자의 문장에 거짓으로 말을 보았다고 한 자지의 고사도 듣지 못했을 것이다. 어쨌거나 조고의 '지록위마'와 거짓으로 말을 보았다고 한 자지의 고사가 매우 닮아 있지만 어느 쪽이 어느 쪽에 영향을 주었는지는 알 수가 없다. 다만 신하들을 시험하려 한 두 사람의 의도는 분명히 같았고, 특히 조고의 의도는 더 명백했다.

누가 봐도 분명한 흑백을 뒤섞거나 바꾸어 선택과 판단을 강요(?)하는 리더가 없지 않다. 충성심을 테스트한다는 구실로 이런 황당한 행동을 한다. 봉건시대처럼 주종관계가 분명한 시대라면 혹 모르겠지만 오늘날 이런 얄팍한 술수는 아무런 의미도 없을 뿐만 아니라 그런 리더라면 하루빨리 벗어나거나 내치는 것이 상책이다.

공자 지, 진왕의 결단을 유도하다

: 선택과 결단을 유도할 기본 조건은 이해관계

《전국책》〈진책(秦策)〉과 《한비자》〈내저설상〉 편을 보면 전국시대 말기 공자 지(池)라는 인물이 주변국의 협공으로 위기에 처한 진나라와 진왕을 위해 아주 절묘한 책략을 제기하여 위기를 넘긴 사례가 기록되어 있다. 이 사례를 한번 분석해볼까 한다.

진나라의 동쪽 관문인 함곡관(函谷關) 밖, 즉 관외(關外)의 세 나라인 한·조·위가 진을 공격하여 함곡관에 들어왔다. 진왕은 누완(嫂緩)에게 삼국의 군대가 깊이 들어왔으니 황하 동쪽 땅을 떼어주고 강화하고자 한다고 했다. 누완은 '황하 동쪽 땅을 떼어주는 것은 큰 대가요, 그로써 나라의 화를 면하는 것은 큰 이익'이라며 공자 지(池)에게 계책을 물으라고 권했다. 왕이 공자 지를 불러 물으니 공자 지는 "(삼국과) 강화해도 후회하고, 강화하지 않아도 후회합니다"라고 대답했다. 왕이 그 까닭을 묻자 공자 지는 이렇게 답했다.

　"왕께서는 황하 동쪽 땅을 떼어주고 강화하여 삼국이 물러가도 틀림없이 '아깝다! 삼국이 물러갔는데 괜히 성 세 개만 날렸으니'라고 하실 것입니다. 이것이 강화해도 후회한다는 말입니다. 또 강화를 거부하여 삼국이 함곡관을 넘어 함양(咸陽)을 위협하면 왕께서는 또 '아깝다! 성 세 개를 아끼다가 강화하지 못했으니'라고 하실 것입니다. 이것이 강화하지 않아도 후회한다는 말입니다."

　왕은 도성 함양이 위협을 당하느니 성 세 개를 잃고 후회하는 것이 낫겠다며 마침내 성 세 개를 떼어주고 강화하는 쪽을 선택했다. 그리고 세 나라의 군대는 철수했다. 삼국의 협공에 직면하여 땅을 떼어주고 강화할 것이냐 여부를 놓고 진왕은 땅을 떼어주어야 한다고 생각하면서도 하동의 땅이 아까워 선뜻 결단을 내리지 못하고 있었다. 이 중요한 결정을 놓고 대신 누완은 문제를 공자 지에

게 떠넘겼다. 공자 지가 진왕의 결정을 도울 수 있었던 데는 다음
두 가지 남다른 점이 있었기 때문이다.

첫째, 그는 강화를 하는 것과 강화를 거부하는 것 두 가지의 선택
이 초래할 소극적인 결과를 분명히 지적하여 진왕이 이를 충분히
생각한 다음 어떻게 선택할 것인가를 깨우치게 했다.

둘째, 그는 어떤 선택을 하던 그 선택이 가져올 긍·부정 두 가지
결과를 분석하여 두 결과의 이익과 손해의 정도를 제시함으로써
진왕이 두 가지 선택이 가져올 수밖에 없는 필연적 결과를 비교할
수 있게 했다.

두 선택 모두에 소극적 결과가 따랐기 때문에 진왕은 자연스럽게
'두 가지 손해가 있을 때는 가벼운 쪽을 선택하라'는 원칙에 따라
비교를 통해 결단을 내렸다. 공자 지의 뛰어난 점은 그가 진왕에게
문제에 대한 사고의 각도를 제기하고 서로 다른 결과를 비교했음
에도 시종 자신의 의견과 그에 따른 결정을 내세우지 않았다는 사
실이다. 공자 지는 잘 알고 있었다. 어떤 결단을 내리든 어쩔 수 없
이 따르는 소극적 결과는 결단한 다음에 나타나고, 진왕은 이 결단
자체의 정확성에 대해 의심하게 된다는 점을. 나아가 이런 결단을
제안한 사람을 원망하거나 속으로 꽁할 수밖에 없을 것이라는 점
도. 권력자의 책망을 피하기 위해 공자 지는 이 일에 공개적인 태
도를 취하지 않았다.

대신 누완은 공자 지에게 문제를 미루었지만, 그 역시 공자 지와 같은 생각을 했을 것이고, 공자 지는 이를 충분히 양해했을 것이다. 또 누완이 자신의 견해를 제기했어도 그에 따랐을 것이다. 그러나 다른 면에서 공자 지는 왕실의 구성원이자 국가의 중신으로서 이 일을 나 몰라라 할 수 없는 처지였다. 그는 속으로는 분명한 태도를 갖고 있었을 것이다. 그러나 진왕에게 명확한 태도를 밝힐 수 없는 상황에서 그는 자신의 생각을 교묘한 방식으로 진왕에게 알려 진왕 본인이 결단을 내릴 수 있게 하고, 따라서 진왕 자신이 그 결단의 책임을 지게 했다. 그리고 공자 지는 사전에 두 결단이 가져올 후과를 알림으로써 진왕이 결단을 내린 다음 나타날 심리적 후회를 방지하여 시종 자신의 결단에 마음을 놓게 했다.

여기서 지적할 것은 진나라가 삼국의 협공에 직면하여 땅을 떼어주고 강화하는 선택 외에 또 하나의 논리적 선택은 성을 지키면서 맞서 싸우는 것이었다. 후자의 선택은 자칫 도성 함양을 위협할 수 있는 결과 아니면 적을 함곡관 밖으로 내몰고 승리하는 결과를 가져올 수 있었다. 공자 지는 진왕을 위해 계책을 올리면서 강화하지 않고 맞서 싸우는 선택과 함양이 위험에 빠질 수 있는 점을 연계시켰지만, 승리할 가능성에 대해서는 완전히 입을 닫았다. 이는 사실상 진왕의 선택을 의도적으로 강화 쪽으로 유도하는 것이었다. 더 이상의 기록이 없어 더 많은 상황분석은 어렵지만, 진왕의 결단을 유도한 공자 지의 절묘한 수순은 지적할 수 있을 것이다.

《손자병법》〈구변〉편에서 손무는 다음과 같은 명언을 남겼다.

"이런 까닭으로 지혜로운 사람의 생각에는 반드시 이해(利害)가 한데 섞여 있을 수밖에 없다. 이익에 손해가 섞여 있기 때문에 함께 힘을 합할 수가 있고, 손해에도 이익이 섞여 있기 때문에 뜻하지 않은 환난을 해결할 수 있다."

공자 지는 진왕의 물음에 두 가지 선택 모두 소극적 결과가 따를 것이고, 또 후회도 따를 것이라고 했다. 공자 지가 올린 이런 방식은 우리에게 이런 계발을 준다. 유리한 일에도 왕왕 해로운 점이 포함되어 있으니 어떤 유리한 일을 추진하더라도 그와 동시에 초래될 수 있는 소극적인 결과까지 고려해야 한다. 소극적 결과를 충분히 계산한 다음 이 일의 장단점을 비교하여 추구할 목표를 확정해야 한다. 또 이 일이 가져올 소극적 결과에 대한 준비, 특히 지게 될 정신적 준비와 심리적 준비를 잊어서는 안 된다. 이밖에 일이 끝난 다음의 후회를 사전에 예상하여 후회가 없도록 단단히 보증해야 한다.

습사미, 나무를 베게 했다가 중단시키다

: 눈치의 경계선

춘추 말기에 오면 제나라는 전씨(田氏) 세력이 커져 강씨(姜氏)의 공실을 위협하기에 이르렀다. 제나라는 기원전 11세기 강태공(姜太

公)이 산동성 동쪽 땅을 봉지로 받아 세운 나라이다. 그러다 춘추 말기에 오면 전씨 세력이 점점 커져 결국 강씨를 대신하여 국군 자리에 오른다(기원전 386).《한비자》〈세림상〉편의 다음 이야기는 이런 배경에서 나왔다.

제나라에서 벼슬을 하던 습사미(濕斯彌)가 당시 실권자 전성자(田成子)를 알현했다. 전성자는 그를 데리고 누각에 올라 사방을 둘러보면서 경치를 구경했다. 그 누각은 3면이 트여 있어 전망이 아주 좋았으나, 남쪽 습사미 집이 있는 쪽은 숲에 가려 잘 보이지 않았다. 전성자는 아무 말도 하지 않았으나 집으로 돌아온 습사미는 사람들을 시켜 나무를 베라고 했다. 도끼로 몇 차례 내리쳐 나무 밑동을 어느 정도 패자 습사미는 다시 나무 베는 일을 중단시켰다. 그의 가신 중 하나가 "어째서 갑자기 명령을 바꾸시는 것입니까?"라고 물었다. 그러자 습사미는 이렇게 말했다.

"예로부터 이런 속담이 있지. '연못 속의 물고기를 눈으로 다 헤아려 셀 수 있으면 상서롭지 못하다.' 요사이 전성자가 큰일을 꾸미고 있는데 내가 그의 은밀한 마음마저 읽어 낸다면 필시 내 일신이 위태로울 것이야. 나무를 베지 않은 것은 죄 될 일이 아니나 남이 말하지도 않은 것을 알고 있다면 그건 심각하지."

전성자는 높은 누각 위에서 남쪽 습사미 집의 나무가 시선과 해를 가리고 있는 것을 보았다. 전성자는 아무 말 하지 않았지만 불쾌한 기색이 역력했다. 집으로 돌아온 습사미는 바로 사람을 시켜 나무를 베게 했다. 그는 이 일로 권력자의 눈 밖에 나길 원하지 않았기 때문이다. 그런데 전성자가 습사마 집의 나무 때문에 불쾌했다는 사실은 마음에 감추어진, 말하자면 공개적으로 드러낸 것이 아니었다. 습사미가 나무를 다 베어버린다면 전성자의 기분을 일시적으로 좋게 할 수 있을지는 몰라도 결국은 습사미가 지나치게 총명하다는 사실만 들킬 뿐이었다. 전성자가 제나라를 찬탈하려는 의도는 말 그대로 중대한 기밀 사항이었고, 이 때문에 이런 은밀한 사정까지 눈치를 채는 사람을 가장 꺼려했다. 습사미는 전성자가 꺼려하는 사람이 되고 싶지 않았고, 그래서 일부러 우둔한 척 모든 감정을 드러내지 않고 감추었던 것이다.

'연못 속의 물고기를 볼 수 있는 사람은 상서롭지 못하다'라는 말은 다른 사람의 마음속 깊은 곳의 은밀한 활동까지 살필 줄 아는 사람은 틀림없이 위험에 처한다는 비유이다. 사실 다른 누군가의 생각이 드러나지 않고 은밀한 까닭은 그 생각이 사회의 도덕관념이나 밖으로 드러나는 행위규범과 서로 어긋나기 때문이다. 그런데 누군가 공개되길 원치 않는 이런 생각을 알아낸다는 것은 그 사람이 현존하는 사회규범에 대해 맞서려 한다는 점을 알아챈 것이나 마찬가지다. 이는 자신을 무의식적으로 그 사람과 대립하는 자리에 방치하는 것으로, 그 사람으로부터 작으면 경고, 심하면 보복을 당할 수밖에 없다.

습사미는 이 이치를 잘 알았던 사람이다. 집으로 돌아와 나무를 베게 한 것은 그가 타인의 은밀한 감정을 잘 알아채는 총명함을 반영하는 것이었고, 또 베는 일을 중지시킨 것은 세상인심을 잘 헤아린다는 뜻이다. 보기에 습사미는 담이 작고 연약한 사람이다. 그는 총명함을 감추고 타인의 은밀한 활동에 대해서는 알지 못한다는 우둔함을 내보임으로써 위험에서 벗어났다. 습사미는 굳이 말하자면 '눈치의 경계선'을 절묘하게 넘지 않는 처세술을 보였다.

습사미가 나무를 베려다 멈춘 것은 겉으로는 연약한 사람의 '명철보신(明哲保身)'이라는 처세 원칙을 반영한다. 여기에 진취적 목적이나 정치적 포부는 없다. 그저 화를 피하고 몸을 지키려는 '가치부전(假痴不癲)', 즉 '미친 것은 아니고 일부러 어리석은 척하는' 처세술만 있을 뿐이다. 이는 마치 훗날 '멍청하기도 어렵다'는 '난득호도(難得糊塗)'의 처세 방식과 판박이다. 타인의 은밀한 비밀을 알면서도 못 본 척하는 이런 행동은 한편으로는 세상의 불필요한 이런저런 다툼을 피하자는 것이고, 또 한편으로는 연약하고 소극적인 처세관을 부추기는 것이다. 이것이 지나치면 악을 외면하고 간사한 자들을 기르게 하여 사회에 부정적인 영향과 작용이 훨씬 크다.

사실 누구든 드러내고 싶지 않은 은밀한 일과 감정이 있다. 그러나 그런 일과 감정은 그것이 사회에 해악을 미치느냐 아니냐에 따라 그 성질을 구분할 수 있는 완전히 다른 두 부분이다. 누군가의 은밀한 비밀이 사회에 아무런 해악을 끼치지 않는다면 이는 타인의 프라이버시에 해당하는 것으로 사회가 양해하고 보호해야지 따질 일이 아니다. 반면 그 반대라면, 그것을 못 본 척해서는 안 된다. 당연히 드러내고 제지하여 사회적 책임을 지게 해야 한다.

현대인은 사회생활에서 '사생활'과 '감시와 감독'이라는 두 개의 개념을 끌어다 '사생활 보호권'으로 전자의 은밀한 활동을 보호하려 하고, '감시나 감독권'을 가지고 후자의 은밀한 활동을 폭로하고 제지하려 한다. 이에 비해 옛사람은 '연못 속의 물고기'를 헤아리는 것이 불길하다고 자인했다. 그래서 멍청한 척, 보고도 못 본 척, 총명하면서도 멍청함을 가장하는 쪽이 훨씬 현명하고 효과도 크다고 여겼기 때문이다.

감무, 왕의 비밀을 공개하여 정적을 해치다

: 비밀 유지의 조건을 성찰하다

누군가와 얘기를 나누는데, 상대방이 하는 말이 헛소리라는 생각이 들기 시작하면 그다음 말들은 모두 거짓말이 된다. 이와는 반대로 상대가 하는 말을 진실로 받아들이고 깊은 인상을 받기 시작하면 그다음 얘기들이 설사 거짓이라 해도 진짜로 받아들여진다. 현대 심리학자들은 이것을 '선입위주(先入爲主)' 즉 '선입견에 사로잡힌다'라고 말한다. 이를 잘 운용하면 허실을 혼동시키거나 가짜와 진짜를 교란시키는 효과를 거둘 수 있다. 이를 '허와 실을 서로 뒤

섞다'라는 뜻의 '허실상란(虛實相亂)'이라 한다. 관련하여《전국책》
〈진책〉(2)와《한비자》〈외저설우상〉편에는 전국시대 말기 진나라
상국 감무(甘茂, 생졸 미상 기원전 4세기 말)가 진왕을 도발하여 정적 공
손연(公孫衍)을 내쫓게 한 계책이 실려 있다.

감무는 진왕이 갑자기 장군 공손연을 중용하더니 명색이 상국인
자신을 멀리하는 바람에 고민에 싸였다. 감무는 울화가 치밀었다.
어느 날 누군가가 왕이 상국을 갈아치우려는데 그다음 후보가 바
로 공손연이라고 알려 주었다. 원래 왕은 사적으로 공손연에게 "최
근 나는 당신을 상국으로 삼으려 고려하는 중이오"라고 말했는데,
뜻밖에 이 말을 감무의 부하가 엿들은 것이다. 정보는 보아하니 틀
림없는 것 같았다.

감무는 곧장 왕을 찾아가 이렇게 말했다.

"대왕께서 능력 있는 상국을 발탁하시거든 모쪼록 저에게 축하할
기회를 주십시오."

이 말을 들은 왕은 깜짝 놀라 속으로 '저 사람이 어떻게 알았지'라
고 생각하고는 서둘러 말을 돌렸다.

"무슨 소리요? 내가 국사를 모두 당신에게 맡기지 않았소? 그런
데 또 다른 상국이 왜 필요하단 말이오?"

감무는 무례하게도 왕의 말허리를 잘랐다.

"대왕께서는 공손연을 상국으로 임명하실 생각 아닙니까?"

또 한 번 놀란 진왕은 되물었다.

"어디서 들은 유언비어요?"

감무는 잠시 머뭇거리더니 치명적인 중상의 말을 내뱉었다.

"잇! 장군(공손연) 자신의 입에서 나온 말인데….."

진왕은 입만 벌린 채 아무 말도 하지 못했다. 그러면서 속으로 '공손연, 이 인간 정말 못 믿겠군'이라며 공손연을 원망했다. 얼마 뒤 공손연은 추방되었다. 진왕은 공손연을 좋아하여 감무를 대신하여 그를 상국으로 삼고 싶었지만, 실행할 준비는 하지 않은 상태였다. 때가 아니라 이 일은 아직 자기 마음속의 비밀로서 누구든 알기를 원치 않았다. 이 일을 알게 된 감무는 마음이 편치 않았다. 그는 이 일을 막기 위해 일부러 비밀을 까발려 공손연을 해치는 계책을 펼쳤다.

감무의 비밀 공개는 두 가지 관건이 되는 지점을 장악했기 때문에 성공할 수 있었다. 첫째, 진왕의 비밀을 다른 사람이 아닌 진왕에게 까발렸다. 이 비밀의 내용이 감무 자신과 특수한 관련이 있기 때문에 비밀 공개는 진왕을 난감하게 만들었고, 또 진왕에게 비밀을 지키지 못한 무능함을 암시했다. 요컨대 감무는 비밀을 폭로함으로써 진왕의 노여움을 자극했다. 감무가 구사한 계책의 두 번째 관건은 진왕이 감무에게 그 비밀을 어디서 알았냐는 추궁에 감무는 피를 다른 사람에게 내뿜듯이 비밀 누설을 공손연 본인에게 뒤집어씌워 진왕의 노여움을 공손연에게로 옮겼다. 공손연은 진왕의 총애를 잃었고, 국상이 되려는 일도 물론 물거품이 되었다.

《한비자》에 따르면 감무의 측근이 왕이 있는 곳에 굴을 파서 그 굴을 통해 공손연에게 한 진왕의 비밀스러운 말을 도청했다고 한다. 진왕의 비밀은 공손연 한 사람만 알고 있었고, 따라서 감무의 비밀 누설과 공손연을 누설의 장본인으로 지목한 것을 진왕은 믿어 의심할 수 없었다. 공손연의 비밀 누설죄는 피할 수 없는 기정사실이 되었다. 이밖에 감무는 축하라는 명목으로 진왕의 비밀을 공개하여 자신의 도량이 크다는 것을 과시하는 한편 공손연에 대한 모함을 감추었다. 이는 또 진왕의 비밀을 공개함에 있어서 아주 타당한 구실이 되어 진왕을 이러지도 저러지도 못하게 만들었다.

우리는 누군가와 비밀스러운 이야기를 나누고 그 비밀이 새어나가지 않게 하려고 그 사람에게 신신당부를 하곤 한다. 사실 그 사람을 전폭 신뢰한다면 그런 당부조차 필요 없을 것이다. 그리고 그 비밀스러운 이야기의 내용이 다른 사람의 이해관계와 관련이 있다면 아주 신중해야 한다. 특별한 경우가 아니면 일 처리는 가능한 공개적으로 하는 것이 좋다. 또 일에 대해 결정을 내리고 공개적으로 발표하기 전이라면 속마음을 내비치지 않는 것이 바람직하다.

미자하의 '먹다 남은 복숭아'

: 인간관계와 심리적 평형의 중요성

'먹다 남은 복숭아'라는 뜻의 '식여도(食餘桃)'는 한 인간에 대한 애증의 변질과 평가가 얼마나 무상(無常)한가를 잘 보여주는 고사에서 나온 비유적 표현이다. 이 이야기는 춘추시대 위(衛)나라 군주에게 미모로 귀여움을 차지했던 미자하(彌子瑕)라는 미소년이 그 주인공이다. 이야기의 간략한 줄거리는 이렇다.

미자하가 젊고 준수한 용모로 위왕의 사랑을 독차지하고 있을 때는 복숭아를 저 먼저 먹고 남은 것을 왕에게 주어도 나무라지 않고 오히려 왕을 위하는 마음이 지극하다고 칭찬을 들었지만, 용모가 시들고 보잘것없어지자 왕은 옛날 일을 꺼내면서 '먹다 남은 복숭아' '식여도'를 자기에게 주었다며 책망했다. 이야기의 출처는 《한비자》〈세난〉 편이고, 사마천도 《사기》〈노자한비열전〉에 이를 인용했다. 앞뒤 이야기를 모두 소개하면 이렇다.

옛날 미자하라는 미소년이 위나라 임금에게 총애를 받고 있었다. 어느 날 밤, 자하는 어머니가 많이 아프다는 소식을 듣고는 임금의 명이라 속여 임금의 수레를 타고 나가 어머니를 보고 왔다. 위나라 법에 따르면 임금의 수레를 몰래 타는 자는 발이 잘리는 형벌을 받게 되어 있었다. 그러나 왕은 "효성스럽구나! 어머니를 위해 발이 잘리는 형벌을 무릅쓰다니"라며 되려 미자하를 칭찬했다.

언젠가는 이런 일도 있었다. 미자하가 임금과 함께 과수원을 거닐다가 복숭아 하나를 따서 맛을 보니 너무 달았다. 미자하는 한입 베어 먹고 남은 복숭아를 임금에게 건네주었다. 임금은 매우 기분 좋다는 듯이 "나를 몹시 사랑하는구나! 자신의 입맛은 잊고 나를 생각하다니"라며 미자하를 칭찬했다.

세월은 사람을 봐주지 않는다. 미자하의 용모가 시들어가면서 임금의 귀여움도 점점 시들해졌다. 미자하가 무슨 일로 잘못을 범해 죄를 짓자 임금은 "너는 그 옛날 내 수레를 멋대로 탔고, 또 내게 먹다 남은 복숭아를 주기도 했지"라고 말했다.

한비자는 이 이야기의 말미에다 변덕스러운 인간의 애증을 다음과 같이 비꼬고 있다.

"미자하의 행동은 처음이나 나중이나 달라진 것이 없었다. 그런데 처음에는 칭찬을 듣고 나중에는 죄를 얻었으니 무슨 까닭인가? 그것은 사랑이 미움으로 변했기 때문이다. 따라서 임금에게 귀여움을 받고 있을 때는 하는 언행 모두가 임금 마음에 들고 더 가까워지지만, 일단 임금에게 미움을 사면 아무리 지혜를 짜내서 말해도 임금 귀에는 옳은 말로 들리지 않을뿐더러 더욱 멀어진다. 그러므로 말을 올리거나 논의를 펼칠 때는 군주의 애증을 미리 살핀 다음 행하지 않으면 안 될 것이다."

미자하가 군주의 명을 빙자해서 마차를 몰고 나간 일과 먹다 남은 복숭아를 군주에게 준 두 사건은 달라진 것이 없는 일이었다. 그런데도 영공은 이 두 일에 대해 앞뒤 각각 다른 평가를 내렸다. 여기서 관건은 영공과 미자하의 감정과 그 관계에 변화가 생겼다는 것이다. 미모로 영공의 총애를 받은 미자하인지라 그 미모가 시들자 사랑도 멀어질 수밖에 없지 않냐는 것이 중론이기 때문이다.

영공이 미자하를 총애하고 있을 당시는 그 감정 때문에 미자하의 행동을 늘 좋은 쪽으로 해석했고, 이 때문에 그 행위의 불법성이나 무례함에 대해서는 소홀했다. 영공이 더는 미자하를 사랑하지 않게 되자 자신에게 잘못한 행위에 대한 책임을 추궁하면서 극도의 반감이 치밀었고, 그러다 보니 과거 행위까지 꺼내 당시는 칭찬했던 이 행동을 나쁜 쪽으로 다시 분석할 수 있게 된 것이다. 이 또한 감정에 따른 변화였다.

미자하가 군주의 명령을 빙자해서 군주의 수레를 몰고 나간 일과 먹다 남은 복숭아를 군주에게 준 일은 한때 군주의 칭찬까지 받았다. 한창 사랑을 받고 있을 때였기 때문이다. 당시 미자하는 이런저런 행동을 하면서 그 행동에 함축된 도덕적 의미까지 고려하지 못했다. 아니 고려할 필요가 없었다. 그러나 그를 총애한 군주는 그 행동 안에서 효도와 군주에 대한 충성이라는 숨은 의미를 발견했다. 같은 군주였음에도 미자하를 미워할 때는 군주의 명령을 빙자하여 군주를 욕보인 잘못을 찾아낸 것이다. 이는 아마 당초 미자하로서는 예상하지 못했을 것이다.

미자하의 행동으로 벌어진 이 두 사건은 우리에게 누군가의 행위와 그 동기를 분석하고 판단할 때 그 분석과 판단을 내리는 사람의 감정이란 요인이 중요하게 작용한다는 점을 말해준다. 따라서 그를 통해 우리는 다음과 같은 계시를 얻을 수 있다.

첫째, 행동의 주체는 늘 감정이란 요인의 작용이 자기 행위의 적극적 결과를 보증한다는 점에 유의해야 한다. 그러면 적어도 자기 행위에 대한 타인이 오해를 피할 수 있다.

둘째, 사람들은 타인의 행위를 분석하고 판단할 때 객관적으로 여러 사람의 공인을 얻고자 한다면 가능한 자신의 주관적 감정을 개입시키지 않으려고 애를 쓴다. 평가와 판단을 내리는 사람과 행위자 사이에 좋거나 나쁜 어떤 감정 관계가 개입되어 있다면 특히 상반된 고려를 통해 대조하는데 주의하여 사람과 일에 대해 오해가 생기는 것을 막아야 한다.

셋째, 사람 사이의 감정관계는 고정된 것이 아니라 변화한다. 일을 처리하면서 이 점에 주의하면 극단적 경향을 막을 수 있다. 그리고 이 모든 유의 사항을 순조롭게 처리하려면 무엇보다 심리적 평형을 유지하는 것이 중요하다.

정수의 중상모략, 코를 가려라

: 음모, 중상모략 성립의 전제조건에 주목하라

중국 역사상 가장 살벌했던 전국(戰國, 기원전 403~기원전 221년)시대에는 많은 사람들을 죽게 만든 유언비어(流言蜚語)와 중상모략(中傷謀略)의 수단이 널리 사용되었다. 왜냐하면 이 중상모략은 많은 돈이나 큰 힘이 드는 것이 아니었기 때문이다. 설사 상대가 반격하려 해도 목표를 찾을 수 없다. 게다가 효력은 놀랍다. 이 시대의 기록인 《전국책(戰國策)》과 《한비자》〈내저설하〉 편 등에는 중상모략에 관한 역사적 고사가 많이 기록되어 있다. 아래는 초나라에서 일어난 유명한 일화로 절묘한 언변과 치밀한 계책을 동원한 정수(鄭袖)라는 궁중 여성의 중상모략 사례다.

이웃 나라 임금이 초나라 회왕(懷王)에게 미녀를 선물했다. 초나라 왕은 이내 그녀에게 빠져들었다. 초나라 왕의 애첩들 중에 정수라는 여자가 있었는데, 새로 온 미녀에게 특별한 관심을 가지고 옷·장식품·가구·이불 등을 아낌없이 주었다. 그 관심의 정도는 왕보다 더하면 더했지 결코 뒤지지 않았다. 그녀의 이런 행동은 왕을 감동시켰다.

"여자는 미모로 남자를 휘어잡으려 하고 시기심과 질투심이 강한 것이 일반적인데, 정수는 내가 그녀에게 잘 대해 주고 있다는 사실을 알면서도 나보다 더 잘 그녀를 보살피는구나. 마치 효자가 부모를 공경하듯 충신이 임금을 섬기듯, 사사로운 욕심을 버리고 나를 위해 그렇게 해주다니 좋은 여자로고!"

초나라 왕이 정수를 칭찬하고 있을 때, 정수는 조용히 그 미녀를 찾아가 이런 말을 하고 있었다.

"왕께서 너를 무척이나 아끼시지만 오직 한 가지, 네 코가 다소 마음에 들지 않으신 모양이다. 그러니 다음부터는 천으로 가리고 왕을 뵙는 게 좋을 것이야."

미녀는 정수의 충고에 아주 감격해하며, 그 뒤 왕을 만날 때면 늘 천으로 코를 가렸다. 초나라 왕은 의아해하다가 어느 날 정수에게 그 까닭을 물었다.

"어째서 나를 볼 때면 천으로 코를 가리는지 그 이유를 아는가?"
"저는 잘 모릅니다만, 다만⋯."
"괜찮으니 말해 보라."
"대왕의 몸에서 나는 냄새를 싫어하는 것 같습니다만⋯."
"뭐야! 이런 발칙한 것 같으니!"

초나라 왕은 즉시 그 미녀의 코를 베어 버리라고 명령했다.

정수는 새로 궁중에 들어온 젊은 여자가 왕의 사랑을 듬뿍 받자 질투심이 일었다. 정수는 이런 자신의 감정을 겉으로 드러내지 않았다. 대신 상대에게 친절과 호의를 베풀어 마음을 샀고, 이 때문에 왕으로부터 칭찬까지 들었다. 그런 다음 자신에 대한 상대의 환심과 호감을 이용하여 결국 그녀를 해쳤다. 정수가 미녀를 해치는 전체 과정을 보면 다음 세 단계의 계책을 거쳤음을 알 수 있다.

첫 단계는 회왕의 뜻에 맞추어 여러 가지로 미녀를 돌보아 미녀의 신임을 얻었다. 또 회왕에게는 그녀를 질투하지 않는다는 인상을 남겼다. 이렇게 해서 자신에 대한 미녀와 회왕의 경계심을 완전히 해소했고, 이것이 다음 계책을 벌이기 위한 순조로운 발판이 되었다.

다음 단계는 미녀가 코를 가리는 까닭을 묻는 회왕에게 정수는 일부러 멈칫거리며 알기는 하지만 대답하기 곤란한 모습을 연출했다. 답답한 회왕이 답을 재촉했고, 정수는 미녀가 코를 가리는 진짜 이유를 말하고 싶지 않은데 마지못해 대답하는 것처럼 꾸몄다. 회왕은 미녀를 해치려는 정수의 의도를 전혀 눈치채지 못했을 뿐만 아니라 정수가 미녀를 보호하려 한다고까지 생각했다. 이렇게 해서 자신도 모르게 정수의 덫에 완전히 빠졌다.

마지막 단계로 정수는 미녀에 대한 회왕의 노여움을 도발했다. 정수는 회왕이 그 자리에서 바로 미녀를 처벌하라는 명령을 내릴 것이라는 것을 잘 알고 있었다. 이렇게 해서 내려간 명령을 되돌릴 여지를 없앴다. 미녀의 코를 베라는 명령은 바로 떨어졌고, 화를 삭인 회왕이 명령을 되돌리려 해도 때는 늦었다.

정수가 미녀를 해친 이 궁중 암투 자체를 중시하거나 연구할 필요는 없다. 다만 이 사건에서 구사된 정수의 계책은 충분히 생각해볼 가치가 있다. '코를 가려라'는 이 계책은 이런 종류의 음모가 갖는 공통점을 반영하고 있다. 속이고자 하는 쌍방, 즉 회왕과 미녀가 서로 충분한 소통이 없다는 것을 전제로 해야 성립할 수 있다는 점이다. 선량한 사람은 늘 이 계책을 성립하게 만드는 이런 전제조건을 만들지 않거나 해소하는데 주의를 기울여야 한다.

혜시, 2,400년 전에
다수결(多數決)을 이야기하다

: 다수결과 그 함정에 대한 성찰

민주주의의 여러 원칙 가운데 '다수결' 원칙이란 것이 있다. 앞서 다수결이 갖는 결함에 대한 안영의 통찰력을 살펴본 바 있다. 이 문제를 다른 각도에서 한 번 더 생각해보자. 토론과 설득을 거치고도 의견이 모이지 않으면 다수결로 결정한다는 원칙이다. 민주주의 의사결정에 있어서 다수결은 충분한 토론과 합리적 설득을 전제로 한다. 그래야만 소수의 불만을 최소화하여 모순과 갈등을 줄일 수 있기 때문이다. 따라서 다수결 원칙이 사회적으로 인정을 받으려면 합리적 대화와 성심 어린 설득 과정, 그리고 충분한 여론 수렴이 선행되지 않으면 안 된다.

하지만 다수결에는 권력과 욕망의 함수관계를 돌아보게 하는 치명적인 결함이 내포되어 있다. 권력을 쥔 다수가 소수를 무시하고 국민이 위임한 권력을 사사로운 힘으로 변질시켜 숫자로 밀어붙이려는 욕망의 유혹으로부터 결코 자유롭지 못하기 때문이다. 그 결과 토론과 여론 수렴, 그리고 설득의 과정을 생략한 채 다수로 밀어붙이는 일이 일쑤 자행된다. 그 결과 민주주의의 수준이 낮은 단계에 있는 사회일수록 다수결은 소수를 누르는 억압의 수단이 되어 버린다.

다수결의 또 다른 전제는 다수가 소수를 보호해야 한다는 민주주의 정신에 대한 믿음이다. 다수결은 어디까지나 편의주의에서 나온 산물임을 알아야 한다. 모든 사람을 다 설득할 시간과 기회비용이 충분치 않은 상황에서 나온 불가피한 선택이었다. 다수결의 이 같은 귀중한 전제를 무시한 채 무조건 수로 누르려는 풍토가 민주주의를 멍들게 한다.

절대 권력자를 정점으로 한 왕조 체제를 몇천 년 동안 유지했던 중국이나 우리의 역사에 다수결 사례는 극히 드물었다. 그런데 전국시대 궤변론자로 유명한 혜시(惠施, 기원전 약 370~기원전 약 310)란 인물이 의사결정 과정에서 다수결을 제안하고, 나아가 다수결에 대한 근원적인 의문을 제기한 바 있어 흥미를 끈다. 이 이야기는 《전국책》과 《한비자》〈내저설상〉 편에 전한다.

전국시대를 풍미했던 유세가 장의(張儀)가 위(魏)나라에서 재상을 지내고 있을 때 혜시도 함께 위나라 국정에 참여한 적이 있다. 당시 위나라는 장의의 건의에 따라 진·한과 연합하여 초나라를 협공할 계획이었다. 그러나 혜시는 초와의 전쟁을 반대했고, 이 때문에 두 사람 사이에 격론이 벌어졌다. 대신들은 대부분 초나라를 공격하는 것이 국익에 도움이 된다는 주장을 펼친 장의 쪽으로 기울어져 있었다. 위왕도 장의의 견해를 받아들일 태세였다. 혜시는 위왕을 만나 다음과 같이 자신의 의견을 밝혔다.

"보통의 일은 찬성하는 쪽과 반대하는 쪽이 대개 반반 정도로 나옵니다. 하물며 큰일이야 오죽하겠습니까? 다른 나라와 연합하여 초나라를 공격한다는 것은 나라의 큰일이거늘 대신들이 하나같이 찬성만 한다는 것은 그것이 가져다줄 득이 크다는 것이 분명하고, 대신들의 지적 능력이 완전히 같을 때만 가능한 일이 아닐는지요? 그러나 지금 초나라를 공격해서 얻는 득이 분명치 않을뿐더러 대신들의 지적 능력도 다 같지 않습니다. 그렇다면 이는 절반에 가까운 사람들의 의견이 봉쇄되었음을 뜻합니다. 대개 군주를 겁주는 자들은 이런 식으로 해서 군주로 하여금 절반에 가까운 사람들의 의견을 잃게 만듭니다."

장의와 혜시는 위왕 앞에서 초나라 공격을 놓고 대변론을 벌였다. 그 결과 장의의 의견은 군신들에 의해 '만장일치'로 통과되었고, 혜시의 의견은 묵살되었다. 이에 혜시가 다시 '표결'을 주장하며 이의를 제기하고 나선 장면이었다.

이 과정에서 혜시는 논리적 추리라는 수단으로 위왕에게 이번 표결이 일반 상식에 어긋난다는 점을 분석하고 지적했다. 그는 초나라에 대한 공격이 가져다 줄 이익과 득이 확실하고, 여기에 군신들의 판단력이 모두 같은 수준일 때라야 만장일치가 가능한 것이라는 아주 기본적인 전제 조건을 제기했다. 그런 다음, 그렇지만 현실 상황은 초나라 공격에 따른 이득도 불확실하고 신하들의 지적 판단력도 고르지 않다고 지적했다. 요컨대 위와 같은 기본적인 전제 조건이 갖추어져 있지 않은 상황에서 상식대로라면 초나라 공격에 대한 군신들의 견해는 결코 만장일치가 될 수 없다는 것이다.

혜시는 만장일치로 통과된 표결 결과가 일반적 상식에 어긋난다면서 초나라 공격에 대한 반대 의견이 봉쇄되었다고 말한다. 그러고는 다른 의견이 군주에게 전달되지 못하도록 봉쇄한 채 모두가 찬성하고 있다는 인상을 조성하고, 충분한 토론이 없는 상황에서 군주에게 서둘러 결정을 촉구하는 것은 군주에 대한 위협으로 볼 수 있다는 위험성까지 경고하고 나섰다.

혜시는 표결 결과가 자신에게 불리한 상황에서 관점을 표결 자체에 대한 의문 제기로 돌렸다. 이는 그의 기민한 정치적 감각을 잘 보여주는 대목이다. 관련 기록은 이 문제에 대해 위왕이 최종적으로 어떤 결정을 내렸는지 말이 없다. 하지만 혜시가 제기한 다수결에 대한 근본적인 의문 제기는 많은 것을 생각하게 한다.

중대한 정책이나 문제를 놓고 의견이 갈라질 때 사람들은 서로 다른 의견을 놓고 논쟁을 벌여 시비와 우열을 가린 다음 비교적 합리적인 선택을 하는 것이 보통이다. 그런데 다른 의견을 놓고 논쟁도 하지 않고, 심지어 상대의 의견은 듣지도 않고 무시하려는 상태에서 만장일치나 다수결과 같은 현상이 일어난다면 번거로운 논쟁과 곤혹스러운 판단 과정은 일단 생략할 수 있을 것이다. 하지만 이는 상식에 어긋나는 극히 비정상적인 일이다. 다른 방안을 놓고 정책 결정자들이 판단하고 선택할 기회조차 박탈하는 것으로, 최선의 결정을 절대 보증할 수 없다. 보기에는 편하고 유리하지만 실제로는 아주 유해한 현상이다.

비정상적인 현상에는 분명 비정상적인 원인이 있기 마련이다. 이 점에 대해서는 우리가 장의와 혜시의 논쟁 과정을 통해 어느 정도 유추할 수 있다. 종횡가이자 유세가의 대표적인 인물로서 장의는 궤변론자였던 혜시에 비해 더욱더 왕성한 사회활동 능력을 갖고 있었다. 정치적 파워는 말할 것도 없이 현격한 차이가 났다. 이 때문에 이 표결에서 중요한 작용을 한 것은 시비와 득실에 대한 논쟁이 아니라 두 사람의 사회활동과 권력의 차이였다. 이 때문에 표결이 비정상적으로 변질된 것이다. 물론 비정상적인 현상에는 그 나름의 특수한 원인이 내재되어 있기 마련이다. 하지만 그것이 정상적인 과정을 무시하거나 억압하는 요인으로 작용해서는 안 된다.

혜시의 문제 제기는 결국 장의가 갖고 있는 정치적 파워와 그것이 정책 결정에 미치는 비정상적 영향력에 관한 것이었다.

예나 지금이나 정책 결정에 참여할 수 있는 사람은 한정되어 있다. 그것은 어떤 면에서는 특권이다. 다만 과거에는 그 특권이 절대 권력자에게서 나왔고, 지금은 그 특권이 국민들에게서 나온다는 점이 다를 뿐이다. 그러나 정책 결정에 참여할 때는 누구나 개인의 자유의지에 따라 한 표를 행사하는 것이다. 그런데 그 자유의지가 정치적 파워에 따라 좌지우지되는 경우가 많았고, 혜시는 바로 그 점을 지적한 것이다. 즉, 다수결이 갖는 치명적 함정에 대한 성찰을 위왕에게 요구했다.

그러므로 민주사회에서 바람직한 정책 결정자라면 표결 과정을 정상적으로 진행하는 데 관심을 기울여야 한다. 즉, 표결에 참여하는 개개인의 시비 판단력을 높이는 데 노력해야 하며, 권위와 권력자의 부당한 간섭과 영향력에 맞설 수 있는 용기를 갖추어야 한다. 특히 사사로운 욕심이 이 과정에 개입되지 않도록 자기 수양에도 신경을 써야 할 것이다.

2천수백 년 전 사람이었던 혜시는 놀랍게도 다수결이 갖는 함정과 그것의 치명적 결함을 정치적 영향력과 연계시켜 통찰했다. 그러면서 중대한 정책과 문제를 두고 합리적인 의사결정 없이 다수결로 밀어붙이는 것은 비정상적인 현상이라고 꼬집었다. 그런데 지금 우리 사회에서 최고 통치자의 의중 운운하면서 국민의 심부름꾼을 자신의 하수인으로 전락시키고, 충분한 여론 수렴을 바탕으로 토론과 협의를 거쳐 도출되어야 할 중대한 정책과 법률들을 권력의 주체인 국민들이 빤히 지켜보는 앞에서 겁도 없이 다수의 힘으로 밀어붙이려는 비정상적 현상이 자행되고 있다. 더욱이 나라와 국민을 위해 정직하게 일하라고 자신들을 뽑아준 국민들을 배신하고 자신의 영혼마저 정직하지 못한 권력에 저당 잡힌 채 거수기 노릇을 자청하고 있는 정치가들 때문에 나라와 국민이 앓고 있다.

법도 상식에 기반을 두는 것이고, 다수결 원칙의 민주주의 제도도 인간의 건전하고 현명한 상식에 근거를 둘 때 의미를 가진다. 아무리 좋은 법이나 제도도 인간의 자발적 성찰이 없으면 반대로 인간을 억압하는 수단으로 변질된다. 지금 우리 민주주의가 위협받고 있으며, 인간의 상식이 협박을 당하고 있다.

민주주의에서 다수결은 51%가 49%를 보호한다는 정신에 입각해야지 51%가 49%를 억압하는 수단으로 전락해서는 결코 안 된다. 이 수치는 단 2%만 자리 이동하면 단숨에 그 위치가 바뀌는 불안하기 짝이 없는 그야말로 수치에 지나지 않는다. 다른 의견을 존중하고 인정하는 자세로부터 출발하여 충분한 설득과 대화가 인간관계를 제대로 소통시킨다. 그리고 그것이 바로 민주주의다. 이것이 전제되지 않은 다수결은 언제든지 폭력으로 바뀔 수 있음을 성찰해야 한다. 물론 토론과 설득을 거쳤음에도 무작정 반대하는 몰상식하고 수준 이하의 사람들이라면 다수결은 정당한 의사결정의 가장 유력한 방식임은 틀림없다.

혜시, 참신하지만 소극적인 문제제기

: 환경의 적응과 개조, 그리고 인간관계

혜시 이야기를 한 꼭지 더 해본다. 도가(道家) 계통의 대표적인 책인 《장자(莊子)》〈천하(天下)〉 편에서 혜시는 장자(莊子)의 친구로 나온다. 장자는 그를 두고 "박학다식하고 저서는 수레 다섯 대 분량이나 된다"라고 했지만 엉뚱한 변설만 잡다하게 늘어놓은 궤변론자로 치부하고 있다. 〈소요유(逍遙遊)〉 편에는 장자와 혜시의 논쟁도 기록되어 있다. 혜시는 전국시대 송(宋)나라 사람으로 위(魏)나라 혜왕(惠王)의 재상이 되어 동방 6국이 힘을 합쳐 강대국 진에 맞서자는 합종책(合縱策)을 제안하여 적지 않은 호응을 얻었지만, 진나라의 책사 장의(張儀)의 음모에 말려 실각하고 여러 나라를 떠돌다가 위나라에서 죽었다. 그는 장자의 평가대로 '산은 연못보다 평평하다'라는 등과 같은 황당한 주장을 편 궤변론자로도 잘 알려져 있다.

혜시의 언행은 《전국책》, 《한비자》, 《여씨춘추》, 《장자》 등에 단편적으로 남아 있는데, 궤변론자로만 보기에는 아까운 참신한 문제 제기가 간간이 눈에 띈다. 이 이야기도 그중 하나로 《한비자》〈세림상〉 편에 보인다.

혜시의 친구 전수(田需)가 위왕의 눈에 들어 중용되었던 적이 있다. 그러자 혜시는 전수에게 다음과 같이 경고해주었다.

"위왕 가까이에 있는 사람들에게 잘해주어야 할 것이야. 예컨대 수양버들은 옆으로 심어도 잘 자라고, 똑바로 심어도 잘 자라고, 잘라서 심어도 잘 산다. 그러나 열 사람이 나서서 제아무리 열심히 심어도 뽑아버리는 한 사람을 당해내지 못한다. 어떻게 심어도 잘 사는 생물인데, 심는 열 사람이 뽑는 한 사람을 감당하지 못하는 원인은 심기는 어려워도 뽑기는 쉽기 때문이다. 그대가 지금 그대의 힘으로 군왕의 눈에 들어 중용되긴 했지만, 군왕 주위에 그대를 제거하려는 사람이 많으면 아주 위험해진다."

　전수는 위왕에게 중용되었다. 분명 그럴만한 능력이 있었기 때문일 것이다. 하지만 전수의 능력이 아무리 대단해도 언제까지나 군주의 사랑을 받으리라는 보장은 없다. 위왕은 한 나라의 군왕으로서 국가 정치활동의 중심에 있기 때문에 많은 대신들이 그 주위를 둘러싼 채 총애를 얻으려고 애를 쓴다. 그중에는 분명 왕이 아주 총애하는 친한 측근도 적잖이 있을 것이다. 이런 자들이 위왕의 정책 결정과 사람을 기용하는 일 등에 참여하여 사람과 일에 대한 왕의 판단에 영향을 주고, 심지어는 왕이 갖고 있는 기존의 관념들까지 흔들어버리기 일쑤다. 전수가 이들의 인정과 지지를 얻지 못하면 그들은 틀림없이 왕 앞에서 전수를 헐뜯고, 끝내는 전수에 대한 위왕의 신임을 흔들어 전수에 대한 왕의 총애를 잃게 만들 것이다.
　버드나무는 잘 살고 잘 자라는 식물이다. 하지만 심은 다음 뽑아버리면 살 수 없다. 따라서 심고 나면 누군가에 의해 뽑히지 않도록 경계해야만 한다. 마찬가지로 전수에게는 군왕의 신임을 살만한 능력이 있지만, 그 역시 타인들의 비방과 모함을 받지 않고 군왕의 오랜 신임을 얻으려면 그 사람들이 군왕 앞에서 자신을 비방하는 것을 막아야 한다. 혜시는 이런 이치를 분명하게 밝혀 전수에게 군주의 총애를 유지할 수 있는 실용적인 방책을 일러준 것이다.

그런데 가만히 생각해보면, 혜시가 일러준 실용적 방책이란 것이 공교롭게도 우리가 사회생활을 하면서 부딪치게 되는 복잡한 관계에 대한 대비책과 일맥상통한다. 혜시는 사람들에게 한 사람이 사회에서 어느 정도 인정받느냐 하는 것은 그 개인의 능력으로만 결정되는 것이 아니라 그 사람의 인간관계, 즉 그 관계의 폭과 깊이가 어느 정도냐에 따라 결정된다고 말한다. 좋은 인간관계는 어쨌거나 개인의 잠재 능력을 이 사회에서 실현할 수 있는 기회와 조건을 보장하기 때문이다.

하지만 여기서 우리는 다음과 같은 사실을 잊어서는 안 된다. 인간은 누가 뭐라 해도 자각할 수 있는 능동적 생명체다. 환경에 적응해야만 생존할 수 있는 것은 분명하지만, 그와 동시에 생존을 위해 환경을 개조할 수 있는 능동성도 갖추고 있는 존재다. 인간의 진정한 존재가치는 이런 능동적 개선 능력에 있다. 이 점에서 인간은 버드나무의 생존과 엄연히 다르다. 그러니 혜시의 경고는 환경에 대한 적응이란 측면에만 주목했지, 환경을 개조할 수 있는 인간의 능력이란 측면은 소홀히 했다.

혜시는 오로지 군왕의 측근들에게 잘 보이고 잘 대하라고만 권유하고 있다. 이들과 좋은 관계를 유지하라는 말이다. 물론 혜시는 이런 관계 설정이 사회생활에서 결코 소홀히 할 수 없는 상당히 중요한 문제라는 점을 지적하고는 있지만, 이런 권유는 타인의 비위만 맞추고 모든 사람과 두루뭉술 잘 지내기만 하면 된다는 삐뚤어진 처세의 길로 잘못 이끌 위험성이 크고, 끝내는 진실한 자아마저 상실하게 할 소지가 다분하다.

진실한 자아를 상실하고 본성이 뒤틀린 사람이 이 사회에서 큰일을 해낼 가능성이 없다. 왜냐하면 그런 사람은 자기 자아를 주변 환경과의 관계 안에서만 적응시키기 위해 늘 개인의 유한한 정력을 자기 영혼을 갉아먹는 일과 자신의 행동을 정해진 길로만 이끄는 통제 기능에만 집중하는 탓에 큰일을 할 기백도 자신도 상실하게 되고, 나아가서는 외부 압력에 저항할 결심과 강인함도 가질 수 없기 때문이다. 따라서 진정한 의미의 사업 성공도 불가능하고, 진정한 의미의 인생 가치도 실현할 수 없다. 이런 관계가 만연할 경우 사회는 병이 든다.

혜시의 버드나무 이론은 사회생활에 있어서 관계의 중요성을 적절한 비유를 통해 이해하기 쉽게 지적하고 있다. 하지만 혜시는 인간의 보수적 수동성에만 착안

혜시는 궤변론자로 많이 알려져 있지만, 가만히 살피면 그가 조직과 인간관계에서 부딪치는 여러 문제에 슬기롭게 대처할 수 있는 인식과 적절한 방법을 찾을 수 있다. 혜시의 초상화이다.

한 나머지 그보다 훨씬 중요한 창조적 능동성을 놓쳤다. 물론 과거 권력이 1인에게 집중된 체제가 갖는 한계가 이 같은 창조적 능동성을 제약하고 때로는 말살하려고 했지만, 그렇다고 이 체제에서 모든 관계가 혜시의 지적처럼 버드나무의 생존 방식과 같았던 것만은 아니었다. 어쨌거나 혜시의 버드나무 논리는 우리를 둘러싼 환경과 거기에서 발생하는 인간관계에 대한 수동적 적응과 능동적 개조라는 문제에 대해 귀중한 성찰의 기회를 선사하고 있다.

태자 상신의 격장술

: 선수(先手)와 예측(豫測)은 정확한 정보에서 나온다

《한비자》〈내저설하〉 편을 비롯하여 《좌전》(문공 원년), 《사기》〈초세가〉 등에는 춘추시대 초나라의 태자 상신(商臣)이 아버지 성왕(成王, ?~기원전 626)이 후계자로 누구를 마음에 두고 있는지를 살피기 위해 썼던 '격장술(激將術)'이 기록되어 있다. '격장술'이란 '장수의 심리와 심기를 자극하는 용병술'이다. 쉽게 말해 누군가의 약을 올리거나 고의로 화를 내게 만들어 그 반응을 보고 대책을 세우는 것이다. 먼저 이 이야기를 따라가보자.

성왕은 일찌감치 상신을 태자로 삼았다. 그런데 무슨 까닭인지 갑자기 생각을 바꾸어 상신을 폐하고 어린 공자 직(職)을 태자로 삼고자 했다. 이를 알게 된 상신은 그것이 사실인지 아닌지를 판단하기 어려웠다. 아버지의 정확한 의중을 알아보기 위해 상신은 스승인 태부(太傅) 반숭(潘崇)과 상의했다. 반숭의 조언에 따라 상신은 아버지 성왕이 몹시 아끼는 고모 강미(江芈)를 동궁으로 초청하여 술자리를 베풀면서 일부러 오만불손한 언행으로 강미를 자극했다. 강미는 잔뜩 화가 나서는 밥상을 두드리며 일어나 큰 소리로 "이런 천한 것! 왕께서 너를 죽이고 공자 직을 태자로 세우려는 것이 하나도 이상할 것 없구나!"라고 욕을 했다. 그러고는 바로 그 자리를 박차고 나갔다. 상신은 이로써 아버지의 뜻을 똑똑히 알게 되었고, 이어 바로 선수를 쳐서 아버지 성왕을 압박해 죽였다.

성왕이 태자를 폐위할 뜻이 있고 없고는 신변의 가까운 사람 몇만 알 수 있는 극비 사항이었고, 따라서 이들이 상신에게 직접 정보를 알리기란 불가능했다. 또 이들에게 대놓고 직접 성왕의 의중을 물었다가는 그 사실이 성왕의 귀에 들어가 오히려 일이 더 커질 것이 뻔했다. 그래서 상신은 강미를 자극하는 방식으로 성왕의 의중을 탐색했던 것이다. 흔히 보는 '격장술'은 주로 스스로를 대단하다고 여기고, 또 실제로 능력이 있는 사람에 맞추어 그들에게 어떤 일에 결심을 내리게 만들기 위해 일부러 모욕을 주고 깎아내리는 것이다. 말하자면 자존심을 이용하여 그들로 하여금 마땅히 해야 할 일이라는 결심을 재촉하는 것이다.

그런데 상신이 여기서 이용한 '격장술'은 다음과 같은 독창성을 갖추고 있다. 먼저 격장의 목표가 자극을 받은 자로 하여금 어떤 일을 결심하게 한 것이 아니라 자신의 앞날과 관련한 숨어 있는 특별한 비밀을 탐지하고자 한 점이다. 다음으로 격장의 대상이 어떤 일의 집행자(성왕)가 아니라 어떤 비밀을 아는 소식통(고모 강미)이라는 점이다. 동시에 격장술을 구사한 사람과 그 자극을 받는 사람이 일반적인 격장술 속의 그런 모습이 아니라 쌍방의 사회적 역할이 상하관계 또는 평등관계에 속하는 일종의 아래와 위의 관계라는 점이다.

태자 상신은 윗사람인 강미를 술자리에 초청하여 오만불손하게 굴면서 강미의 자존심에 생채기를 냈다. 성질 급한 강미는 바로 보복(?)에 나서 자신이 알고 있는 비밀, 즉 왕이 태자를 폐위시키려 한다는 비밀 정보를 분노와 욕설에 담아 누설해버렸다. 흔히 보는 격장술과 달리 상신의 격장술은 그 성질이란 면에서 격장이 수단이 아니라 이용 수단이자 비밀을 이끌어내서 탐지하는 책략이란 점에서 일반 상식을 벗어나 있다.

여기서 몇 가지 더 생각해볼 지점이 있다. 먼저 아버지 성왕의 동향을 알아볼 수 있는 정보력의 문제다. 성왕이 자신을 폐위시킬 뜻이 있다는 사실 확인이 먼저였기 때문이다. 이는 태부 반숭이 있기에 가능했다. 다음으로 성왕과 강미의 관계, 강미의 기질을 정확하게 파악하고 있어야만 했다. 성왕의 의중을 가장 잘 알고 있는 측근으로 강미라는 존재에 대한 인식과 그녀의 성질이 어떤가를 제대로 알고 있어야 했다. 이 두 가지 조건이 있어야만 '격장술'이 통할 수 있기 때문이다. 상신과 태부 반숭은 이런 기본 정보를 정확하게 파악하고 있었고, 그에 맞추어 강미를 대상으로 '격장술'을 효과적으로 구사했다.

일상에서, 특히 조직 생활에서 상사가 되었건, 동료가 되었건, 아래 직원이 되었건 드러나지 않는 의중을 알아야 할 경우가 있다. 이럴 때 상신이 구사한 '격장술'은 충분히 참고가 된다. 다만, 그 의도가 불순해서는 안 된다. 누군가를 해치기 위해 이 술수를 쓰는 것은 결코 옳지 않기 때문이다. 정확한 정보력이 전제되어야 하고, 상대에 대한 배려도 잊지 않아야 한다. 이런 점에서 일상에서의 '격장술'은 훨씬 더 수준이 높아야 가능해진다.

자반과 곡양, 술과 핑계

: 사사로운 묵계(默契)와 묵인(默認)의 후과

이 이야기는 기원전 575년 춘추시대 중기에 일어난 사건의 하나이다. 《한비자》에는 〈십과〉와 〈식사〉 두 편에 기록되어 있다. 이야기 전부를 소개하긴 번거롭기에 그 내용을 모아서 정리 요약해본다.

기원전 575년, 남방의 강국 초나라의 공왕(共王)과 무장인 사마자반(司馬子反)은 대군을 이끌고 전투에 나섰다. 군대는 언릉(鄢陵, 지금의 하남성 언릉 서북)에서 북방의 강자 진(晉)과 대치했다. 자반은 평소 심하게 술을 탐하는 사람이었다. 공왕은 출전에 앞서 거듭 술 조심을 당부하는 한편 자반 주위의 신하들에게 감시를 명령했다.

두 나라 군대는 접전을 벌였고, 서로 승패를 주고받는 등 좀처럼 승부가 나질 않았다. 그러던 어느 날 밤, 자반은 막사에서 진나라 군대를 물리칠 대책에 대해 고심하고 있었다. 생각에 생각을 거듭하던 자반은 목이 말라 물을 찾았다. 자반을 곁에서 모시는 곡양(谷陽)은 고민에 빠진 장수를 보고는 문득 무슨 생각이 들었는지 곡주(穀酒)를 올렸다. 자반은 눈을 반짝이며 낮은 목소리로 "술 아니냐?"라고 물었다. 곡양은 주위의 다른 사람들이 사실을 알고는 공왕에게 일러바칠까봐 일부러 "술이 아니라 매운 산초탕입니다"라고 둘러댔다.

순간 자반은 곡양의 말뜻을 알아채고는 단숨에 산초탕, 아니 술을 들이켰다. 오랜만에 마시는 술이라 꿀맛 같았고, 자반은 자제력을 잃고는 연거푸 산초탕, 아니 곡주를 여러 잔 마셨다. 곡양은 공왕의 경고를 들은 여러 시종들이 보는 앞에서 큰 사발로 곡주를 여러 사발 자반에게 바쳤다.

이후의 상황이 어떠했는지는 말하지 않아도 짐작이 갈 것이다. 술에 취한 자반이 어떻게 되었는지 이야기하기에 앞서 이 전투 초기 상황으로 돌아가 본다. 사실 이 전투에서 초나라는 고전을 면치 못했다. 뿐만 아니라 공왕은 진나라 장수 위기(魏琦)가 쏜 화살에 눈까지 맞았다. 공왕은 수치심을 견디며 명사수 양유기(養由基)에게 화살 두 발을 주며 자신의 눈을 쏜 자를 반드시 쏘아 죽이라고 했다. 양유기는 단 한 발로 위기를 죽이고 남은 한 발을 공왕에게 바침으로써 공왕의 복수에 성공했다.

자반이 술에 취한 사건은 바로 이다음에 일어났다. 공왕은 반격을 위한 대책을 세우기 위해 자반을 불렀다. 자반은 이미 만취한 상태였고, 당연히 공왕의 부름에 나가지 못했다. 아니 일어나지도 못했다. 화가 난 공왕은 군대를 이끌고 철수해버렸다. 남아 있던 양유기는 술에 취해 일어나지도 못하고 있는 자반을 밧줄로 묶은 다음 뒤이어 철수했다. 일행은 200리를 행군했고, 그제야 자반은 술에서 깼다.

자기 때문에 일을 그르친 사실을 안 자반은 "곡양이 나를 죽이는구나!"며 통곡했다. 공왕은 사람을 보내 모두가 자신의 잘못이라며 자반을 나무라지 않았다. 자반은 공왕의 숙부였다. 그러나 자반과 사이가 좋지 않던 영윤(令尹) 자중(子重)은 자반에게 군대를 잃은 사람의 결말이 어떤 것인지 모르냐며 자반을 추궁했다. 자반은 스스로 목숨을 끊었다. 공왕이 사람을 보내 자반을 말리려 했지만 이미 늦었다.

곡양이 자반에게 술을 바친 것은 군주의 명령을 어긴 일이었을 뿐만 아니라 전투까지 그르치게 만들었다. 여러 책들이 이 일을 기록하면서 '작은 충성이 큰 충성을 해친다'는 이치를 설명하고 있다. 그런데 우리는 여기서 곡양이 어떻게 여러 사람이 지켜보는 가운데 자반에게 술을 바침으로써 '작은 충성'을 실현할 수 있었는가에 주목할 필요가 있다. 곡양의 이 '작은 충성'이 가능했던 핵심은 '탕'이라는 이름을 빌려 '술'이라는 실제를 바쳤다는 데 있다.

모든 사물에는 그에 상응하는 이름을 갖고 있다. 이 이름은 세상 사람들이 그렇게 부르자고 약정한 것이다. 따라서 그 사물 자체와 그 속성은 본질적인 관계를 맺고 있지 않다. 곡양은 객관적 사물의 '이름'과 '실질'을 나눌 수 있다는 성질을 이용한 것뿐이다.

술을 목숨처럼 여기는 자반에게 술이 필요할 때 곡양은 그에게 진짜 술을 갖다주었다. 그러면서 술을 조심하라는 공왕의 명령과 경고를 집행하고 감시하는 신하들을 향해서는 마시는 것에다 '탕'이라는 이름을 씌웠다. 자반은 술을 탕이라 부르는 곡양의 심기를 바로 알아챘다. 두 사람은 서로 알아서 자연스럽게 묵계(默契)하고 묵인(默認)했다. 이렇게 해서 좋은 술은 내가 기분 좋게 마시고, 탕이란 이름으로 다른 사람을 대응했다.

자반은 곡양의 핑계를 댔다. 하지만 곡양의 입장에서 보면 자신이 모시고 있는 자반의 고민을 그냥 보아 넘길 수 없었다. 자반의 심기를 헤아린 곡양은 그래서 이름만 바꾸는 얄팍한 술수로 자반을 만족시켰다. 옛 책들은 이런 행동은 두고 '작은 충성'이니 '큰 충성'이나 하면서 거창하게 점잔을 뺐지만, 그것은 그냥 권력자의 비위를 맞추는 아부에 불과하였다.

또 하나 자반의 음주를 감시하라는 왕의 명을 받은 자들도 그냥 넘길 수 없다. 그들은 결과적으로 왕의 당부를 어겼다. 그들은 '탕'

이란 이름만 듣고 그냥 그것이 술이 아니라고 단정했다. 왕이 경계하라고 했던 물질의 내용을 조사하거나 감독하지 않고 곡양이 갖다 붙인 이름에 맥없이 속아 넘어갔다. 그런데 과연 그들이 진짜 속은 것일까? 그들이라고 자반의 애주 기질을 아주 몰랐을까? 그들 역시 '묵인(默認)'이란 혐의에서 벗어날 수 없다.

조직이나 나라의 정책에서도 마찬가지다. 명목만 슬쩍 바꾸어 속임수를 감추려는 짓이 여전하다. 이른바 측근이란 자들이 가장 많이 벌이는 짓이 이런 것이다. 귀에 걸면 귀걸이 코에 걸면 코걸이라는 식으로 글자 몇 개 바꾸고, 말 몇 마디로 꾸며서 사리사욕을 채운다. 묵계와 묵인을 통해서. 그러면서 권력자에게는 한두 잔은 몸에도 좋고 정신건강에도 괜찮다는 얄팍한 말장난으로 유혹한다. 이런 자가 바로 간신이다.

문제는 못난 리더도 그 유혹을 기다렸다는 듯이 냉큼 받아 든다는 것이다. 여기서도 예의 묵계와 묵인이 오고 간다. 그래서 못난 리더

리더는 측근의 권유, 심하게 말해 유혹에 넘어가지 않도록 매사에 주의해야 한다. 혹하는 달콤한 권유일수록 독이 되기 쉽기 때문이다. 사진은 눈에 화살을 맞은 공왕의 모습이다.(호북성 무한武漢 동호東湖 역사공원)

와 간신의 관계를 숙주와 기생충에 비유하는 모양이다. 그러나 이런 묵계와 묵인, 숙주와 기생충의 관계가 저들끼리는 얼마든지 가능할지 몰라도 그 결말은 거의 비슷하게 귀착되었다는 역사의 교훈을 잊지 말지어다. 실패, 패배, 망신, 망조, 망국 중 하나로. 멀리 갈 것 없이 위 곡양의 최후만 봐도 결말은 뻔하다. 사사로운 묵계와 묵인에 담긴 것은 술도 탕도 아닌 독이기 때문이다.

사족 한 마디 덧붙인다. 흔히들 술 마시고 실수한 다음 술 핑계를 댄다. 술 때문이라고. 하지만 이는 술에 대한 모독이다. 술 때문이 아니라 술이 그 사람이 그런 사람임을 드러내준다고 해야 옳다. 술에 무슨 죄가 있겠는가?

굴곡, 표주박 같은 자라고 전중을 비꼬다

: 풍자와 조롱에 담긴 함의(含意)에 대한 성찰

법가의 사상이 한 곳에 모여 있는 《한비자》에는 《장자(莊子)》 못지않게 우화(寓話)가 많이 수록되어 있다. 영어로 'Fable'이라고 하는 우화는 우리에게는 《이솝 우화》로 잘 알려진 짧은 이야기를 말한다. 주로 동물이나 사물을 사람처럼 꾸며 현실에서는 일어나기 힘든 신비로운 설정을 통해 사회적 풍자나 도덕적 교훈을 주고자 한다. 《장자》는 우화의 이런 특징들이 고스란히 드러나는 데 비해

《한비자》는 동물이나 무생물보다는 실존 또는 가상의 사람들을 내세워 풍자와 조롱을 일삼는 우화들이 많은 편이다. 아래 이야기는 〈외저설좌상〉 편에 나오는 이야기다.

제나라에 전중(田仲)이라는 은자(隱者)가 있었다. 하루는 굴곡(屈穀)이라는 송나라 사람이 그를 찾아와 이렇게 말했다.

"제가 듣기로 선생은 다른 사람 덕에 먹고 살아서는 안 된다고 주장했다지요. 제가 표주박 하나를 가져왔는데 단단하기가 돌 같아 뚫을 수가 없습니다. 이걸 선생께 드리지요."

전중이 이렇게 말했다.

"표주박이 귀한 까닭은 물건을 담을 수 있기 때문인데 이건 두껍기만 하고 뚫지를 못하니 물건을 담을 수 없고, 돌처럼 단단하니 갈라서 물에 띄울 수도 없지 않소. 이런 표주박은 필요 없소이다."

굴곡이 이렇게 말했다.

"그렇죠. 그래서 저도 이 쓸모없는 것을 버리려고 합니다. 지금 선생은 남에게 빌붙어 먹고 살지는 않지만 그렇다고 나라에도 쓸모없으니 이 단단한 표주박과 같지 않겠습니까?"

전중에 대한 굴곡의 조롱이 대단히 날카롭다. 은자의 생활이 보기에는 좋지만 실제로는 아무 짝에 쓸모없는 표주박 같다는 뜻이다. 하지만 굴곡의 비유는 지나친 감이 없지 않다. 은자도 여러 종류가 있을 수 있기 때문이다. 가짜도 있고, 진짜도 있다. 몸은 강호에 있으면서 마음은 궁궐에 있는 자가 있는가 하면, 물러났다가 다시 나아가려는 자도 있다. 또 스스로 고고한 척하여 몸값을 높이려는 자가 있고, 정말 부귀와 영화를 헌신짝처럼 여기는 진정한 은자도 있다.

춘추시대 진(晉)나라 문공(文公)의 19년 망명을 수행했던 개자추(介子推)는 논공행상에서 제외되자 미련 없이 노모를 모시고 산속으로 숨었다. 또 백이(伯夷)와 숙제(叔齊)처럼 지조를 지키기 위해 굶어 죽은 은자들도 있었다. 하지만 이른바 숨어 산다는 자들을 가만히 살펴보면 속세에 미련을 버리지 못한 채 그런 척하는 자들이 대부분이다. 예나 지금이나 별반 다르지 않았다. 다만 요즘 세상은 숨어 사는 척하는 것이 아니라 자기 이름을 여기저기 팔아서 명성을 얻으려는 자들이 훨씬 많을 뿐이다. 본질은 매한가지다. 그런 점에서 굴곡의 풍자와 조롱은 역으로 여전히 쓸모가 있어 보인다. 관련하여 사마천은 고상한 척 숨어 사는 자들의 본질을 다음과 같이 날카롭게 간파한 바 있다.

"선비가 바위 동굴에 은거하여 세상에 명성을 드러내는 것은 무엇을 위한 것인가? 결국은 부귀를 위한 것이다."

궁타, 몸값을 올리는 비결

: 다른 사람의 힘과 명성을 파는 자들을 경계하라

약한 사람 앞에서 자신의 위세를 떠벌리는 것은 물론, 다른 사람의 힘과 명성을 빌어 자신을 높이는 이른바 '사칭(詐稱)'으로 목적을 달성하려는 자들이 있다. 중국어에서 이런 술수를 '납대기작호피(拉大旗作虎皮)'라 한다. '큰 깃발을 꺾어 호랑이 가죽처럼 삼는다'라는 뜻이다. 다시 말해 깃발을 호랑이 가죽이라고 속여 상대를 압도하거나 바라는 바를 얻어내는 것이다.

《한비자》〈세림하〉에 이와 관련한 사례가 있다. 주조(周躁)란 인물이 제나라를 찾아가 벼슬을 하나 얻고 싶어 했다. 주조는 제나라에서 관직 생활을 하고 있는 친구 궁타(宮他)에게 이렇게 부탁했다.

"자네가 나를 위해 제나라 왕께 이 몸이 외교를 담당하는 신하가 되고 싶어 한다고 말을 좀 해 주게나. 제나라가 나에게 힘을 빌려 주면 위나라로 가겠네."

그러자 친구 궁타는 이렇게 말했다.

"그건 안 될 말이네. 그렇게 되면 제나라는 자네를 가볍게 여기게 되지. 그러니 자네는 위나라가 중시하는 인물이라는 것을 보여주어야 하네. 자네는 제나라 왕에게 '왕께서 위나라에 대해 바라는 것을 위나라로 하여금 들어주도록 하겠습니다'라고 말해야 하는 것이야. 그러면 제나라는 필시 자네에게 힘을 줄 것이고, 자네가 제나라로부터 힘을 얻으면 그것으로 위나라를 움직이는 것이지."

위 이야기를 좀 더 설명하자면 이렇다. 주조의 뜻인 즉 제나라의 특사로 위나라를 방문하고 싶다는 것이었다. 만약 제나라 왕이 자신을 지지한다면 위나라로 하여금 제나라와 친하게 만들어 보겠다. 반면에 친구 궁타는 그 생각에 반대를 표시하면서 이렇게 말한 것이다. 그건 안 된다. 그렇게 말하는 것은 네가 위나라에서 환영 못 받는 사람이라고 말하는 것이나 마찬가지다. 그런 사람을 제나라 왕이 임용하겠는가.

여기서 주조는 그러면 어떻게 말해야 하는 것인지 물었을 것이다. 궁타는 다음과 같이 요령을 일러준다. 자신감 넘치게 제나라 왕에게 가서 "위나라에 대해 무엇을 바라십니까? 제가 위나라의 힘을 기울여 왕의 바람을 만족시켜 드리겠습니다"라고 말하는 것이다. 그러면 제나라 왕은 자네가 위나라에서 영향력이 있는 인물이라 여겨, 좋은 대우로 자네를 임용할 것이다. 그런 다음 자네가 그 힘으로 위나라에 가면, 위나라 왕도 자네가 제나라에서 권세가 있다는 것을 인정하고 자네를 깔보지 않을 것이다. 이렇게 하면 자네는 제나라 왕도 움직일 수 있고, 위나라 왕도 움직일 수 있게 된다.

주조는 원래 무명의 인물로 제나라에서 벼슬을 얻는다는 것이 쉽지 않으리라 생각했는데, 친구 궁타가 그를 위해 좋은 방법을 강구해 주었다. 즉, 거짓으로 위나라의 이름을 빌려 자신을 높여 제나라에서 벼슬을 얻는 목적을 달성하고, 다시 제나라의 이름으로 자신의 위세를 높인 다음 위나라로 하여금 자신을 소홀히 할 수 없도록 한 것이다.

현대 사회에서 자신의 진면목을 숨기고 이런 방법으로 사회에 끼어들거나 남의 눈길을 끌도록 이리저리 설치고 다니며 명성을 얻는 자들과 그런 일들이 적지 않다. 예를 들어 신문 기사에 매일 실리는 사기 사건을 보면 사기꾼들이 하나같이 사용하는 수법의 하나가 '큰 깃발을 꺾어 호랑이 가죽처럼 만드는' 식의 '겉모양으로 사람들을 놀라게' 하는 것이다. 즉, 그렇게 자신을 감추고, 자기가 모 인사와 관련이 있다거나 모 부처와 연관이 있다거나 해서 상대의 신임을 얻는다.

'큰 깃발을 꺾어 호랑이 가죽처럼 만드는' 수법은 많은 사람들이 수도 없이 써먹은 모략으로, 예로부터 권력과 재물이 있는 사람은 물론 심지어는 선량한 사람들도 이 모략에 숱하게 당해 왔다. 인류 문명이 점차 발전함에 따라 이 모략이 성공할 확률은 갈수록 떨어지고 있기는 하지만 여전히 심심찮게 우리 주위에서 벌어지고 있다.

이런 자들은 필요하면 심지어 스스로를 하찮은 존재로 만드는 것은 물론 자신을 대단한 사람으로도 위장한다. 수시로 변신한다. 권력을 얻으면 돌변하여 사람들을 찍어 누른다. 이런 자들이 권력을 얻는 과정을 잘 살피면 '큰 깃발을 꺾어 호랑이 가죽처럼 만드는'

'납대기작호피', 즉 떠벌리고 사칭하는 수법을 어렵지 않게 발견할 수 있다. 출세지상주의자들이 큰 자리나 권력으로 다가가기 위한 상투적인 모략으로 보면 된다. 이런 자들은 경계하지 않을 수 없다.

오자서, 임기응변으로 관문을 벗어나다

: 시비(是非)의 맹점(盲點)을 활용한 오자서의 기지(機智)

춘추시대 초나라의 인재 오자서(伍子胥, ?~기원전 484)는 간신 비무극(費無極)의 모함으로 아버지와 형님을 잃고 초나라에서 탈출하여 오나라로 망명했다. 당시 오자서의 극적인 망명은 훗날 전설이 되어 여러 기록에 남아 있다. 이를 '오자서의 출관(出關)'이라고들 한다(출관이란 국경을 벗어났다는 뜻이다). 오자서가 초나라에서 탈출하자 전국 방방곡곡에 수배령이 내려졌다. 오자서는 운신조차 힘들게 되었다. 어떻게 국경을 빠져나갈까? 오자서는 밤새 고민했다. 얼마나 고민했던지 밤사이에 머리카락이 죄다 하얗게 새버렸다. 덕분에 달리 변장이 필요 없게 되었고, 오자서는 자연스럽게 초나라의 국경 관문인 소관(昭關)을 빠져나갈 수 있었다. 이것이 가장 보편적인 '오자서 출관' 스토리다.

사마천 《사기》 〈오자서열전〉에는 이렇게 기록되어 있다. 오자서는 태자 건(建)의 아들인 승(勝)과 함께 달아나다 소관에 이르러 병사들에게 붙잡힐 뻔하자 승과 헤어져 혼자 도망쳤다. 장강에 이르러 거의 붙잡힐 상황이었데, 마침 한 어부가 배를 타고 다가와 오자서를 강 건너로 피신시켰다. 오자서는 오나라에 이르기도 전에 병이 나 밥을 빌어먹으면서 오나라에 다다랐다.

한편 《한비자》〈세림하〉 편에는 관련한 또

오자서의 탈출 과정은 드라마보다 더 드라마 같았다. 그림은 오자서를 배에 태워 위기를 넘기도록 해준 어부에게 검으로 사례하는 오자서의 모습이다.

다른 전설이 전한다(《오월춘추》에도 비슷한 전설이 기록되어 있다). 당시 관문을 지키고 있는 문지기가 오자서 얼굴을 알아보고 상금과 벼슬이 탐나 오자서를 붙잡았는데, 오자서가 순간적인 기지를 발휘해 풀려났다고 하는 전설이 바로 그것이다. 당시 오자서는 어떤 기지를 발휘했을까?

오자서는 자신을 잡아 넘기려는 문지기에게 자신은 보물을 훔치는 바람에 수배령이 내려졌는데, 지금은 보물을 다 없애고 하나도 갖고 있지 않은 상태라고 말했다. 당신이 만약 나를 잡아가면 나는 당신이 내 보물을 다 빼앗아 갔다고 말할 것이고, 당신은 상금은커녕 목숨도 부지하기 힘들이라고 공갈을 쳤다. 고민 끝에 문지기는 오자서를 놓아주었다.

문지기는 오자서에 대한 수배령은 알고 있었지만 무슨 일로 수배 령이 내려졌는지는 몰랐다. 문지기의 표정 등에서 자신이 무슨 죄로 수배당하고 있는 것을 모르고 있다고 직감한 오자서는 순간적 기지로 문지기를 농락했다. 문지기는 이해관계를 이리저리 저울질 한 끝에 오자서를 풀어 주었다. 그뿐만 아니라 누구에게도 이 일을 말하지 못했다. 오자서를 놓아주는 자가 있다면 전 가족을 다 죽인 다는 명령이 있었고, 문지기는 가족의 목숨을 가지고 감히 이러쿵 저러쿵할 수 없었기 때문이다.

오자서가 탈출에 성공할 수 있었던 데는 두 개의 전제조건이 있 었기 때문이다. 하나는 말한 대로 오자서가 무슨 일로 수배를 당하 고 있는지 문지기는 몰랐다는 점이다. 이 때문에 오자서의 보물 이 야기가 씨가 먹혔다. 또 하나는 문지기와 오자서가 만났을 때 제삼 자가 그 현장에 없었다는 점이다. 이 때문에 중간에서 시비와 다툼 을 증명해줄 사람이 없었다. 이 때문에 오자서가 과감하게 보물을 가지고 문지기를 협박할 수 있었다. 제삼자가 없는 장소에서 두 사 람 사이에 시비가 붙으면 그 진상이 왜곡되기 십상이고, 따라서 그 진상을 추궁하기가 대단히 어렵다. 이때의 시비 당사자는 발생한 일을 부인할 수 없는 일을 만들어낼 수도 있다. 이것이 제대로 밝힐 수 없는 '시비의 맹점 구역'이다.

오자서는 바로 이 '시비의 맹점 구역'을 이용하여 교묘하게 말을 꾸며냈다. 오자서는 이 '시비의 맹점 구역'에서 문지기에게 공개적으로 너에게 피를 뿜겠다고 선언하여 심리적으로 문지기를 압박하고 정신적 부담을 가지게 만들었다. 이렇게 해서 현명한(?) 선택을 유도한 것이다.

우리 일상에서도 자주는 아니지만 오자서와 비슷한 상황이 발생한다. 자신에게 유리한 결정을 내리도록 상대를 압박하고 유도하는 방법으로서 오자서의 기지는 충분히 참고할 만하다.

복피, 남색을 간첩으로 삼아 숨어 있는 탐관을 찾아내다

: 간첩의 일반적인 인식을 바꾼 최초의 사례

역사상 최고의 군사 전문서로 평가하는 《손자병법》은 무려 2,500년 전의 병법서다. 현존하는 13편의 마지막은 간첩을 활용하는 〈용간(用間)〉 편이고, 이 역시 세계 최초로 간첩을 전문적으로 다룬 기록이다. 간첩은 동서양을 막론하고 군사와 외교에서 '익명의 역사적 존재'로서 매우 중요한 작용을 해냈다.

간첩은 역사상 가장 오랜 직업의 하나라고 한다. 중국 역사에서는 기록상으로 무려 4천 년 전부터 간첩 사례가 보인다. 고대 간첩 사례의 대부분은 남자 간첩이었다. 물론 여간첩도 아주 드물게 발견되긴 한다. 약 2,500년 전 오월쟁패 과정에서 월나라가 오나라로 보낸 서시(西施)는 여간첩의 가장 두드러진 사례였다.

역사상 일반적인 간첩이 아닌 색(色)을 이용한 간첩 사례는 알다시피 많지는 않았지만, 여색이 일반적이고 또 절대다수였다. 그런데 《한비자》〈내저설상〉 편에는 이례적으로 남색(男色)을 이용한 사례가 기록되어 있어 흥미를 끈다. 더욱이 이 사례는 동성애를 이용한 것도 아니고, 첩보의 대상을 직접 남색으로 공략한 것도 아니어서 더더욱 흥미를 끄는 희귀한 사례다. 또 하나 눈길을 끄는 점은 그의 첩보 활동이 군사나 외교 활동에 따른 것이 아니라는 사실이다. 그 내용은 다음이 전부다.

복피(卜皮)가 현령으로 있을 때 그 밑의 어사(御史) 하나가 더러운 비리를 저질렀다. 복피는 이 더러운 비리의 진상을 밝히고 싶었다. 이 어사에게는 아주 총애하는 젊은 애첩이 하나 있었다. 복피는 젊고 잘생긴 가신을 그녀에게 보내 그녀를 사랑하는 척하여 그녀의 환심을 산 다음 그녀로부터 어사의 비리에 관한 정보를 얻어냈다.

색은 남녀의 색정(色情)을 가리킨다. 또한 대부분 여색을 가리킨다. 복피는 남색을 간첩으로 삼아 정보를 캤다. 일반적 방식인 여색으로 어사를 홀려 어사로부터 직접 정보를 얻지 않았다. 고대 사회의 가치관에는 누군가를 위해 기꺼이 자신의 여색을 팔아 정보를 얻어오려는 여성은 없었다. 남성 역시 여성의 정조를 대단히 중시했기 때문에 자신에게 속해 있는 여성을 다른 남자에게 보내 여색으로 유혹하길 결코 원치 않았다. 물론 앞서 언급했듯이 오월쟁패의 극한 대립상황이나 존망을 건 투쟁 상황에서 서시처럼 간혹 여색을 이용하는 경우가 없지는 않았지만 그 역시 극히 드물었다.

현대사회에서는 여성의 색을 이용하여 간첩 활동을 하게 하는 사례가 적지 않다. 하지만 이는 주로 인간의 가치관이 변화한 결과이다. 동시에 사회의 조직 계통이 많아지면서 남성을 이용하여 특정 여성을 장악하거나 정보를 얻어내는 일도 발생하고 있다. 그리고 그 남성들은 여성(정보)을 위해 남색을 팔았다고 후회하거나 아쉬워할 필요가 없다.

남성이 사회활동의 중심적 위치를 장악한 상황에서 여성의 여색을 이용하여 간첩 활동으로 정보를 캐내는 행위는 직접적이고 쉽다. 그러나 특정한 가치관에 철저히 매여 있고, 또 비혈연적 사회조직 계통이 발달하지 않았던 고대사회에서 여색을 이용하여 간첩 활동을 시키는 일은 거의 불가능했다. 사람들은 심지어 그런 의식조차 갖고 있지 못했을 것이다. 바로 이 때문에 복피는 여성이 아닌 남자를 골라 남색으로 어사의 애첩에게 접근하여 그 애첩으로부터 간접적으로 어사의 비리 상황을 얻어내게 했다.

복피는 역사상 사람들의 주목을 받을 만한 인물이 못 된다. 그러나 그가 간첩을 활용한 방식은 아마 전례가 없는 것이었을 것이다. 이 방식은 사람들에게 간첩의 활용과 간첩을 막는 방첩을 위한 새로운 생각의 길을 열었으며, 또 역사와 현실의 가치 대비라는 점에서 여러 생각을 하도록 자극했다.

비무극, 음모로 일관된 일생

: 갈라놓고 남의 칼을 빌려 상대를 제거하다

비무극(費無極, ?~기원전 515)은 기원전 6세기 춘추시대 초(楚)나라 평왕(平王)과 소왕(昭王) 시기의 간신이자 악랄한 음모가였다(기록에 따라서는 비무기費無忌로도 나온다). 패거리와 작당하여 평왕의 즉위에 결정적인 공을 세운 투성연(鬪成然)을 죽이고 대부 조오(朝吳)를 추방한 일을 시작으로, 평왕으로 하여금 며느리가 될 여자를 차지하게 만들고, 이 일로 자신을 미워하던 태자 건(建)을 송으로 도망가게 한 다음 끝내는 죽게 만들었다. 이 과정에서 태자 건의 사부였던 오사(伍奢)와 그의 큰아들인 오상(伍尙)을 처형했다. 또 좌윤 백극완(伯郤宛)을 죽이고, 양(陽)·진(晉) 두 집안을 도륙하는 등 온갖 만행을 저질렀다.

비무극이 몰고 온 여파는 초나라는 물론 중반으로 접어드는 춘추시대의 형세에 큰 영향을 미칠 정도였다. 오사의 작은아들인 오자서(伍子胥)는 아버지와 형이 살해당하는 와중에 초나라에서 탈출하여 오나라로 가서 공자 광(光, 훗날 오왕 합려闔閭)을 도와 그를 즉위시킨 다음 오의 군대를 움직여 초를 공격하여 초를 거의 멸망 직전까지 몰고 갔다. 초나라는 이런 혼란을 겪으면서 국력이 급격하게 기울어 남방 강국으로서 중원 패권의 야심을 접을 수밖에 없었다. 비무극은 결국 영윤 낭와(囊瓦)와 심윤술(沈尹戌)에 의해 처형되었으나 그가 초나라와 주변 나라들에 끼친 영향은 실로 엄청난 것이었다. 말 그대로 국제적으로 파문을 몰고 온 거물급 간신이었다.

비무극은 정적들을 해치는 수단의 절묘함에서 둘째가라면 서러워할 정도의 고수였다. 지금까지 역사에서 잘 알려지지 않은 인물이었지만 간신으로서의 그 악랄한 수단과 잔인함은 타의 추종을 불허한다. 여기서는 《한비자》〈내저설하〉 편에 보이는 그의 전매특허라 할 '차도살인(借刀殺人)' 계책으로 백극완을 제거하는 과정을 집중적으로 분석해본다.

당시 좌윤 백극완은 민심을 크게 얻고 있던 명망 있는 중신이었다. 이를 시기 질투한 비무극은 그를 제거하기로 마음먹고 하나의 계책을 구상했다. 그는 먼저 백극완의 상관인 영윤(令尹, 재상에 해당하는 초나라의 관직) 자상(子常)을 찾아가 "극완이 당신을 자기 집으로 초빙해서 술자리를 만들고자 합니다"라고 말했다. 그런 다음 이번에는 극완을 찾아가서 "영윤이 당신 집에서 술이나 한잔했으면 합니다"라고 말했다. 극완은 "영윤께서 우리 집을 찾아주신다면 더할 수 없는 영광이지. 내가 무엇으로 답례를 해야 하나?"라며 기뻐했다. 비무극은 "영윤은 갑옷 따위와 같은 병기를 좋아하니 집 안의 병기를 모두 문 뒤에 늘어놓고 영윤에게 보여준 다음 자연스럽게 그 병기들을 예물로 주면 좋을 것입니다"라고 일러주었다. 극완은 좋은 생각이라며 받아들였다.

술자리에 자상을 초청한 그날, 극완은 비무극이 일러준 대로 각종 병기들을 천막에 감추어 두고 자상이 오길 기다렸다. 극완이 병기를 다 차려놓은 것을 본 비무극은 극완의 집을 나서 자상을 만났다. 그러고는 아주 당황한 표정을 지으며 다음과 같은 '이간계(離間計)'로 자상을 자극했다.

"하마터면 제가 영윤을 해칠 뻔했습니다. 극완이 영윤을 초청한 까닭은 알고 봤더니 영윤에게 독수를 쓰기 위해서였습니다. 아 글쎄 갑옷과 방패 등 각종 무기를 문 뒤에 숨겨 놓았지 뭡니까?"

자상은 즉시 사람을 극완 집으로 보내 살피게 했고, 아니나 다를까 문 뒤 천막 안에 잔뜩 감추어진 무기들을 확인할 수 있었다. 비무극의 참언을 믿을 수밖에 없는 상황에서 자상은 자신의 군대로 극완을 공격하여 극완과 그 전 가족을 살해했다. 비무극은 좌윤 극완을 제거하기에는 힘이 부족했다. 또 동료를 살해했다는 오명을 쓰고 싶지도 않았다. 그래서 영윤 자상의 힘을 빌리기로 했다. 그렇다고 자상이 함부로 칼을 뽑을 리가 없지 않은가? 비무극은 한 편의 사기극을 기획하여 함정을 파놓고 자상이 자기도 모르게 그 함정에 빠져 비무극을 위해 칼을 휘두르게 만들었다.

비무극은 손잡이가 둘 달린 부채를 휘두르듯 극완에게 자상을 초청하게 만드는 한편 예물로 병기를 주도록 하는 장면을 안배했다. 여기까지는 어떤 문제도 없었다. 그런데 자상이 연회에 가려는 순간 비무극은 갑자기 암초를 꺼내들어 극완의 술자리가 실은 자상을 해치려는 음모의 일부라는 것을 밝히면서, 그 증거로 문 뒤에 숨겨둔(사실은 천막 안에 진열해 놓은) 무기들을 지목했다. 명명백백한 증거물 앞에 자상은 생각할 것도 없이 극완을 공격하여 죽였다. 자상은 자신도 모르는 사이 사람 죽이는 칼을 비무극에게 건네 준 것이다.

비무극의 음모는 극완과 자상 두 사람을 동시에 속이는 것이었는데, 그는 두 사람에게 각기 다른 속임수를 취했다. 그는 일단 두 사람에게 술자리 초청을 언급하여 먼저 병기를 예물로 주라는 명목을 앞장세워 극완에게 병기를 천막 안에 진열해 놓도록 속인 다음, 이것으로 다시 자상을 속였다. 병기를 예물로 주기 위해 천막

비무극은 간교한 음모형 간신의 전형이었다. 그의 음모와 술수는 치밀하고 교묘했으며, 특히 잔인했다. 음모 대상에 대한 정확한 정보는 기본이었다. 이런 비무극의 술수에 대한 전면적인 분석이 필요한데, 이것이 간신에 대한 방비책을 마련하는데 유용하기 때문이다. 간신은 단순히 사악한 존재가 결코 아니다.

에 진열하는 행위와 실제로 무력을 발동하는 장면은 흡사했기 때문에 비무극의 모함에서 극완은 빠져나올 수가 없었다. 물론 자상도 비무극을 믿지 않을 수 없었고. 비무극은 각각 다른 방식으로 두 사람을 함정에 빠뜨려 함정 속에서 서로 죽이게 했으니 여기서 승리자는 아무도 없었다. 물론 사실상의 승리자는 비무극 자신이었다.

비무극의 '차도살인' 계략은 주도면밀하기 짝이 없어 이를 막기란 대단히 어려웠다. 다만 이 계략 성공 여부는 극완과 자상의 관계가 어느 정도였느냐를 전제로 하는 것이었다. 즉, 두 사람의 소통이 원만치 못했고, 비무극이 이를 충분히 이용했기 때문에 성공할 수 있었다. 이런 계략을 예방하려면 함정을 간파하는 지혜를 갖추어야 할 뿐만 아니라 최선을 다해 이 계략을 성공시키는 전제 조건을 제거해야 한다. 모름지기 성공한 거의 모든 '이간계'와 '차도살인' 계책 뒤에는 상호 불통이라는 전제 조건이 웅크리고 있기 때문이다.

진수, 남의 칼을 빌려 정적을 제거하다

: '살인장도'와 '차도살인' 계책의 살벌함

"남의 칼을 빌려 상대를 제거한다. 적은 이미 분명해졌으니 친구 (동맹)가 정해지지 않았으면 그를 끌어들여 적을 죽이면 내 힘을 내지 않아도 된다. 《역(易)》의 '손(損)'이란 괘의 이치이다."

위 대목은 실용적 병법서 《36계》 승전계 제3계인 '차도살인(借刀殺人)'에 대한 개요다. '남의 칼을 빌려 상대를 죽인다'라는 '차도살인'은 자신의 실력을 보존하기 위해 상호모순과 갈등을 교묘하게 이용하는 책략이다. 적의 움직임이 분명해졌다면 애매한 태도를 취하고 있는 제3자, 즉 잠재적 동맹자를 갖은 방법으로 유인하여 한시라도 빨리 적을 공격하게 한다. 그러면 자신의 주력은 손실을 피할 수 있다. '차도살인'의 사례는 바로 앞 비무극 편에서 살펴본 바 있는데, 다른 사례들을 더 소개해본다.

《한비자》에도 '차도살인'의 사례가 여럿 등장한다. 여기서는 〈내저설하〉 편에 나오는 전국시대의 두 사례를 보자. 특히 이 두 사례는 '차도살인'을 위한 전 단계로서 '살인장도(殺人藏刀)'라는 또 하나의 계책이 존재하고 있어 주목할 만하다.

중산국의 계신(季辛)은 원건(爰騫)이란 자와 서로 원한 관계였다. 사마희(司馬憙)는 중산국에 온 지 얼마 되지 않아 계신과 사이가 틀어졌다. 사마희는 몰래 사람을 시켜 원건을 죽였다. 중산국의 국군은 이를 계신의 소행이라고 여겨 명령을 내려 계신을 죽였다.

위나라의 서수(犀首)는 장수(張壽)와 원한 관계였다. 위나라에 새로 온 진수(陳需)는 서수와 사이가 틀어졌다. 진수는 사람을 시켜 장수를 죽였다. 위왕도 중산국 국군처럼 서수가 장수를 죽였다고 여겨 명령을 내려 서수를 죽였다.

이상 두 사건은 모두 누군가를 해치기 위해 자신의 칼을 감춘 채 그 사람을 죽이는 '살인장도' 계책을 취하고 있다. 또 이 두 사건에는 같은 인간관계가 존재하고, 같은 계책으로 목적을 달성했다는 공통점이 있다. 갑과 을은 서로 원수 사이였고, 새로 온 병이 을과 원한을 맺게 되자 병이 몰래 사람을 시켜 갑을 죽였다. 평소 을과 갑이 사이가 좋지 않다는 것은 다 알고 있었고, 따라서 사람들은 자연스럽게 갑을 죽인 사람은 을일 것으로 여겼다. 병은 원수의 원수를 몰래 죽인 다음 자신이 칼을 감춘 채 모른 척 방관자로 자처했다. 이는 사람들의 사유상의 일반적인 태세(態勢, Trend)를 교묘하게 이용하여 사람을 죽인 죄를 자신의 원수에게 떠넘기는 술책이었다.

다음으로 갑·을·병 세 사람 위로는 더 높은 권위와 권력을 가진 사람, 즉 군주가 존재했다. 병은 사람을 죽이고 칼을 감추는 계책으로 갑을 죽인 죄를 을에게 떠넘겨, 을로 하여금 군주의 면전에서 대신을 멋대로 죽인 죄인으로 만들었다. 그런 다음 군주의 칼을 빌려 을을 죽이니 이것이 '차도살인'의 계책이었다. 여기서 이 계책을 쓴 자는 원수를 없애기 위해 1단계로 칼을 감춘 채 사람을 죽이는 '살인장도'를, 2단계는 군주의 칼을 빌려 원수를 죽이는 '차도살인'을 구사했다. 그런데 특정한 인간관계에서 이런 계책을 쓰는 자는 첫 단계의 몰래 사람을 죽인 다음 원수에 대한 모함은 사람들의 사유상의 일반적인 태세로 실현한다. 2단계는 완전히 군주가 알아서 나서 처리하게 하여 실현한다.

'살인장도'와 '차도살인'은 같은 계책의 두 고리다. 계책을 실행하는 자가 죽인 사람은 원수의 원수로 객관적으로 자신과는 관계가 그다지 깊지 않은 사람이다. 자신과 우호적인 관계에 있는 사람일 수도 있다. 감춘 칼은 사람을 죽이는 자신의 칼이고, 그는 '살인장도'를 통해 결과를 끌어냈다. 이어 이 계책을 쓴 자가 빌린 칼은 군주의 칼로서 그는 군주의 칼을 빌려 원수를 죽임으로써 최후의 목적을 이룬 것이다.

'차도살인'은 인간관계에서 흔히 발생하는 갈등과 모순 및 꽤 복잡하게 얽힌 관계망을 이용하는 고도의 술책이다. 자신과 갈등 관계에 있는 상대, 특히 경쟁상대를 제거하기 위해 그 상대와 갈등 관계에 있는 제삼자를 끌어들이는 것은 물론, 이 둘 모두를 통제할 수 있는 사람의 힘을 빌려 이 둘 모두 제거하는 매우 잔인한 관계 정리의 한 방법이다. 직접 경쟁 관계인 상대를 물리치는 것으로도 모자라 별다른 관계가 없거나 심지어 무관한 제삼자까지 해치는 것이기 때문이다. 당하지 않도록 이 계책의 본질을 정확하게 파악하고 있어야 한다. 현실에서 이런 경우가 적지 않게 벌어지기 때문이다.

전영, 귀걸이 열 쌍으로 왕의 마음을 훔치다

: 확실하게 도드라져 보여야 할 미끼

때나 상황에 따라 권력자나 리더의 심기를 헤아려야 할 경우가 있다. 고대에는 이런 일이 거의 필수에 가까웠다. 《한비자》〈외저설우상〉편에 보면 전국시대 제나라의 재상 전영(田嬰)이 '열 쌍의 귀걸이로 군주의 속내를 헤아린' '십이측군(十珥測君)' 또는 '칠이지계(七珥之計)' 사례가 이의 본보기로 남아 있다. 이와 거의 같은 이야기가 《전국책》〈초책〉에도 실려 있다.

제나라 위왕(威王, 기원전 378~기원전 320)의 부인이 죽었다. 신하들은 위왕에게 부인을 정하여 민심을 안정시키라고 청했다. 그런데 위왕 신변에는 젊고 아름다운 여성이 열이나 있었고, 그들 모두 위왕의 사랑을 받고 있어 그들 중 누가 가장 사랑을 받고 있는지 가려내기가 어려웠다. 전영은 생각 끝에 방법을 찾아냈다. 사람을 시켜 열 쌍의 귀걸이를 구하게 했는데, 그중 한 쌍만 가장 화려하고, 아름답고, 귀한 걸로 구하게 했다. 전영은 이 귀걸이 열 쌍을 위왕에게 바쳤다.

위왕은 아니나 다를까 열 명의 미녀에게 귀걸이를 나눠주었다. 다음 날, 전영은 가장 화려하고 아름답고 귀한 귀걸이를 한 미녀를 찾아냈다. 전영은 바로 그 미녀를 부인으로 세우십사 청했다. 전영은 위왕이 가장 총애하는 미녀에게 그 귀걸이를 줄 것으로 예상했고, 전영이 그 미녀를 부인으로 추천하자 위왕은 당연히 기쁜 마음으로 받아들였다.

제 위왕은 열 명의 희첩들 중에서 한 사람을 선택하여 부인으로 세우고자 했다. 그는 선택에 앞서 재상 전영의 의견을 구했다. 그러나 위왕이 부인을 고르는 기준은 어디까지나 총애의 정도였지 전영의 의견은 사실 크게 작용하기 어려웠다. 바로 이 지점에서 문제가 생겨난다. 전영의 의견이 마침 위왕의 뜻과 일치한다면 전영은 위왕의 환심을 얻을 수 있을 뿐만 아니라 새로 간택된 왕후로부터 감사의 마음까지 얻게 된다. 그러나 전영의 의견이 위왕의 뜻과 다를 경우라면 새로 책봉된 왕후의 미움을 살 뿐만 아니라 위왕의 관심도 사그라질 것이 뻔했다.

이런 관계 때문에 전영은 위왕이 가장 총애하는 희첩을 추천해야만 했다. 그러나 위왕이 어떤 희첩을 아끼는지는 위왕 내심의 비밀로서 위왕으로서는 가볍게 발설할 수 없었다. 위왕 내심의 비밀을 헤아리기 위해 전영은 귀하고 아름다운 귀걸이를 이용하는 계책을 생각해냈다. 전영은 모두 열 쌍의 옥 귀걸이를 만들었다. 옥으로 만든 귀걸이는 여인의 전용 장식품이었기 때문에 위왕이 희첩들에게 나누어주지, 다른 곳에 쓰지는 않을 것이다. 게다가 귀걸이는 열 명 희첩의 수와 딱 맞았기 때문에 위왕은 누구에게는 주고 누구에게는 주지 않을 걱정을 할 필요가 없었다.

그런데 열 쌍의 귀걸이 중에 한 쌍만 유독 아름답고 귀해 보였다. 그러니 위왕이 귀걸이를 나누어 주면서 내심의 편애가 작동할 수밖에 없었을 것이다. 위왕은 당연히 그 한 쌍을 가장 총애하는 희첩에게 주었다. 자신이 가장 사랑하는 사람이 가장 좋은 선물을 받게 하는 것, 이는 인간의 감정에 내재된 욕구에 다름 아니었다. 이를 전문적인 용어로 '인성(人性)의 감정평형(感情平衡)'이라 한다. 위왕은 다른 사람들에게 자신이 어떤 희첩을 가장 사랑하는지 드러내고 싶지 않았지만, 나누어준 귀걸이를 통해 자신도 모르게 이 은밀한 비밀을 누설함으로써 전영으로 하여금 정확한 정보를 얻게 했던 것이다.

인간은 대부분 언어로 자신의 생각과 감정을 나타낸다. 그런데 언어 외에 몸동작을 비롯한 일정한 행위를 통해서도 의중을 드러내기도 한다. 이를 동작언어(動作言語)라 한다. 인간관계에 있어서 언어 외에 이런 동작언어를 적절히 잘 헤아리면 관계의 형성과 유지 등에 도움이 될 것이다. 이런 방식으로 리더의 의중을 헤아리는 것은 그 일부일 뿐이다.

숙향, 개인의 편지를 위조하여 '흘리다'

: '흘리는' 장소와 보게 할 대상이 관건

춘추시대인 기원전 6세기 말에서 5세기 초까지 주 왕실의 두 천자 경왕(景王)과 경왕(敬王)을 모신 유문공(劉文公)이란 인물이 있었다. 유문공 밑으로 장홍(萇弘)이란 대부가 있었는데, 그는 진(晉)나라의 유력한 여섯 가문인 육경(六卿)의 내분 중에 범씨(范氏) 집안을 지지하여 다른 집안의 미움을 샀다. 《한비자》〈내저설하〉 편 등에는 당시 진나라의 정치를 주도하고 있던 숙향(叔向, 생졸 미상)이 주 왕실과 천자를 이용하여 이 장홍이란 인물을 제거하는 이야기가 실려 있다. 당시 숙향이 사용한 계책을 '유서계(遺書計)'라 부르는데, 글(정확하게는 글을 쓴 죽간)을 흘리는 계책이다. 이야기를 따라가 본다.

숙향이 주 왕실을 방문할 때면 늘 장홍을 만날 수 있었다. 이를 기회로 숙향은 장홍의 글씨체를 알아냈고, 한번은 장홍의 필적을 모방하여 장홍 이름으로 숙향 자신을 수신자로 하는 진나라 국군에게 전해달라는 내용의 편지를 썼다. 그 내용을 요약하자면 "이전 약속한 때에 맞추어 군대를 동원하여 주 왕실을 공격하십시오"라는 것이었다.

주 왕실을 찾은 숙향은 장홍을 만난 다음 관례에 따라 주 천자에게 인사를 드리러 갔다. 그러고는 부주의로 죽간에 쓴 편지를 왕실의 조정에 떨어뜨린 것처럼 흘린 다음 서둘러 그 자리를 떴다. 주 천자가 이 편지를 보고는 장홍이 진나라와 내통하여 왕실을 팔아넘기려 한다고 단정하여 장홍을 죽였다.

숙향이 구사한 이 '유서계'의 핵심은 이렇다. 첫째, 장홍이 진나라와 몰래 내통하여 주 왕실을 팔아넘기려 한다는 증거를 위조했다. 둘째, 이 증거를 다른 사람에게 들키지 않게 주 천자 손에 들어가게 했다. 이 두 단계가 순조롭게 성공해야만 자연스럽게 장홍을 이간하여 천자의 칼을 빌려 장홍을 제거하는 목적을 이룰 수 있다.

장홍이 진나라와 내통한다는 증거로 숙향은 편지 형식을 선택했다. 그는 장홍의 필체를 모방하여 진나라 군대가 주 왕실을 공격하기로 약속한 편지를 써서 계책의 첫 단계를 완성했다. 더 중요한 관건이 단계는 두 번째 단계다. 그는 주 천자를 예방하는 기회를 빌려 일부러 편지를 그곳에 흘렸다. 이렇게 해서 장홍이 주 왕실을 팔아넘긴다는 증거가 주 천자의 손에 들어가게 되었고, 나머지 일은 예상한 대로 순조롭게 실현되었다.

숙향의 '유서계'는 적에 대한 이간계로, 날조된 증거를 교묘하게 이간질 대상의 윗사람에게 전달하여 나라를 판다는 죄명을 그 대상에게 강하게 각인시키고 흔적을 남기지 않고 '남의 칼을 빌려 상대를 죽이는' '차도살인(借刀殺人)'의 목적을 실현하는 것이다('차도살인'에 대해서는 앞에서 두 사례를 살펴본 바 있다). 숙향의 경우보다 일반적으로 훨씬 더 널리 알려진 '유서계' 사례가 《삼국연의》에 등장한다. 동한 말기 조조(曹操)의 모사들 중 한 사람이었던 가후(賈詡)가 이를 창조적으로 사용한 바 있다.

211년 조조는 군대를 이끌고 마초(馬超)·한수(韓遂)와 동관(潼關)에서 대치하고 있었다. 조조는 가후의 계책에 따라 한수에게 밀서는 보내면서 중요한 몇 글자를 일부러 고쳐 흔적을 남겼다. 마초가 한수에게 편지를 보여 달라고 요구하여 보니 고친 곳이 여러 곳 있어 한수를 크게 의심했다. 이 이야기는 정사 《삼국지》〈무제기〉에도 보이는데 《삼국연의》는 이에 근거하여 '조조가 글을 지워 한수와 마초를 이간한' 이 고사를 아주 생동감 넘치게 묘사하고 있다. 두 사례는 무려 1,800년이란 시차에도 불구하고 모두 교묘하게 편지를 빌려 적을 이간한 하나의 책략으로서 그 값어치를 다 하고 있다.

편지를 빌려 상대를 이간질하는 이 '유서계'는 지금은 수단과 방법이 달라졌을 뿐 여전히 사회적으로 엄청난 위력과 파장을 낳고 있다. 스마트폰이 모든 사람의 필수품이 되면서 주고받는 문자가 곧 2,500년 전 숙향의 '유서계'는 저리 가라 할 정도로 서로를 이간질하는 수단과 방법이 되고 있다. 관건은 숙향의 경우처럼 흔적을 남기지 않는 것인데, 이 점에서 현대인은 숙향에 미치지 못한다고 하겠다.

순인, 뇌물의 본질을 통찰하다

: 뇌물과 권력의 위치가 갖는 함수관계

춘추 말기 진(晉)나라의 힘 있는 중항씨(中行氏) 집안의 문자(文子), 즉 이 글의 주인공인 순인(荀寅)이 기원전 490년 내분 때문에 제나라로 도망쳐왔다. 《한비자》〈세림하〉 편에 순인과 관련한 다음과 같은 기록이 남아 있다.

제나라로 망명 중이던 순인이 어느 현을 지나게 되었다. 그를 따르는 수행원이 "이 현의 색부(嗇夫, 화폐를 관장하는 관리)와 잘 아는 사이 아닙니까? 어째서 이곳에 머무르지 않고 뒤에 오는 수행원의 마차를 기다리시는 겁니까?"라고 물었다. 순인은 이렇게 답했다.

"내가 음악을 좋아했을 때 그자는 나한테 거문고를 보냈다. 내가 옥 장식을 즐겨 착용한다는 것을 알고는 옥고리를 보냈다. 그는 내 잘못을 조장하는 자이다. 과거 뇌물로 나를 기쁘게 했던 자라면 모르긴 해도 지금은 나를 다른 사람에게 팔아 그 사람을 기쁘게 하려 할 것이다."

순인은 이 현에 머무르지 않고 바로 떠났다. 이 색부는 아니나 다를까 순인을 뒤따라온 수행원의 마차 두 대를 빼앗아 제나라 왕에게 갖다 바쳤다. 과거 순인은 진나라에서 권력을 잡고 있을 때 색부의 뇌물을 받았다. 색부는 순인의 기호와 비위에 맞추어 거문고와 옥고리 따위를 보내 순인과 개인적으로 깊은 관계를 가졌다. 그러나 순인은 외국으로 망명해야만 하는 위급한 상황에서 친분이 있는 이 색부가 있는 곳에 머무르기를 거절했다. 색부가 자신을 아주 쉽게 팔아넘길 위험한 자라고 판단했기 때문이다. 순인의 이런 예상은 사실로 입증되었다.

순인이 색부의 진면목을 정확하게 예상할 수 있었던 까닭은 무엇보다 과거 자신과 그가 맺은 관계의 성질을 잘 알았기 때문이다. 뇌물에 기초한 관계는 나라와 백성에 대한 충성에 뜻을 같이하는 관계에 속하지 않는다. 또 간과 쓸개를 내보이며 의기투합하는 순수한 우정에도 속하지 않는다. 그것은 순전히 뇌물을 받는 자의 권력에 대해 보상을 기대하는 관계에 지나지 않는다. 이런 관계는 뇌물을 대가로 상대방의 권력을 이용하려는 관계이기 때문에 뇌물을 주는 자가 맺고자 하는 대상은 사실 뇌물을 받는 사람이 아니라 그 사람이 처해 있는 '권력의 위치'이다.

순인은 잘 알고 있었다. 자신과 관계를 맺은 색부의 목적이 자신이 갖고 있는 '권력의 위치'라는 사실을. 그렇기 때문에 당시 그가 그 자리에 있었을 때 상대의 자세와 표정 등은 은근하고 절실할 수밖에 없었다. 그런데 권력을 잃고, 심지어 권력을 가진 사람과 대립하는 관계가 되자 순인은 색부와 맺은 개인적인 관계와 조건을 이용하기는커녕 과감하게 포기했다. 나아가 순인은 그가 권력자에게 자신을 제물로 바칠 것이라는 점도 정확하게 간파했다. 그가 색부가 있는 현에 머무르길 거절한 근본적인 까닭이었다.

우리가 누군가와 이런저런 관계를 가질 때 흔히 이런 관계의 본질을 쉽게 보아내지 못한다. 어쩌면 이것이 세상의 일반적인 이치일 것이다. 순인이 아주 예민하게 색부와의 관계가 갖는 본질을 볼 수 있었던 것은 심각한 분석을 거쳤기 때문이다. 순인이 음악을 좋아하고, 옥 장식을 즐겨 착용한 것은 순전히 개인적 취향이다. 색부는 아랫사람으로 순인의 개인적 취향을 만족시켜야 할 의무는 전혀 없었다. 그런데도 그는 거문고를 주고 옥고리를 보냈다. 이는 나라를 다스리는 공적인 업무와 무관했고, 마음 맞는 친구와의 의기투합도 아니었다. 그저 뇌물 행위에 지나지 않았다. 뇌물은 나라에서 금지했고, 뇌물을 주거나 받는 자는 처벌을 받았다. 색부는 이런 점들은 전혀 신경 쓰지 않고 순인의 잘못을 조장했다. 순인은 도리어 이를 통해 색부가 자신과 관계를 맺으려 한 진정한 의도를 알아챘다.

순인은 색부가 보낸 뇌물을 거절하지 않았지만, 색부와 자신의 관계가 갖는 본질을 분명히 알았다. 순인은 개인과 개인의 '권력의 위치'를 구분하여 서로 같지 않은 두 가지로 간주했다. 순인이라는 개인과 색부의 관계 속에서 '권력의 위치'에 대한 색부의 숭배를 알아냈고, 또 '권력의 위치'에 대한 색부의 숭배를 통해서는 개인과 개인의 관계가 표면적이고 일시적이며 가식적이라는 사실을 간파했다.

순인은 세력을 잃고 도망하면서도 자신의 지위와 처지를 정확하게 가능했고, 이런 변화된 조건에 근거하여 색부와의 관계를 다시 새롭게 살폈다. 그랬기 때문에 색부 그가 자신을 팔아넘길 가능성이 충분하다는 것을 정확하게 예상할 수 있었다. 두 사람 관계의 실질과 처지의 변화는 순인이 이렇듯 정확한 판단을 내릴 수 있게 만든 두 개의 전제였다.

이해관계로만 맺어진 인간관계는 '이해'가 변질되거나 사라지는 순간 '관계'도 소멸되거나 변질되기 마련이다. 평소 그 관계에 '의리 (義理)'가 얼마나 작동하고 있었느냐에 따라 관계 변화 내지 변질의 속도가 결정된다. 순인이란 인물은 과연 어떤 부류의 인간일까? 균형감각을 갖춘 자인가, 아니면 세리(勢利)에만 밝은 아주 지극히 현실적 인간인가? 이런 질문이 여전히 남지만 그것은 또 다른 문제의 영역이다.

지백, 큰 종을 보내 길을 닦게 하다

: 중국판 트로이 목마

사마천은 〈평원군우경열전〉에서 '이령지혼(利令智昏)'이란 명언을 남긴 바 있다. '이익이 지혜를 어둡게 만든다'라는 뜻이다. 사람이 눈앞의 이익에 사로잡히면 앞뒤 가리지 않고 그 이익을 차지하려 한다. 그 이익이 크든 작든 개의치 않는다. 인성(人性)의 약점이다.

여기 작은(?) 이익에 눈이 멀어 나라를 망친 사례가 있다.

춘추 말기에 구유(仇由, 지금의 산서성 양천시陽泉市)라는 작은 나라가 있었다. 구석진 곳에 위치한 데다 길도 좁아 수레 한 대가 다니기 힘들 정도였다. 이 때문에 큰 나라들이 싸우는 소용돌이 속에서 살아남을 수 있었다. 그런데 이 보잘것없는 작은 나라를 큰 종 하나로 멸망시킨 사실이 《여씨춘추》를 비롯하여 《전국책》, 《사기》, 《회남자》 등 여러 책에 기록되어 있고, 《한비자》〈세림하〉 편에도 실려 있다. 이 사례가 후대에 적지 않은 교훈을 주었기 때문으로 생각된다.

커다란 종 하나로 구유를 멸망시킨 주인공은 진나라의 유력 집안인 지백(智伯, 기원전 506~기원전 453)이었다. 그는 진나라의 유력한 가문들인 육경(六卿)의 하나로 다른 집안들을 압박하여 땅을 빼앗다가 협공당하여 몸은 죽고 집안은 망했다. 이 지백의 가신으로서 지백으로부터 남다른 우대를 받았던 예양(豫讓)이라 인물이 있었다. 그는 자신을 알아준 지백을 위하여 지백을 죽인 조씨 집안의 조양자(趙襄子)를 두 차례나 암살하려다 실패하여 스스로 목숨을 끊었다. 사마천은 〈자객열전〉에서 예양의 행적을 감동적으로 전하고 있다. 이야기가 다른 곳으로 흘렀다. 다시 지백과 큰 종 이야기로 돌아가자.

당시 무슨 이유에서인지 지백은 구유를 없애고 싶었다. 그러나 앞서 말한 대로 구유는 수레 한 대 다니기 힘들 정도로 길이 험했다. 지백은 생각 끝에 큰 종을 하나 주조하여 구유의 군주에게 예물로 보내겠다고 제안했다. 그런데 이 종을 구유로 운반하려면 수레 두 대에 실어야만 했다. 지백이 큰 종을 선물로 보낸다고 알려오자 구유의 군주는 망설임 없이 이를 받아들이는 한편, 종을 운반할 수 있도록 나라 사람들을 동원하여 높은 언덕을 깎고 협곡을 메워 넓고 평탄한 큰길을 냈다. 구유 사람들이 큰 종을 수레에 실어가지고 돌아가자 지백은 대군을 이끌고 그들을 뒤따라가서 단숨에 구유를 멸망시켰다.

지백은 구유 군주가 좋아할 만한 것에 주목하여 이익으로 그를 유인했다. 그는 큰 종을 선물로 주겠다는 멋들어진 포장을 씌웠지만 사실은 구유 사람들로 하여금 길을 닦도록 유인하려는 것이었다. 지백은 자신이 나서 전쟁과 전투에서 가장 힘든 임무를 적을 유인함으로써 완수했고, 또 적의 경계심도 피함으로써 뜻밖에 별 힘들이지 않고 큰 공을 세우는 효과를 거두었다.

큰 종으로 적을 유혹하는 이 계책의 핵심은 적이 행동하기 전에 이익이 될 만한 것을 던져 그 이익에 팔려 판단력을 흐리게 만드는 데 있다. 구유의 군주가 큰 종을 받으려 할 때 대신 적장만지(赤章蔓枝)는 "우리가 무슨 수로 지백의 그 큰 종을 받을 수 있단 말입니까?"라고 물었다. 그러면서 그는 "언덕을 깎고 계곡을 메워 종을 받아들이면 군대가 틀림없이 따라올 것입니다"라고 경고했다.

그럼에도 구유의 군주는 큰 종에 대한 욕심이 앞서 대신의 경고를 들으려 하지도 않았다. 정말이지 종에 대한 욕심이 앞선 결과 구유의 모든 사람들 입을 막아버렸다. 이렇게 큰 종은 트로이 목마처럼 구유로 들어왔고, 적장만지의 예견대로 지백의 군대도 따라 들어왔다. 트로이 목마가 트로이전쟁에 종지부를 찍었듯이 지백의 큰 종은 구유의 역사에 종지부를 찍었다. 모두 눈앞의 작은 이익에 눈이 먼 결과였다.

첩여, 자해로 정부인을 해치다

: 자해라는 독수의 지독함은 동정(同情) 유발에 있다

일상에서 아주 보기 드문 경우이지만 자신의 몸을 일부러 상하게 해서 주위의 동정심을 유발하거나 자신의 잘못 등을 감추려는 사람을 볼 수 있다. 《한비자》에는 이런 자해(自害)를 하나의 계책으로 이용하여 자신의 목적을 달성한 여성의 사례가 기록되어 있다.

〈간겁시신(姦劫弑臣)〉 편에 보면 전국시대 식객삼천(食客三千)으로 이름난 전국 4공자의 한 사람인 초나라의 춘신군(?~기원전 238)의 애첩 첩여(妾余)가 춘신군의 정부인을 모함으로 해치고 자신이 낳은 아들을 후계자로 삼은 계책이 나온다.

첩여는 춘신군이 정부인을 버리게 만들기 위해서 몰래 자신의 몸에 상처를 낸 다음 춘신군 앞에서 울며불며 이렇게 말했다.

"첩이 군의 사랑을 받는 애첩이 되었으니 더할 수 없는 행운이었습니다. 그런데 군을 모시면서 부인에게 죄를 얻었고, 이렇게 매를 맞는 지경에 이르렀습니다. 부인에게 맞아 죽으니 군의 앞에서 죽겠습니다."

말을 마친 첩여는 스스로 목을 그어 자결하려 했다. 춘신군은 황급히 첩여를 뜯어말렸지만, 이 일로 부인에 대한 춘신군의 감정은 몹시 상했다. 그로부터 얼마 뒤 춘신군은 부인을 버렸다.
춘신군에게는 정부인이 낳은 아들 갑이 있었다. 첩여는 자신이 낳은 아들을 적자로 만들어 아버지 자리를 잇게 하려고 갑을 해치려는 계책을 세웠다. 그녀는 몰래 자신의 옷을 찢은 다음 춘신군 앞에서 또 울면서 이렇게 갑을 모함했다.

"첩이 군의 첩이 된 지 오래고 갑도 그걸 모르지 않습니다. 그런데 오늘 사람들이 보지 않는 곳에서 첩을 희롱했습니다. 첩이 있는 힘들 다해 빠져나오려다 옷이 이렇게 찢어졌답니다."

첩여의 농간에 춘신군은 앞뒤 가리지 않고 벼락같이 화를 내며 사람을 시켜 갑을 죽였다. 첩여는 이렇게 자신의 목적을 이루었다.

다른 사람을 해치기 위해 첩여는 두 차례 자해라는 같은 계책을 사용했다. 첩여의 자해책은 먼저 몰래 자신의 몸을 상하게 한 다음 이 상해의 직접적인 책임을 다른 사람을 떠넘겨 그 사람을 모함하고, 이로써 자신에 대한 다른 사람들의 동정을 얻는 것이다.

인체에 대한 고의적인 상해는 스스로를 해치는 자해와 남이 해치는 타해(他害)로 나눌 수 있다. 자해는 인간의 본성을 어기는 행위로 특별한 이유가 없으면 하지 않으며 누구도 자해할 것이라 믿지 않는다. 첩여는 바로 이런 일반적인 심리를 이용하여 아주 쉽고 가볍게 자해의 직접적인 책임의 '굴레'를 춘신군의 정부인에게 씌웠다. 이렇게 해서 자신에 대한 춘신군의 총애를 이용하여 연적(戀敵)을 제거했다. 이 계책이 성공하자 그녀는 또 한 번 자해로 적자 갑에게 '굴레'를 씌웠다. 갑이 자신을 희롱했다고 모함했고, 자존심을 크게 다친 춘신군은 화 끝에 갑을 죽였다.

일반적으로 말해서 자해를 계책으로 쓸 때는 다른 목적을 갖는다. 당사자는 이를 이용하여 가능하면 모종의 명예나 이익을 얻으려 한다. 이를 위해 여러 상황에서 자신을 보호하기 위해 이를 사용하기도 하고, 또 이를 통해 특정한 사람을 해치기 위해 사용할 수도 있다. 그러나 어떤 경우가 되었건 자해는 늘 이런 행위를 믿기 어려워하는 사람들의 심리를 이용하여 자해의 책임을 몰래 타인에게 떠넘겨 여론을 속인다. 첩여처럼 누군가를 모함하기 위한 자해는 사실 '남의 칼을 빌려 타인을 죽이는' '차도살인(借刀殺人)'의 수단이다.

그런데 '자해계(自害計)'는 '고육계(苦肉計)'와 같지 않다는 점을 지적하지 않을 수 없다. 자해계도 고육계처럼 스스로의 몸을 해치는 고통을 동반하기는 하지만, 그 시행은 '고육계'처럼 두 사람 이상의 동의에 따라 완성되는 것이 아니라 오로지 혼자 완성하는 것이다. 자신의 몸을 상하게 하는 과정은 공개가 아닌 몰래 진행된다. 그 목적은 특정한 상대의 신임을 얻기 위한 것이 아니라 다른 의도가 있다. 이런 점들이 고육계와는 엄연히 다르다.

고육계는 상대를 속이기 위한 자기편끼리의 묵계에 따른 행위인 반면, 자해계는 상대와 주위 사람들을 속이는 것은 물론, 나아가 상대와 다른 사람들의 동정심을 사기 위한 한층 더 지독한 계책이다. 현실에서 이런 상황이 발생하기란 쉽지 않지만 전혀 없지는 않다. 심각한 자해는 아니더라도 자신의 몸을 해쳐 동정심을 유발하는 경우가 종종 있기 때문이다. 당연히 이런 사람은 조심해야 한다.

제양군, 가짜 명령으로 자해하여 정적을 해치다

: 자해를 간파하는 통찰력

앞서 살펴본 바 있는 스스로의 몸을 상하게 해서 주위 사람들을 속이고, 나아가 미워하는 상대를 해치는 '자해계(自害計)'는 그 사례가 매우 적었지만 그 효과는 상대적으로 컸다. 자기 몸을 자기 손으로 해치는 일이 결코 일반적이지 않기 때문이다. 관련하여 《한비자》〈내저설하〉 편에 나오는 '자해계' 사례 하나를 더 분석해보자. 이 '자해계'는 자기 몸을 다치게 한 것이 아니라 권력자의 명령을 훔쳐 자기 봉지를 공격하게 만든 '자공계(自攻計)'라 할 수 있다.

전국시대 위나라의 제양군(濟陽君, 생몰 미상)은 위나라 왕의 힘을 빌려 정적을 죽이는 이 '자공계'를 구사했다. 당시 위나라에는 두 명의 대신이 제양군과 사이가 좋지 않았다. 제양군은 이 둘을 제거하기 위해 왕의 명령을 날조하여 이 두 사람으로 하여금 자신의 봉지를 공격하게 했다. 뒤늦게 이 사실을 안 위왕이 공격을 멈추게 하고 왕명을 날조한 죄를 추궁하기 위해 제양군에게 "조정에서 누가 그대와 원한을 맺고 있는가?"라고 물었다. 제양군은 다음과 같이 답했다.

"조정에서 저와 원한을 진 사람을 아무도 없습니다. 다만 두 대신과 사이가 좋지 않을 뿐이지만 그들이 이렇게 하지는 않았을 것입니다."

위왕은 다른 사람들에게 이 두 대신과 제양군의 관계가 좋지 않냐고 물었고, 사람들은 모두 확실히 그렇다고 답했다. 위왕은 두 대신이 왕명을 날조했다고 판단하여 두 대신을 죽였다. 제양군의 '자공계'는 정적 제거가 목적이었다. 그는 왕명을 날조하여 자신의 봉지를 공격했다. 위왕이 보기에 봉지를 공격한 일은 작은 일이었지만 왕명을 날조한 것은 큰일이었다. 제양군이 왕명 날조 때문에 피해를 입은 자였기 때문에 위왕은 왕명을 날조한 죄를 추궁할 때 제양군을 조사 범위 안에 아예 넣지 않고 제양군과 사이가 좋지 않은 사람을 먼저 고려했다.

제양군은 사람들이 자해에 대해 믿기 어려워한다는 심리를 이용하여 왕명 날조의 죄를 조정의 원한을 진 사람들에게 몰래 숨겨 놓았고, 왕의 칼을 빌려 정적을 죽였다. 왕이 익숙한 방식과 생각으로 제양군의 원수를 추궁하자 제양군은 그 두 대신과 사이가 안 좋을 뿐이라고만 했다. 그러고는 그 두 사람이 자신을 공격할 까닭이 없다며 변호하는 척했다. 이렇게 겉으로 자신은 충직한 척했지만, 실은 두 대신의 음험한 진면목(?)을 슬그머니 말 속에 끼워 넣어 그들에 대한 왕의 반감을 높였다. 이와 동시에 그 두 사람을 해치려는 자신의 음흉한 심기를 감추어 자신에 대한 왕의 의심을 피했다.

제양군의 '자공계'에 속은 당사자로서 위왕은 이 일을 처리함에 있어서 명확한 실수를 저질렀다. 그는 사람들이 스스로를 해치지 않을 것이라는 익숙한 심리로만 문제를 보았고, 이 때문에 시종 제양군이 왕명을 날조할 가능성은 배제했다. 그리고 두 명의 대신이 제양군과 척이 진 관계라는 것을 알고는 두 사람을 왕명 날조죄로 처벌할 때까지도 왕은 죽은 두 사람이 그들과 척이 진 제양군에 의해 해를 당했을 수도 있다는 가능성을 고려하지 못했다. 왕은 그저 제양군을 왕명 날조의 피해자라고만 생각하여 왕명을 날조한 사람은 틀림없이 제양군의 원수일 것으로 단정했다. 진짜 피해자는 두 대신이고 왕명을 날조한 사람이 제양군일 수 있다는 가능성을 근본적으로 생각하지 못했던 것이다.

갈등 관계에 있는 사람들 사이에서 이들의 갈등 원인과 상호 비방 등을 중재하거나 시비를 판가름하려면 어느 한쪽의 말, 특히 피해를 입었다는 상황의 경과 등을 잘 살펴야 한다. 중재는 어느 한쪽 편을 드는 순간 실패할 확률이 크게 높아진다. 공평한 자세로 당사자들의 상황을 면밀히 살피고 의문이 드는 것은 직접 물어서 확인해야 한다. 심지어 필요하면 대질시켜 각자의 반응을 살필 수도 있어야 한다. 중재자의 기본자세는 공평함과 신뢰이며, 거기에 중재자의 현명한 판단력이 뒷받침되어야 한다. 사물과 관계의 이면에 감추어져 있거나 가라앉아 있는 또 다른 면을 통찰하는 저력을 갖추고 있어야만 갈등과 다툼을 중재하거나 해결할 수 있기 때문이다. 그리고 그것이 리더십이기도 하다.

월궤, '익뇨계'로 사람을 해치다

: 사실만 가지고도 상대를 해치는 절묘한 모함

《한비자》〈내저설하〉 편과 춘추시대의 역사를 기록하고 있는《좌전》에 보면 '오줌에 빠트리는 계책'이란 희한한 뜻을 가진 '익뇨계

(溺尿計)'와 관련된 이야기가 나온다.

  춘추시대 주(邾)라는 나라의 중대부 이사(夷射)는 군주 장공(莊公)
과 술을 마시다 취기가 크게 돌아 잠시 자리에서 빠져나와 문에 몸
을 기댄 채 쉬고 있었다. 문을 지키고 있던 문지기 월궤(刖跪)란 자
가 배가 고팠던지 이사에게 먹을 것을 좀 나눠 달라고 부탁했다.
이사는 월궤에게 큰 소리로 한바탕 욕을 해대며 내쳤다. 이사는 바
로 그 자리를 떴다. 모욕을 당한 월궤는 분을 삭일 수가 없었다. 생
각 끝에 월궤는 물을 한 병 받아다가 출입문 아래에다 뿌리되 마치
누군가 오줌을 눈 모양으로 뿌려 놓았다.
  이튿날 장공이 문을 나서다 문 아래에서 마치 누군가 오줌을 눈 것
같은 흔적을 발견하고는 화가 나서 대체 누가 군주가 출입하는 문에
다 오줌을 쌌냐고 물었다. 월궤는 아무렇지 않게 이렇게 말했다.

  "누가 오줌을 쌌는지는 못 보았지만, 어제 중대부(이사)께서 술에
취해 이 문 아래에 잠시 서 계시는 것은 보았습니다."

  장공은 크게 성을 내며 즉각 이사를 잡아들여 목을 베어버렸다.
월궤가 원한을 품었던 이사를 해친 이 계책은 두 가지 측면에서 절
묘했다.

  첫째, 이사가 서 있던 곳에다 물로 오줌을 눈 듯 흔적을 남김으로

써 누군가 군주가 출입하는 문에다 오줌을 눈 죄의 물증을 날조하여 군주로 하여금 불경죄를 범한 죄인을 찾게 만들었다는 점이다.

둘째, 군주가 '오줌의 흔적'으로 존재하지도 않는 오줌을 눈 자를 찾자 월궤는 이사를 직접 고발한 것이 아니라 그저 두 가지 사실을 알림으로써 이사를 해쳤다는 점이다. 즉, 자신은 누가 오줌을 누는지 보지 못했지만, 술 취한 이사가 그 문 앞에 서 있었다고 말한 것이다.

사실상 문 앞에 서 있는 것과 오줌을 눈 것과는 별개의 사항이다. 하지만 월궤는 여기서 의도적으로 두 가지 사실을 군주에게 알림으로써 군주를 엉뚱한 방향으로 이끌었다. 그것은 자신의 모함을 철저하게 감추는 동시에 술 취한 이사의 행태를 은근히 암시하는 교묘한 술수였다. 오줌을 눈 사람이 이사라는 결론은 군주 자신이 내린 것이지 월궤가 아니었다. 월궤가 일러준 두 가지 상황은 사실 그대로였다. 따라서 나중에 군주가 이사의 억울함을 알게 되더라도 월궤에게 책임을 추궁하기 어렵다.

월궤는 그 이름을 보면 형벌을 받은 사람이다. 월(刖)은 발꿈치를 베는 형벌을 가리키기 때문이다. 그가 맡고 있는 문지기도 하잘것없는 자리다. 이런 처지의 월궤가 누구와 다투기란 어려웠을 뿐만 아니라 불가능했다. 따라서 이런 월궤가 구사한 이 계책의 가장 큰 특징은 자신을 보호하고 적을 죽음으로 내모는 이 둘을 치밀하게 통일시켰다는 데 있다.

이 계책을 활용함에 있어서 월궤는 죄의 증거(?)를 조작했을 뿐 죄(?)를 지은 사람은 언급하지 않고도 군주로 하여금 증거만 가지고 죄인을 추궁하게 만들었다. 그다음으로 고발하면서 월궤는 사실만 말했지 결코 모함하지 않았다. 그럼에도 군주는 사실만 갖고도 죄인을 단죄했다. 월궤는 자신을 철저하게 보호한다는 전제하에서 몰래 군주의 칼을 빌려 원수를 죽였다.

중산국의 신하, 건초 창고에 불을 내다

: 복잡한 모순을 단순화하는 사례

《한비자》〈내저설하〉 편에 보면 전국시대 중산국의 한 신하가 말 먹이를 저장하는 건초 창고에 일부러 불을 지르는 흥미로운 사건이 기록되어 있다. 이 이야기가 던지는 메시지를 생각해보자.

중산국에 비쩍 마른 말과 주저앉을 정도로 형편없는 마차를 가진 처지가 딱한 공자가 있었다. 중산국 군주 곁에 이 공자와 사이가 안 좋은 신하가 한 사람이 있었는데, 이자가 공자를 모함하여 해치려고 국군에게 일부러 "공자의 형편이 아주 좋지 않아 마차를 끄는 말도 먹이지 못하고 있으니 주군께서 말 먹이라도 좀 주십시오"라고 부탁했다. 국군은 대답하지 않았다. 이 신하는 그날 밤 국군의 말 먹이를 저장한 건초 창고에 불을 냈다. 국군은 신하가 말한 이 가난한 공자가 저지른 짓으로 단정하고는 공자를 죽였다.

　중산국 국군의 신변에 있던 이 신하는 가난하고 천한 공자를 모함하여 해치기 위해 전후 두 단계의 행동을 취했다. 1단계는 군주 앞에서 공개적으로 공자를 위해 말 먹이를 요청했다. 이 단계는 군주에게 공자가 말조차 먹이지 못한다는 사실을 암시하여 다음 단계를 위한 길을 까는 것이었다. 그러면서 동시에 군주를 향해 자신이 이 공자에 관심을 갖고 있다는 것을 보임으로써 그를 해치려는 마음을 숨겼다.
　2단계는 군주가 공자에게 말 먹이 주는 것을 거절하자 몰래 군주의 말 먹이 창고에다 불을 지르는 것이었다. 중산국 국군에게는 말 먹이조차 구하지 못하는 이 형편없는 공자가 일단 인상에 남았을 것이고, 또 자신이 그에게 말 먹이 주는 것을 거절했으니 말 먹이 창고에 불만을 품은 자는 틀림없이 이 가난한 공자일 것이고, 따라서 창고에 불을 지른 자도 그 공자일 것으로 판단했을 것이다. 그리하여 국군은 이 신하가 깔아놓은 생각의 길을 따라 행동에 나서 공자를 징벌했다.
　이 계책을 쓴 자는 겉으로는 말 먹이를 요청했지만 사실 그것은 포장에 지나지 않았다. 이 포장을 이용하여 군주가 창고에 불을 지른 사람에 대해 오판하도록 이끌었다. 그리고 몰래 창고에 불을 질렀고, 말 먹이를 요청한 이 포장은 즉각 군주에게 실질적인 작용을 일으켰다. 군주는 아니나 다를까, 잘못된 판단을 내렸고 무고한 공자는 억울한 죄명을 뒤집어쓰고 죽임을 당했다.

가난한 공자는 의심할 바 없이 이 계책에 당한 피해자다. 여기서 꼭 지적해야 할 사실은 생사여탈권을 쥐고 있는 중산국의 군주도 이 계책에 당한 사람이라는 것이다. 군주가 당한 데는 이런 점이 작용했다.

첫째, 사고의 책임에 대한 조사를 증거에 의하지 않고 자신의 상상에 의존했다는 것이다. 그 결과 계책을 부린 자가 쳐 놓은 그물에 걸려들었다.

둘째, 군주는 자신의 상상 속에서 군주에 대한 공자의 섭섭함과 복수심에만 주목했지, 공자의 원수가 공자를 해칠 수도 있다는 점을 전혀 고려하지 않았다. 중산국 군주는 복잡한 모순을 지나치게 단순화한 것이다.

사물과 사물, 인간과 인간 사이에는 안팎으로 모종의 관계가 작동하고 있다. 보기에는 단순하지만 실상은 꽤 복잡한 관계가 있는가 하면, 매우 복잡해 보이지만 사실은 단순한 관계도 있다. 문제는 인간 개개인의 감정이 개입된 관계는 복잡과 단순이란 차원을 넘어 매우 미묘하다는 사실이다. 따라서 그것을 푸는 방법이 관건인데, 이때 주의해야 할 점은 자신의 감정과 그 감정에서 비롯된 인식과 판단을 맹신하는 것이다. 중산국 군주는 바로 이 지점에서 실수를 저질렀다. 요컨대 모든 관계의 설정과 그로 인한 문제의 해결에는 '역지사지(易地思之)'가 필요하다. 중산국 군주는 공자의 입장이나 그 신하의 입장에 서서 사태를 살피지 않았던 것이다.

무사, 왕의 불사약(不死藥)을 가로채 삼키다

: 불사약의 모순(矛盾)

《한비자》〈세림상〉 편에 교묘한 언변으로 죽음을 면한 궁중 시위 무사의 흥미로운 이야기가 실려 있다.

한 객인이 초왕에게 바치겠다며 불사약(不死藥)을 가지고 왔다. 시종이 그 약을 들고 왕에게 드리기 위해 궁으로 들어왔다. 궁 밖의 시위 무사가 시종에게 "들고 있는 것이 먹을 것이냐?"라고 물었다. 시종은 "먹을 수 있습니다"라고 답했다. 무사는 시종이 손쓸 틈도 주지 않고 그 약을 빼앗아 자기 입에 넣어 버렸다. 보고를 받은 초왕은 벼락같이 화를 내며 당장 무사를 잡아 죽이라고 했다. 잡혀온 무사는 이렇게 항변했다.

"신이 먹기 전에 시종에게 물었고, 시종은 먹을 수 있다고 했기 때문에 제가 먹었던 것입니다. 죄가 있다면 시종에게 있지 저는 죄가 없습니다. 그리고 그 객인이 바친 그 약이 '불사약'이라고 하는데 만약 제가 이 약을 먹었다고 죽임을 당한다면 그 객인이 바친 것은 불사약이 아니라 사약이지요. 대왕께서 죄 없는 저를 죽이고 군주를 속인 객인의 죄를 용인하시겠다니 이해하기 어렵사옵니다."

무사의 항변을 들은 초왕은 무사를 사면했다.

무사의 항변은 반격할 틈이 없는, 나름 일리 있는 말처럼 들린다. 그러나 실제로는 두 개의 개념을 바꿔치기 한 것이다.

먼저 바꿔치기 당한 개념은 '먹을 수 있다'라는 것이었다. '먹을 수 있다'는 시종의 대답이 가리키는 것은 '식용으로 제공할 수 있다'라는 말로서 먹을 수 있는 이 약의 속성을 반영한다. 그러나 무사는 항변에서 이 뜻을 '먹도록 허락했다'라는 뜻으로 바꿔치기했다. 이는 명백히 시종이 원래 한 말의 뜻이 아니다.

또 하나 바꿔치기 당한 개념은 '불사약'이다. 객인은 초왕에게 바치고자 한 이른바 '불사약'은 먹으면 수명을 연장하고 건강을 지켜 생리적이나 육체적으로 장수와 불사의 효과를 거둘 수 있음을 가리키는 것이었다. 무사는 항변에서 일부러 '불사약'의 뜻을 왜곡했다. '불사약'을 복용한 사람은 칼도 몸에 들어가지 않기 때문에 사형을 시켜도 죽지 않을 것이라는 뜻으로 바꾼 것이다. 이 역시 객인이 말한 '불사약'의 본래 뜻이 아님이 분명했다.

단어 하나의 개념에는 여러 층차의 뜻이 포함되어 있다. 그러나 모든 개념은 특정한 언어 환경에서 일반적으로 늘 확정된 뜻이 있다. 그런데 무사는 항변 과정에서 '먹을 수 있다'와 '불사약'의 두 단어의 개념이 갖는 다의성을 이용하여 본래 함축하고 있는 뜻을 일부러 바꿔치기 하여 잘못한 행동의 책임을 다른 사람에게 떠넘김으로써 위기에서 벗어났다. 무사의 행위와 항변은 굳이 따질 가치가 없지만 그 언변술 하나는 절묘하다 하지 않을 수 없다.

인간관계와 일상에서 이런 교묘한 말로 위기 상황을 모면하려는 사람이 적지 않다. 이런 자들의 논리상 허점을 통렬하게 지적한 우화가 바로 '모순(矛盾)'이다. 창과 방패를 파는 자가 창을 들고는 이 창이 못 뚫는 방패 없다고 한 다음, 방패를 들고는 이 방패를 뚫을 창은 없다고 큰소리를 쳤다. 그러자 어떤 사람이 그 창으로 그 방패를 찌르면 어찌 되냐고 반문하여 그 장사꾼을 당황하게 만들었다. 이것이 바로 '모순'이고 역시 《한비자》〈난일(難一)〉 편에 나오는 우화다.

억지를 부리는 사람이 하는 말은 십중팔구 그 논리에 허점이 있기 마련이다. 그 허점을 감추기 위해 일부러 상대를 자극하거나 극단적인 언사를 서슴지 않는다. 그 자극이나 극단적 언사에 휘둘리지 말고 차분히 그 논리의 허점을 찾아 반격하면 그만이다. 초왕은 '불사약'을 가로채서 먹은 무사의 교묘한 말에 놀아난 것에 지나지 않는다.

습붕, 개미굴에서 물을 찾다

: 생물의 속성을 파악하는 지혜

《한비자》〈세림상〉편에 춘추시대 제나라에서 있었던 이런 일화가 기록되어 있다.

습붕(隰朋)이 국군 환공(桓公), 재상 관중(管仲)을 따라 북쪽 고죽(孤竹)을 정벌하러 나섰다. 군대는 봄에 출정했다가 겨울에 돌아왔다. 귀국하는 길에 군대는 산을 지나게 되었는데 한참 동안 마실 물을 찾지 못했다. 모두들 당황하고 조급해져 어찌 할 바를 몰랐다. 이때 습붕이 나서 이렇게 말했다.

"개미는 겨울이면 산의 양지에, 여름에는 산의 음지에 집을 짓고 삽니다. 또 개미는 물과 가까운 곳에 살기 때문에 개미굴을 찾아서 파보면 물을 얻을 수 있습니다."

병사들이 개미굴을 찾아 땅을 파서 물줄기를 찾아냈다.

군대에 필요한 물을 찾지 못한 긴급한 상황에서 습붕은 개미의 생존본능을 교묘하게 빌려 물줄기를 찾아냈다. 습붕은 동물의 자연적인 본성을 이용하는 고도의 지혜를 발휘했던 것이다. 습붕이 개미굴로 물을 찾을 수 있었던 데는 상호 연계된 다음 세 가지의 인식에 기초했기 때문이었다.

첫째, 동물과 인간의 본성은 다르다.

동물과 인간은 기본적으로 같은 생존의 기초 또는 생존의 조건이 있다. 이런 점에서 보자면 인간도 동물이다. 동물이 살기에 적합한 곳은 일반적으로 사람이 살기에도 적합하다. 물은 동물에게는 없어서는 안 될 생존의 요소이다. 한 지역에 물이 없으면 동물이 살 수 없다. 만약 동물이 살고 있다면 그곳에는 틀림없이 물이 있다. 습붕은 제나라 군사들이 물을 찾고 있을 때 기어다니고 있는 개미를 보았을 것이다. 개미는 매우 느리게 기어다니기 때문에 습붕이 본 개미는 다른 지역에 사는 개미가 아니라 그 지역에 사는 개미일 것이다. 동물이 살고 있는 지역에서 물이 끊어졌다면, 문제는 물줄기가 없다는 데 있는 것이 아니라 물줄기를 찾지 못했다는 데 있다.

둘째, 어떤 동물들은 생존본능이란 점에서 인간보다 우월하다.

인간도 동물이지만 인간은 동물계에서 자신을 끌어올린 다음 활동 구역을 넓혔고, 이에 따라 생존조건도 크게 개선되었다. 인류는 자신의 정력을 사회생활과 정신생활 등에 분산하면서 생존을 유지하기 위한 정력을 주로 자연조건에 대한 종합적인 이용·가공·개조에 사용했다. 그러면서 지난날 순수하게 자연에 의존하여 생존하던 시기에 갖추고 있었던 생존본능은 이와는 반대로 점점 떨어지기 시작했다. 그러나 일부 동물들, 심지어 고등동물이 아닌 많은 동물들은 시종 자연조건이라는 절대적 의존에서 벗어나지 못했기 때문에 오랜 생존 활동을 통해 반대로 자연조건에 적응하는 생존본능을 더욱더 축적하고 높였다. 이는 달리 말해 생존 요소에 대한 그 동물들의 감각적 탐지 능력이 더욱 정확해졌고, 자연조건에 대한 직관적 반응도 더욱 민감해졌음을 뜻한다. 고등동물이 아닐수록, 자연조건에 대한 의존도가 높은 직접적인 동물일수록 특정한 생존본능은 더 높을 가능성이 크다. 이런 인식에 기초하여 습붕은 개미가 물을 찾는 즉각적인 본능이란 점에서 인간보다 더 낫다는 사실을 인정할 수 있었다.

셋째, 동물의 활동이 남기는 모든 결과는 인간에 의해 이용된다.
일부 동물들의 생존본능이 인간보다 뛰어나긴 하지만 동물의 모든 활동은 자연계 그 자체에 속한다. 그리고 인간에게는 자연의 이런 속성을 인식할 능력이 있고, 자연조건을 종합적으로 이용할 능력도 있다. 따라서 동물들이 생존본능에 따라 남긴 활동의 결과 역시 당연히 지혜롭게 취할 수 있다.

일부 생존본능의 한계와 퇴화는 인류의 단점이다. 그러나 다른 동물의 장점을 취하여 활용하는 것은 인류의 장점이다. 인간은 생활의 실천에서 다른 동물들의 본능 활동에서 나타나는 장점과 인간의 자아 능력의 부족함을 인정할 뿐만 아니라 일부 동물들의 우수한 점과 장점을 인식하고 발견할 수 있어야만 단점은 피하고 장점을 취하여 인간 고유의 '인성'을 충분히 발휘할 수 있다.

습붕이 개미굴에서 물을 찾은 기지는 그가 물을 찾는 개미의 본능을 배워서가 아니라 개미의 본능적 활동 결과를 이용했기 때문이다. 습붕은 '인간'의 위치에서 단점은 피하고 장점은 살렸고, 이로써 인간의 능력이 높고 강하다는 것을 보여주었다.

인간에게는 다른 사람은 물론 자연계의 모든 생명체로부터 장점을 취하여 자신의 부족한 점을 보완하는 아주 특별한 학습 능력이 있다. 습붕의 '개미굴에서 물을 찾는' '의혈탐수(蟻穴探水)'는 이런 학습 능력의 한 면을 보여주고 있다.

요리사, 세 가지 죽을죄를 스스로 꼽다

: 요리사의 당찬 반박에서 언어의 묘미를 느끼다

《한비자》에는 다양한 고사와 우화들이 아주 많다. 우화집이라 불러도 무방할 정도다. 그중에는 깊게 생각하지 않으면 이해하기 힘든 고차원의 우화부터 재치 있고 익살스러운 말솜씨를 감상할 수 있는 가벼운 이야기까지 실로 다양하다. 아래 이야기는 당시로서는 미천한 신분이었던 요리사의 재치 있고 사리에 맞는 말솜씨를 감상할 수 있는데, 그 안에는 언어 구사의 묘미가 함축되어 있어 그저 웃고 넘길 수만은 없는 고사이기도 하다. 《한비자》〈내저설하〉 편에 소개되어 있는 이야기이다.

춘추시대 서북방의 강국 진(晉)나라 문공(文公)의 요리사가 고기를 구워서 올렸다. 그런데 고기 사이에 머리카락이 감겨 있었다. 문공이 요리사를 불러 "네 놈이 과인의 목이 막혀 죽으라고 구운 고기에 머리카락을 감았느냐!"라고 다그쳤다. 요리사는 머리를 조아리고 절을 하고는 이렇게 말했다.

"이 몸이 세 가지 죽을죄를 지었습니다. (보검의 명장) 간장(干將)처럼 숫돌에 칼을 날카롭게 갈아 고기는 잘랐지만 머리카락은 자르지 못했으니 그것이 첫 번째 죄입니다. 나무로 고기를 꿰면서 머리카락을 보지 못했으니 이것이 두 번째 죄입니다. 숯을 가득 채운 화로의 불을 벌겋게 달구어 고기를 다 익혔으면서 머리카락은 태우지 못했으니 이것이 세 번째 죄입니다. 당 아래 시중드는 자들 중에 신을 미워하는 자가 있을 것입니다."

문공이 관련한 자들을 문책하니 과연 그런 자가 있었다.

요리사가 스스로 인정한 세 가지 죄목은 그 자체로 모순되는 판단들이다. 이 모순된 판단들은 모두 삼단논법의 전제와 결론이 서로 결합된 복잡한 판단이기도 하다. 그리고 이 판단에는 고기를 다

구운 다음 다른 사람이 머리카락을 올려놓았을 것이라는 작은 전제가 생략되어 있다. 요리사의 항변에서 핵심은 바로 이 지점이다. 요리사는 고의로 이 전제를 빼놓음으로써 문공 스스로 깨닫게 한 것이다.

만약 요리사가 처음부터 다른 사람이 머리카락을 넣었다고 항변했더라면 어떻게 되었을까? 문공은 십중팔구 자기 잘못을 남에게 미룬다고 야단을 쳤을 것이다. 요리사는 자신의 솜씨를 요령 있게 꼽으면서 이런 과정을 거쳐 고기를 굽는데 어떻게 머리카락이 들어가 있을 수 있겠냐는 암시로 문공으로 하여금 한 번 더 생각하게 만들었다. 말의 순서, 전제와 결론만 살짝 바꾸어도 많은 것이 달라질 수 있다. 언어의 묘미란 이런 것이다.

초나라 마부, 문제를 푸는 방법

: 문제와 방법의 차이를 통찰하다

《한비자》〈세림하〉 편에 보면 말과 수레를 모는 데 뛰어난 기술을 가진 마부가 꾀를 내어 초나라 왕을 만난 이야기가 있다.

초나라 왕은 세상에서 수레를 가장 잘 모는 마부를 얻고 싶었고, 이 마부도 왕의 마차를 몰고 싶어 초나라 왕을 만나고자 했다. 그러나 왕 신변의 마차를 관리하는 추자(騶者) 벼슬에 있는 자가 이 마부를 몹시 질투하여 그가 왕을 만나는 것을 허용하지 않았다. 이 마부는 왕의 측근에게 "저한테 사슴을 사냥하는 좋은 기술이 있습니다"라고 말했다.

평소 사냥을 좋아하는 왕의 비위를 맞추기 위해 이 측근은 왕에게 마부 이야기를 했다. 이야기를 들은 왕은 사냥에 이 마부를 동행시켰다. 사냥터에서 왕은 사슴 한 마리를 발견했다. 그런데 왕의 마차를 모는 마부가 어찌 된 일인지 사슴을 쫓지 않았다. 그러자 동행한 마부가 재빨리 마차를 몰아 사슴을 뒤쫓은 끝에 사슴을 잡아 왕에게 바쳤다. 왕은 마차를 모는 그의 기술에 감탄하며 어째서 마차 모는 기술은 이야기하지 않았냐고 물었고, 이 마부는 자신을 시기하고 질투한 추자에 대해 아뢰었다. 초왕이 이 마부를 자신의 마차를 모는 제1 마부로 기용했음은 물론이다.

이 마부의 목적은 자신의 기술로 초왕을 만나 기용되는 것이었다. 그러나 정상적인 길이 막히자 그는 자신의 기술을 선보일 수 있는 다른 상황과 다른 구실로 초왕을 만났다. 여기서 사슴을 잡는다는 구실은 추자의 시기와 질투에 따른 방해를 피하는 것과 동시에 자신의 기술을 초왕 앞에서 아주 잘 드러내어 자신의 솜씨가 초왕의 눈에 들 수 있게 하는 것이었다. 마부는 길을 돌아가는 우여곡절(迂餘曲折) 끝에 마침내 자신의 목적을 달성했다.

'노력보다 방법이 중요하다'라는 말이 있다. 잘못된 공식으로 문제를 풀면 아무리 애를 써도 틀린 답을 얻을 뿐이다. 다시 말해 정확한 공식, 즉 방법이 맞고 옳아야 문제를 제대로 풀 수 있다. 단, 문제는 하나지만 그 문제를 푸는 방법은 여럿일 수 있다는 점도 알아야 한다.

마부는 말과 마차를 모는 자신의 실력에 자신이 있었고, 또 그 실력을 확실하게 믿었다. 이는 자기 재능의 범위와 한계 및 확장성을 정확하게 파악하고 있었기 때문이다. 진정한 실력은 확장성과 깊이를 겸비하고 있어야 한다. 초나라 마부는 이를 잘 보여주었다.

연 공자, 나체로 위기를 벗어나다

: 보고 느끼는 것의 착각을 가려내는 일

《한비자》〈내저설하〉 편에 이런 재미있는 사건 하나가 기록되어 있다.

연나라의 이계(李季)라는 자는 놀기를 좋아하여 툭하면 집을 나가 몇 날 며칠을 돌아오지 않았다. 그사이 그 아내가 웬 공자와 간통을 했다. 어느 날 공자와 이계의 아내가 집 안방에서 정을 통하고 있는데 그날따라 남편 이계가 일찍 집으로 돌아왔다. 숨을 겨를도 없어 보였다. 두 사람은 당황하여 어쩔 줄 몰랐다. 이때 집을 관리하는 관리인이 두 사람에게 한 가지 꾀를 올렸다.

이계의 아내는 관리인의 말에 따라 공자에게 알몸에 머리를 산발한 채 대문 밖으로 걸어 나가라고 했다. 마당으로 들어서던 이계가 이 모습을 보고는 누구냐고 물었다. 관리인은 아무도 보지 못했다고 답했다. 이계는 집안사람들 모두에게 물었지만 아무도 벌거벗은 사람을 보지 못했다고 했다. 이계는 "내가 귀신을 보았나?"라며 자신의 눈을 의심했다. 그 아내도 "귀신을 본 게죠!"라고 거들었다. 집안사람들은 늘 하던 방식으로 이계를 위해 귀신을 몰아내는 의식을 치렀다.

간통을 저지른 공자가 남편을 보고는 피하지 않고, 용서를 구하지 않고, 변명도 하지 않은 채 그 남편이 보는 앞에서 당당히 대문을 걸어 나갔다. 그것도 벌거벗은 채로. 이는 정말이지 일반 상식에 철저히 어긋나는 비정상이라 믿을 수가 없다.

이 '나신계(裸身計)'의 핵심은 이런 일반적인 상식을 대담하게 위배했다는 데 있다. 가장 은밀하게 감추어야 할 자가 철저히 비밀을 지켜야 할 대상의 눈앞에서 간 크게도 당당하게 빠져나갔다. 이는 일반적 상식이나 정상적 사유와는 근본적으로 모순되는 행위였다. 이렇게 해서 일반적이고 상식적인 사유에 대한 사람들의 확신을 빌려 비밀을 지켜야 할 대상, 즉 남편으로 하여금 자신이 본 것을 부정하게 만든 것이다.

그러나 눈으로 보아 느끼는 일은 그것을 느끼는 본인으로서는 부인하기 어렵다. '나신계'를 설계한 자는 분명 이런 점까지 고려했을 것이다. 그래서 도망가는 자에게 발가벗고 머리를 산발하여 귀신처럼 보이게 하라고 했고, 또 그곳에 있던 사람들에게 이를 보지 못했다고 부인하라고 당부한 것이다. 이렇게 해서 남편은 자신이 보고 느낀 것을 부인할 수는 없었지만, 자신이 보고 느낀 것의 진실성에 의심을 품게 되었다. 여기에 '멀건 대낮에 본 귀신'이 의심받는 남편의 시각과 감각이 받아들일 수 있는, 아니 받아들일 수밖에 없는 유력한 해석으로 작용했다.

사람들에게 익숙한 생각과 미신적 관념에 기초하여 아내는 간통남이 남편을 피할 수 없는 상황에서 '나신계'를 통해 간통남을 탈출시키고 멀쩡한 남편을 속였다. 이 사건 자체는 뭐 대단한 일이 아니다. 다만 여기에 동원된 '나신계'라는 계책의 교묘함은 대단히 전형적이다. 이 계책이 성공했다는 사실에서 우리는 다음과 같은 두 가지 계시를 얻을 수 있을 것 같다.

첫째, 사유는 우리의 생활과 실천의 산물이자 결정체이다.

또 우리의 생활과 실천을 가능케 하는 등에 짊어진 짐이기도 하다. 사회생활에서 사람들은 기본적으로 상식적인 사유를 따라야 하지만 그 사유에 집착해서는 결코 안 된다. 상식적인 사유의 틀을 깨고 창조적인 수단으로 목적을 실현할 수 있어야 하고, 때로는 역발상의 사유 방식으로 복잡한 사회생활을 분석하고 대할 줄도 알아야 한다. 그래야만 깨닫지 못하는 중에 속는 것을 방지할 수 있다.

둘째, 사회생활을 하다 보면 가짜를 진짜로, 착각을 진실로 여기는 상황이 발생할 수 있다.

마찬가지로 환상을 진실로 여겨, 진짜를 가짜로 여기거나 진실을 착각하는 상황도 있을 수 있다. 착각과 진실에 대한 분별과 분석은 믿을만한 감각과 지각에 의존하지만, 또한 대뇌의 정확한 판단에도 의존한다는 점을 알아야 한다. 이 두 가지 계시를 제대로 이해한다면 어떤 상황에서도 속거나 홀리지 않을 수 있다.

자피, 역발상의 효과(?)

: 역발상과 역효과의 함수관계

《한비자》〈세림상〉 편에 나오는 이야기이다.

춘추 말기 제나라의 유력한 전씨(田氏) 가문의 중요 인물인 전성자(田成子)가 일이 있어 연나라로 가던 중이었다. 신표와 짐을 들고 전성자를 수행한 사람은 치이자피(鴟夷子皮)였다.(참고로 '치이자피'는 오월쟁패 때 월나라 대부였던 범려范蠡가 오나라를 멸망시킨 뒤 부귀를 내던지고 월나라를 떠나면서 바꾼 이름이기도 하다.) 조나라 땅 망읍(望邑)이란 곳에 이르렀을 때 치이자피(이하 자피)가 주인 성자에게 이런 말을 건넸다.

"마른 호수의 뱀 이야기 들으셨습니까? 호수의 물이 마르자 그곳에 살던 뱀 두 마리가 다른 곳으로 옮길 준비를 했습니다. 작은 뱀이 큰 뱀에게 '네가 앞장서서 가고, 내가 네 뒤를 따르면 사람들은 그저 그냥 뱀이 지나가는구나 생각하여 틀림없이 너를 죽일 것이야. 그런데 네가 나를 등에다 업고 지나간다면 사람들은 틀림없이 나를 신령스러운 존재로 여겨 우리를 존경하고 두려워할 것이야'라고 했답니다. 그래서 큰 뱀은 작은 뱀을 등에 업고 큰길을 지나가게 되었는데 아니나 다를까 사람들은 '저건 신령이야'라며 멀찌감치 피해서 가더란 겁니다."

이야기를 마친 자피는 "주인께서는 잘생기셨고, 저는 남루하고 못생겼습니다. 제가 주인을 상객으로 모시면 그저 보통 귀한 몸에 지나지 않겠지만, 주인께서 저를 모신다면 분명 대단히 귀한 몸으로 우대할 것이니 차라리 주인께서 저의 심부름꾼으로 분장하시는 것이 어떨는지요?"라고 제안했다.

성자는 자피의 말에 따라 신표와 짐을 든 채 자피를 수행했다. 가까운 객사에 도착하자 객사 주인은 이들의 행색을 보고는 속으로 깜짝 놀라 대단히 공경스러운 자세로 이들을 맞이했고, 아울러 고기며 요리를 알아서 내와 올렸다.

성자와 자피가 사용한 계책은 전해오는 뱀 이야기에서 계발을 얻어 이루어진 것이다. 이 이야기에서 두 마리의 뱀은 살던 자리를 옮기면서 두 가지 선택이 있었다. 하나는 작은 뱀이 큰 뱀을 따라가는 것이고, 또 하나는 큰 뱀이 작은 뱀을 지고 가는 것이었다. 작은 뱀이 큰 뱀을 따르는 것은 자연스럽고 신기할 것이 없다. 그러나 큰 뱀이 작은 뱀을 업고 가는 것은 큰 뱀이 작은 뱀과 주인과 시종의 관계임을 나타내는 것으로, 작은 뱀이 몸집은 작지만 신령스러운 무엇이 있다는 점을 밖으로 드러내어 자연스럽게 사람들의 경외심을 불러일으키게 된다. 이렇게 해서 사람들로부터 해를 당하지 않았던 것이다.

사실 이 고사는 자피가 임기응변으로 지어낸 것이다. 하지만 인간 세상사 사리에 들어맞는 점이 있어 우리에게 다음과 같은 이치를 알려준다.

첫째, 신분과 지위를 따지는 사회에서는 사람들에게 신분이 고귀하다는 인상(물론 이 인상은 허구의 착각이긴 하지만)을 줄 수 있어야만 사람들의 경외심을 불러일으켜 자신이 하는 일에 편의를 얻을 수 있다.

둘째, 동행자 중 한 사람이라도 사람들의 경외감을 얻기만 하면 전체가 이득을 볼 수 있다.

셋째, 동행자 중 누가 되었건 큰 사람이 작은 사람을 섬기는 비상식적 방식을 취하면 이 작은 사람의 신분에 대해 그 크기와 높이를 헤아리기 힘들게 만들고, 나아가 이 작은 사람에 대한 신비감이 더해져 숭배와 존경을 얻게 된다.

큰 뱀이 작은 뱀을 업었다는 고사에서 계시를 받은 전성자는 기꺼이 자피의 제안을 받아들였다. 전성자와 자피는 본디 확실한 주종관계였다. 두 사람 중 전성자는 제나라에서 알아주는 집안의 귀족에 위풍도 당당했다. 따라서 그런 그가 길을 나서면 알아보는 사람도 많을 것이고, 또 그의 외모에 압도당하는 사람도 많았을 것이다. 반면 자피는 신분도 낮고 외모도 형편없어 사람들은 그를 제대로 모르는 것은 물론 깔보기까지 했을 것이다. 바로 이런 특징을 이용하여 전성자는 자피의 건의대로 자신을 자피의 시종인 것처럼 자피의 보따리를 들고 그를 따랐다.

이런 안배가 깔려 있었기 때문에 사람들은 자연스럽게 외모도 못생긴 자피를 다른 눈으로 볼 수밖에 없었고, 또 감히 함부로 대하거나 소홀히 대할 수도 없었다. 자피는 이렇게 해서 사람들에게 신비감을 불러일으켰고, 나아가 여관 주인의 존중과 환대를 이끌어냈던 것이다.

자피의 '큰 뱀이 작은 뱀을 업고 간다'는 이른바 '부사계(負蛇計)'의 핵심은 두 사람의 확실한 신분 차이를 교묘하게 안에다 깔아 감추었다는 데 있다. 이렇게 해서 신분과 입장이 바뀐 두 사람은 이중주의 연기를 통해 사람들에게 자피의 신분을 높이 보는 착각을 일으키게 했고, 나아가 자피에 대한 사람들의 경외감을 빌려 이익을 함께 누릴 수 있었다.

오늘날로 보자면 자피의 제안은 일반적인 인식을 거스르거나 뒤집는 역발상(逆發想)이었다. 역발상이 주효할 경우 큰 효과를 낸다.

상업광고나 새로운 발명품들 중에 이런 역발상의 결과물들이 적지 않다. 역발상은 사물과 인간관계의 이면을 통찰하는 힘에서 나온다. 다만, 자주 사용하면 효과는커녕 역효과(逆效果)를 내기 때문에 끊임없이 공부하고 관찰하지 않으면 안 된다.

삼십육계
(개정증보판)

최고의 실용서 《삼십육계》,
병법과 경영이 만나다!

《삼국지》 관련 사례 36가지와 〈경영 사례〉 72가지 사례들은
기업경영과 사회생활에 폭넓고 깊게 활용할 수 있다.

김영수 편저 | 신국판 | 2도 인쇄 | 512쪽 | 28,000원

새우와 고래가 함께 숨 쉬는 바다

한 번만 읽으면 여한이 없을 **한비자**

－난세의 기재(奇才), 한비자 리더십!

편저자 | 김영수
펴낸이 | 황인원
펴낸곳 | 도서출판 창해

신고번호 | 제2019-000317호

초판 1쇄 인쇄 | 2025년 01월 24일
초판 1쇄 발행 | 2025년 01월 31일

우편번호 | 04037
주소 | 서울특별시 마포구 양화로 59, 601호(서교동)
전화 | (02)322-3333(代)
팩스 | (02)333-5678
E-mail | dachawon@daum.net

ISBN 979-11-7174-031-4 (03300)

값 · 20,000원

Publishing Club Dachawon(多次元)
창해·다차원북스·나마스테